中文社会科学引文索引（CSSCI）来源集刊

珞珈管理评论

LUOJIA MANAGEMENT REVIEW

2018年卷 第4辑（总第27辑）

武汉大学经济与管理学院主办

WUHAN UNIVERSITY PRESS
武汉大学出版社

图书在版编目(CIP)数据

珞珈管理评论.2018年卷.第4辑:总第27辑/武汉大学经济与管理学院主办.—武汉:武汉大学出版社,2018.10
ISBN 978-7-307-20569-7

Ⅰ.珞⋯　Ⅱ.武⋯　Ⅲ.企业管理—文集　Ⅳ.F272-53

中国版本图书馆 CIP 数据核字(2018)第 223689 号

责任编辑:唐　伟　　　责任校对:李孟潇　　　版式设计:汪冰滢

出版发行:**武汉大学出版社**　　(430072　武昌　珞珈山)
　　　　　(电子邮件:cbs22@whu.edu.cn　网址:www.wdp.com.cn)
印刷:武汉中科兴业印务有限公司
开本:787×1092　1/16　印张:13　字数:301 千字
版次:2018 年 10 月第 1 版　　2018 年 10 月第 1 次印刷
ISBN 978-7-307-20569-7　　定价:28.00 元

目　　录

CONTENTS

大学生创业失败归因分析：
基于案例的扎根研究[*]

● 徐　悦[1]　段锦云[2]　王国轩[3]

（1, 2, 3　苏州大学教育学院　苏州　215123）

【摘　要】大学生创业是激活经济、解决就业的有效途径，而现有研究较少关注该群体的创业失败归因。本研究采用基于案例的质性研究范式，遵循"目的性抽样"原则，以 20 名大学生创业者为研究对象（3 名受访者参与预访谈，17 名进行正式访谈），通过行为事件访谈法，收集资料并转换成电子文本，借助 Nvivo 8.0 进行扎根编码，归纳影响大学生创业失败的因素。结果首先产生 20 个开放式编码和 9 个关联式编码，进一步整合为 4 个核心编码，并发现大学生创业失败可归因为：创业智能不足、创业抱负低、资源缺乏和市场环境制约。研究基于所得结果构建了大学生创业失败归因模型，并对未来研究做了讨论。

【关键词】大学生　创业失败　失败归因　扎根理论　质性研究

中图分类号：F279；G649　　　文献标识码：A

1. 问题提出

从 2015 年正式写入政府工作报告中，到 2018 年政府工作建议再次被强调，"大众创业、万众创新"已成为时代的主题。然而，创业活动具备高风险与不确定性，创业失败是创业过程中的常见现象。一项美国人口统计局的追踪调查显示，34% 的企业在创立前两年便夭折，50% 的企业存活时间不超过 4 年，60% 的企业不超过 6 年①。作为特殊的创业群体，大学生创业成功率更为惨淡，中国人民大学发布的《2016 年中国大学生创业报告》

* 基金项目：国家自然科学基金（71372180）资助。

通讯作者：段锦云，E-mail: mgjyduan@ hotmail. com。

① Hayward, M. L. A., Shepherd, D. A., Griffin, D. A hubris theory of entrepreneurship [J]. *Management Science*, 2006, 52（2）：160-172.

显示，有近 90% 的我国在校大学生有创业的意向，20% 有强烈的创业意向，但实际创业成功率只占总体的 2%~3%①。

大学生创业失败成因是什么？如何解释创业失败的原因？现有研究多侧重于从宏观政策层面论述导致或避免失败的因素，较少关注创业者自身因素，特别是年龄小、经验缺乏、心智尚待锤炼的大学生群体。作为特殊的创业群体，大学生对失败的归因对其后续创业行动以及同龄人的创业活动影响重大。再者，我国与西方创业环境与体系不尽相同，因此面向中国创业失败现象和典型案例开展深入研究，是对现有创业研究的有益丰富和补充。本研究拟采用扎根研究的方法，以期探寻大学生创业失败的原因并提供理论解释。另外，作为受过高等教育的群体，大学生拥有充分理论知识的同时缺乏社会阅历；精力充沛、充满创造性的同时实际操作经验不足②，那么大学生创业失败的原因与一般创业者有何区别？对于这些问题的解答，将为当前大学生创业教育和政府政策制定提供借鉴。

2. 以往研究综述

作为管理学领域的热点研究话题之一，创业研究在 20 世纪末引起了学术界较高的关注并涌现了大量成果。传统创业研究主要关注创业成功的个体或组织，这部分研究集中回答了"谁是创业者"。从个体层面来说，创业者本人及其成长历程可以影响其创业过程。Gardiner 和 Tiggemann（1999）较早关注了创业者的性别差异，认为女性创业者注重人际关系的培养，偏好民主型领导风格，而男性创业者更注重目标和任务的完成，倾向于威权型领导风格。Duchesneau（1990）发现，父母是否拥有创业经历可以影响子女的创业成功率。上述原因虽客观存在却无法改变，对创业实践缺乏足够指导，因此创业者个性品质这一可控因素开始引起学界广泛关注。Tang 等（2012）将创业警觉性（entrepreneurial alertness）、自我效能感（self-efficacy）等心理变量作为创业者成功的预测指标。此外，成功创业者更会主动寻求企业外部人士（如，顾客、合作伙伴等）的建议，以增加其决策的合理性③。从企业层面来看，早期研究主要关注公司产品质量和外部市场环境对创业的影响④。另外，企业的制度、政策及管理方式也占有重要一席，比如，高管持股权可以正

① 李慧，张光辉，文晓巍. 我国高校创业教育的现状与反思 [J]. 创新与创业教育，2016，7（3）：13-16.

② 段锦云，简丹丹. 大学生创业失败归因分析——以"天行健"和"易得方舟"为例 [J]. 创新与创业教育，2011，2（2）：91-98.

③ Duchesneau, D. A., Gartner, W. B. A profile of new venture success and failure in an emerging industry [J]. *Journal of Business Venturing*, 1990, 5（5）：297-312.

④ Bruno, A. V., Mcquarrie, E. F., Torgrimson, C. G. The evolution of new technology ventures over 20 years: Patterns of failure, merger, and survival [J]. *Journal of Business Venturing*, 1992, 7（4）：291-30.

向预测公司创业①；公司制定相关技术政策可以营造良好的创业氛围及战略目标②。当然，创业不仅是人与环境的交互，也是人与人之间的互动。Robert（2000）指出，成员间的合作是维系企业社会网络的重要一环，也是企业生命力的表征之一。然而，创业具有高风险和不确定性的特征，大量调查和研究均指出，失败在创业过程中更为常见，所谓成功是意外，失败是常态。因此，20世纪后期至今，创业研究的风向标逐渐从对成功案例的探讨转向对失败现象的反思。与成功创业不同的是，创业失败的前因后效中蕴含着更为丰富的研究契机，对创业失败归因、情绪管理、失败学习、二次创业等问题已然成为该领域研究的新热点。

2.1 创业失败概念内涵

创业失败的内涵较为宽泛，不过现有研究多聚焦于企业层面的失败，如公司盈利能力下降、偿还债务能力不足、业务终止、亏损、破产、倒闭等③④。但 Shepherd，Covin 和 Kuratko（2009）认为，创业失败应从更为微观的角度看待，如创新失败、产品失败，甚至创业者个人层面的失败等。学界对创业失败概念的界定存在分歧，究其原因，一是研究者选择的视角不同，二是创业失败常与新企业歇业（discontinuance）、资不抵债（insolvency）、破产（bankruptcy）等概念相混淆。综合来看，对于创业失败内涵的界定主要分为两种观点，持有结果观的学者立足于失败之结果，如 McGrath（1999）给出定义：创业失败指创业者未达到预定目标而对新创企业的终止。而认同过程观的学者聚焦于创业过程中遭遇的问题与阻碍，如 Shepherd 等（2009）提出，创业失败为新创企业面临入不敷出，无法获得外来融资，无法在合法前提下维持运营。综合上述观点，本研究中将"创业失败"定义为，创业者因未能实现创业目标或期望而终止经营创业项目的创业现象。

2.2 创业失败研究回顾

早期创业失败的研究主要从国家政策、社会支持、企业能力等宏观视角解析创业失败的原因及应对策略。这一时期的研究偏向于探讨企业"如何避免失败"。例如，Carter 和 Wilton（2008）认为，创业失败缘于国家缺少合适的财政和法律制度。Bruno（1988）研究指出创业失败有三类主要原因——产品问题、融资问题、企业管理问题。创业失败会给创业者带来负面影响，如经济损失、污名，损害社会关系，导致无助感，降低自我效能感

① Zahra, S. A. Goverance, ownership, and corporate entrepreneurship：The moderating impact of industry technological opportunities ［J］. *Academy of Management Journal*，1996，39（6）：1713-1735.

② Holmes, R. M, Zahra, S., Hoskisson, R., et al. The role of institutions and technology policy for firms' corporate entrepreneurship and political strategies ［J］. *Academy of Management Executive*，2016，30（3）：247-272.

③ Haswell, S., Holmes, S. Estimating the small business failure rate：A reappraisal ［J］. *Journal of Small Business Management*，1989，27（3）：68-75.

④ Cope, J., Cave, F., Eccles, S. Attitudes of venture capital investors towards entrepreneurs with previous business failure ［J］. *Venture Capital*，2004，6（2/3）：147-172.

等心理影响。但"失败也是重要的学习之旅"，不少学者后来倾向于积极地看待失败后果。Singh 等（2007）相继发现，创业失败可能会激发创业者挑战性思维，促进自我反思，完善对于失败的意义构建，改变创业者思维模式，进而促使其从失败中加强学习，帮助其他潜在创业者减少失败的可能性，最终有利于提高后续创业成功的概率。创业的主体是创业者自身，学术界早期主要从宏观角度探讨失败的原因，这未免忽视了创业者之间的个体差异。并且，创业失败常常伴随一些后续行为（如失败学习、连续创业等），而这与个体的认知、心理特征密不可分。因此，微观层面创业失败的研究呼之欲出，这部分研究更多强调创业者的主体地位，即创业者的失败归因行为。

2.3 创业失败归因研究

基于创业者主体视角的创业失败归因研究多以社会心理学家 Weiner（1985）的归因理论（attribution theory）为基础：一项任务的成败取决于个体因素（能力与努力）和环境因素（难度与运气）的匹配。前者偏向于创业失败的内因，是个体可以改变和影响的因素，如创业者技能缺乏、过度自信（overconfidence/hubris）、失误等①。后者则指创业失败的外因，是一些不可控、不以主观意志为转移的因素，包括政治和经济环境，如缺少合适的财政和法律制度等②。目前，基于认知观的行为决策视角成为探讨创业失败的主流，主要阐述创业者的"有限理性"和"认知偏差"（cognitive bias）如何导致创业失败的过程。现有研究结论不尽相同，以 Zacharakis，Meyer 和 Castro（1999）为代表的研究者将创业失败归咎于内因，如错误的商业模式、创业者的自负、创业者对结果的不切实际的预期等；但也有学者发现，大部分创业者把失败归咎于外因，如融资渠道少、劳动力市场疲软、缺少支撑制度和环境等③。Timmons 和 Spinelli（2014）指出，创业失败是创新与经济复兴不可缺少的伴随现象，创业者对失败结果是否合理归因不仅关系到创业者从创业失败中恢复的速度，同时也会影响其连环创业意向以及后续创业行为。

2.4 大学生创业研究

现有对于大学生创业影响因素的研究主要从创业教育、创业意图、创业环境三个角度展开。Othman（2006）认为，缺乏工作经历是大学创业者失败的一大缘由。但这一结论并没有得到概化性验证，Nishantha（2009）发现，创业经验对商科专业学生创业意向发展的贡献相对较低。一方面，这表明前期具备专业知识及技能的大学生创业者并不依赖先前从业经历对其创业的影响，另一方面，这展现了创业教育对于大学生创业的重要作用。

---

① Artinger, S., Powell, T. C. Entrepreneurial failure: Statistical and psychological explanations [J]. *Strategic Management Journal*, 2016, 37 (6): 1047-1064.

② Carter, S., Wilton, W. Don't blame the entrepreneur, blame government [J]. *Journal of Enterprising Culture*, 2008, 14 (1): 65-84.

③ Franco, M., Haase, H. Failure factors in small and medium-sized enterprises: Qualitative study from an attributional perspective [J]. *International Entrepreneurship & Management Journal*, 2010, 6 (4): 503-521.

Sharma 和 Madan（2014）调查发现除资本稀缺、经验匮乏外，缺乏指导同样是阻碍青年创业的因素。创业教育的主要目的是教授与创业相关的知识并培养受教育者从事创业活动所需要的态度、技能与能力，因此创业教育是通过影响创业者的品质间接地作用于创业过程。Carayannis 等（2003）对美、法两国部分高校大学生进行追踪研究后发现，在创业教育开展更早的美国，大学生创业热情及成功率更高。Martin（2014）通过实证研究发现，创业教育可以增强大学生的创业意向，这方面研究以人力资本理论（Human Capital Theory）为支撑：个人可以通过学校教育、培训学习专业技能和知识，获得从事创业活动的行为资本，从而加强创业意愿①。创业教育的正面效果值得肯定，但新近研究成果表明，创业教育可能会在一定社会背景下收效甚微，比如，在企业友好型社会制度下，创业教育带来的人才输出更会选择直接就业，而不会选择风险更高的创业②。创业意图是大学生创业研究的另一热点，该领域主要以 Ajzen（2002）的计划行为理论（theory of planned behaviour，TPB）为框架：创业行为可以视作一种计划性行为，而创业意图是创业行为的最佳预测标准，行为意图越强，实际行为发生的概率就越大③。Ozaralli 和 Rivenburgh（2016）以美国和土耳其的大学生为研究对象，发现大学生的乐观人格、创新精神与冒险倾向可以正向预测其创业意图。此外，市场经济环境发挥着重要作用，Aldrich 和 Wiedenmayer（1993）发现以严重的市场波动、高通货膨胀和失业率以及经济不稳定为特点的"敌对"经济环境可能致使个体创业意图下降。最后，大学生创业环境与大学生创业活动紧密相连，除传统的政治、经济环境外，社会环境在大学生创业过程中也扮演着重要角色。Lee 等（2004）指出，如果家庭和社会对创业活动持消极态度，那么青年更不会将创业作为自身的事业选择。

从上述回顾中能够发现，现有对于大学生创业和创业失败影响因素的研究已相对成熟，但立足于大学生主体地位，探讨其归因行为的研究相对稀少。Martinko，Douglas 和 Harvey（2006）认为基于主体个人视角的归因行为可以更好地解释自身、他人和环境整体事件的形成机制。国内现有对于大学生创业失败归因的研究多以案例分析的形式呈现。如谢清（2017）通过 5 个创业案例发现，导致创业者失败的原因为创业项目选择不科学、创业能力不足、创业者对创业的艰巨性和开拓性认知不足、创业引导缺乏与创业所需资源不够全面。本文将从质性实证研究的角度出发，并采用扎根研究的范式，建立大学生创业失败模型并对模型信效度进行检验，较为全面地展现大学生创业现状，从而为大学生创业研究提供理论借鉴。

---

① Becker, G. S. Human Capital. A theorical and empirical analysis with special reference to education [J]. *Population*，1964，22（2）：330.

② Walter, S. G，Block，J. H. Outcomes of entrepreneurship education：An institutional perspective [J]. *Journal of Business Venturing*，2016，31（2）：216-233.

③ Ajzen, I. Perceived behavioral control，self-efficacy，locus of control，and the theory of planned behavior [J]. *Journal of Applied Social Psychology*，2002，32（4）：665-683.

3. 研究方法和样本

3.1 研究方法

为保证研究对象的真实性和情境性，本研究通过与大学生创业者互动而获得第一手资料，融入其创业情境，并对其行为和意义构建进行解释。这种基于扎根理论（grounded theory）的建构式质性研究范式可以避免实验室研究中因为现实情境的缺失而导致外部效度欠缺的问题①。采用 McClelland（1973）提出的行为事件访谈法（behavioral event interview；BEI），请受访者回忆在创业过程中让其感到挫败的关键事例，通过对关键事例发生过程的逐步深入追问，对被试情境回忆的表述和行为进行详细的记录，重点在于探索过去该情境中受访者采取的措施和行动方面的真实资料。

访谈过程严格按照自编的《大学生创业失败案例研究访谈提纲》的内容和要求来操作。在征得被访谈人同意后，对被访谈者的谈话内容都进行了录音，最长历时 84 分钟，最短历时 36 分钟，平均 57 分钟；此外，根据自编的《行为事件访谈信息记录卡》对被访谈人在访谈过程中的行为表现等内容进行记录，作为对创业失败归因编码内容的补充。

3.2 案例样本

正式研究前对××大学的 3 位创业者进行预访谈（2 名在读，1 名应届毕业生，分别有一至两次创业失败经历），旨在进一步完善访谈提纲并为训练访谈过程做好准备。

正式访谈面向全社会收集的有创业失败经历的年轻大学生。为确保样本资料的原创性，主要通过网络征询和实地考察两种方式寻得 20 名有至少一次失败经历的大学生创业者参与。受访者创业地点主要涉及江苏、福建、河南、陕西等地，其中男性创业者 14 名（70%），在校大学生 11 名（55%），其年龄分布在 20 岁至 29 岁之间。经筛选后（删除了因访谈不够深入、内容太简短、存在严重形象整饰的 3 个样本）共获得有效样本 17 份，有效率 85%，对每位受访者访谈一次，平均访谈时长为 57 分钟。经整理后获得文本资料总计约 16 万字。案例汇总见表 1。

表 1 案 例 汇 总

案例	性别	年龄/学业情况	创业次数	创业地点	创业模式	创业持续时间	创业内容/项目
1	女	21/本科在读	1	苏州	宿舍小店	6 个月	经营代购
2	男	20/本科在读	1	苏州	网店模式	一年	乐园门票销售
3	女	21/本科在读	1	苏州	宿舍小店	5 个月	经营服装销售

① Corbin, J. M, Strauss, A. Grounded theory research：Procedures, canons, and evaluative criteria [J]. *Qualitative Sociology*, 1990, 13（1）：3-21.

案例	性别	年龄/学业情况	创业次数	创业地点	创业模式	创业持续时间	创业内容/项目
4	女	21/本科在读	1	苏州	格子铺模式	一年多	经营化妆品
5	男	22/本科在读	2	厦门	门面店模式	8个月/次	经营快递店、餐馆
6	男	27/毕业2年	3	江苏、河南	培训机构	3个月/次	暑期教育培训
7	男	21/本科在读	2	厦门	门面店模式	17个月	自助厨房
8	男	28/毕业4年	1	南京	公司模式	四年多	文具销售
9	男	29/毕业4年	2	镇江	格子铺模式	三年多	碟面租赁、电脑耗材
10	男	23/本科在读	2	苏州	门面店模式	一年多	食品店、房屋租赁
11	男	22/本科在读	1	苏州	公司模式	18个月	高新科技创业
12	男	29/毕业五年	2	苏州	公司模式	一年/次	经营中介、健身俱乐部
13	男	25/毕业2年	2	苏州	门面店模式	一年/次	精品水果店、米店
14	男	23/本科在读	2	苏州	公司模式	一年/次	信息咨询、环艺公司
15	女	26/毕业3年	3	南京、苏州	门面店模式	半年/次	女装销售、巧克力制作
16	男	25/毕业1年	2	苏州	门面店模式	一年/次	快递、安利
17	男	24/本科在读	3	苏州	公司模式	一年/次	电脑耗材、快递
18	男	29/毕业5年	2	西安	公司模式	一年/次	网站科技公司
19	女	26/毕业3年	2	镇江	门面店模式	一年/次	经营工艺品、奶茶
20	女	22/本科在读	1	镇江	门面店模式	一年半	经营化妆品

3.3 研究程序

3.3.1 访谈提纲设计

根据研究目标，结合预访谈结果将半结构化访谈提纲分为以下三部分：①受访者基本资料，包括被试知识水平、经济条件、性格特征、创业目的等；②创业经历回述，主要包括被试的创业故事、创业前期准备内容、应急处理方法等；③再创业意向调查，包括有无再创业意向、创业规划、付出程度预计等。

研究同时设计《行为事件访谈提纲（A）／（B）》和《行为事件访谈信息记录卡》。其中《行为事件访谈提纲（A）》包括访谈目的、访谈问题等，供被访谈者使用；《行为事件访谈提纲（B）》包括访谈程序和各访谈阶段的注意事项，供访谈者使用；《行为事件访谈信息记录卡》主要用来记录被访谈者在访谈过程中的行为表现等。

3.3.2 编码过程

采用基于内容分析（content analysis）方法，借助 Nvivo 8.0 和 SPSS16.0，根据 Corbin 和 Strauss（1990）提出按逐渐抽象的程度对文本进行编码，初步建构起大学生创业失败归因模型。编码过程由经过培训的 3 名工业心理学研究生独立完成。

一级编码（开放式编码）。对所有原始资料中与创业失败原因有关的部分进行逐句编码，以原始资料中的关键词为基础编码。创业失败归因部分初步形成 567 处编码，形成 20 个自由节点，详见表 2。此阶段采取完全开放式的且不带任何理论框架的编码方式。

二级编码（关联式编码）。该阶段的主要任务是发现和建立概念，以表现资料中各个类别（自由节点）之间的有机关联。统计自由节点的频次及覆盖率，结合语境将创业失败归纳出 9 个二级编码，分别为战略失误、低创业承诺、关系维系不当、商业经验不足、人力和资金资源匮乏、抗压耐挫力低、社会支持缺乏、政策及经济萧条和同行挤兑。该阶段旨在将隶属于同一层次的概念进一步归类，赋予概念更大的解释力。

三级编码（核心式编码）。该环节使用了选择型分析法将二级编码结果整合，进一步归纳为创业智能不足、创业抱负低、资源缺乏和市场环境制约四个核心类别，详见表 2。

表 2 　　　　　　　　　　　　导致大学生创业失败因素分析

核心式编码	频次	资料来源	关联式编码	频次	资料来源	开放式编码	频次	资料来源
创业智能不足	101	17	商业经验不足	89	17	自我包装	9	6
						风险评估	17	6
						应急处理	23	13
						社会经历	72	16
			关系维系不当	57	15	合伙人关系	15	8
						雇佣关系	19	8
						客户关系	41	14
			战略失误	54	16	信息收集	20	11
						创业规划	58	16
创业抱负低	75	16	抗压耐挫力低	56	15	创业态度	29	13
						性格特征	28	14
			低创业承诺	30	13	创业动机	34	14
资源缺乏	82	16	人力和资金资源匮乏	62	15	时间精力	24	13
						资金	43	13
			社会支持缺乏	62	14	亲友支持	28	13
						企业家网络支持	35	12
市场环境制约	46	14	政策及经济萧条	32	12	市场经济	26	11
						政府政策	14	8
			同行挤兑	28	10	同行竞争	24	9
						恶意打压	8	4

注：频次：指该码号在样本总材料中被提及的次数，同一文本或不同文本有几处出现相同的编码就会记多少频次。资料来源：17 个被访谈者就有 17 个文本资料，此处指的是某编码来源于某个或者几个被访谈者的文本。

4. 研究结果与分析

4.1 大学生创业失败的因素构成

由表 2 的核心式编码情况来看，导致大学生创业失败的因素有 4 类，分别是创业智能不足、创业抱负低、资源缺乏和市场环境制约。

4.1.1 创业智能不足

Sternberg（2004）提出成功创业者需要实践智能、分析智能和创造智能。本研究基于霍华德·加德纳提出的多元智能理论，智能并非是以语言、数理或逻辑推理等能力为核心、以整合方式存在的一种智力，而是彼此相互独立、以多元方式存在的一组智能①。创业智能并非以哪种具体智能为核心，而是以能否解决实际创业过程中的问题和创造出社会所需要的产品的能力为核心，即指个体专业技术能力、经营管理能力等多种能力的综合体现。Lafuente 等人（2015）发现创业者的主观创业能力感对创业活动的决定具有积极影响，且其影响大于实际创业能力。本研究细化了创业智能及其维度，创业智能不足包含商业经验不足、关系维系不当和战略失误。对于创业战略规划的模糊不清，经验缺乏，为人处世的自我中心性等都导致了大学生创业智能不足，也是其创业失败的重要原因。

大学生创业失败的主要原因是创业者缺乏创业经验，体现在大学生对创业类型、模式的选择、营销手段、内部管理、经营方式、风险评估和应急决策处理等方面②。段锦云和简丹丹（2011）研究也证实商业实战经验不足往往是大学生创业者的软肋。不同于经历过商业实战的普通创业者，多数大学生创业者表示因为缺少经验，在面临决策时仅依据自己的喜好、想象和有限的信息，以致决策不当。商业经验不足具体可以细分为自我包装、风险评估、应急处理和社会阅历四个方面。大学生创业热情有余，而对商业知识知之甚少，社会经验有限，经营观念淡薄，对市场特点、产品营销方式等了解不深，从而难以具备对市场变化的敏锐性，同时因为经验的匮乏，而不恰当地借鉴和复制他人的成功路径又会左右其创业决策，导致错误地预测和评估风险，最终造成消极结果。

创业活动需要具备较强的人际处理能力，但大学生通常自我中心性较强，在创业过程中常会与沟通对象产生矛盾，此处的人际可分为内外部两方面。内部是指大学生创业者与合伙人的关系以及与员工之间的上下级关系，外部则指与消费者、客户等之间的关系。大学生创业多以团队形式进行，在访谈过程中发现与合伙人的关系处理不当的现象明显，例如产生管理分歧、发展目标不一致、内部分工不当或合伙人退出等。Lane 和 Schary（1991）曾指出在企业发展中后期，90% 的反馈者引用最多的失败原因是管理团队无效。大学生创业者由于长期处于接受教育和指导的过程，管理能力相对稚嫩，在员工的筛选、奖惩不当、雇佣矛盾以及员工离职等相关消极事件的处理上经验明显不足。因此创业过程

---

① 梅汝莉. 多元智能与教学策略［M］. 北京：开明出版社，2003.

② Shepherd, D. A. Learning from business failure: Propositions of grief recovery for the self-employed ［J］. *Academy of Management Review*，2003，28（2）：318-328.

中的人际关系处理不当，使得大学生创业者身陷更多的非商业性困境。

大学生创业者多为初次创业，常常由于战略失误而导致其后的创业失败，例如产品和服务的定位模糊，创业地点选择错误，市场调查不够充分，创业进度计划不明确等。受访大学生创业者普遍都存在这类问题，在访谈中他们经常用这样的表述"我开始以为……"、"我当初觉得会……"显示出他们在准备过程中考虑不周，盲目乐观地预想创业过程及结果，信息收集过程草率马虎，对创业流程不熟悉、政府相关政策不了解、创业前未进行相关市场调查或调查不充分等。

4.1.2 创业抱负低

创业抱负是创业者由于个体内在或外在的需要而在创业时所表现出来的目标或愿景，在创业过程中对创业行为起驱动作用①，以往研究证明，通常成功创业者具备较高的成就抱负，且创业内部动机高者更会从失败中学习进而促进其连续创业（Yamakawa，Peng，& Deeds，2015）。本研究编码结果显示创业抱负低主要体现在抗压耐挫力低和低创业承诺。

大学生的心智品格等都还不成熟，抗压能力较弱，遇挫时的创业效能感普遍偏低②。因此，大学生在创业中容易因为现状不佳或瓶颈挑战而对前景失去信心，从而消极对待自己的创业，这种现象可概括为抗压耐挫力低。不少受访者表示在创业过程中感觉压力过大，无法保持乐观坚持的心态，感觉未来风险重重，没有取胜的希望，所以不进行任何尝试就直接放弃，这与大学生乐享其成同时又脆弱消极的性格特征不无关系。如案例十七被试明确表示"当时就是实在扛不住那个压力所以就算了"，案例十九被试表示"当时我看到×××准备在这开的时候我就觉得我没什么机会了吧，可能也是我自己心理上的一个放弃吧，我就是觉得我肯定竞争不过×××"。

大学生在校园里经常会通过各类渠道接受到创业成功事迹的熏陶，易受感染，创业热情会在短期内暴涨，而实际投身创业后又会因为热情消退而消极对待创业。低创业承诺旨在强调大学生创业者的创业动机不明确，对创业结果成功与否抱着无所谓的态度，从而导致低坚守和放弃。大部分大学生创业者的成就动机普遍并不高，创业是否能成功在他们看来并不重要。例如案例十七被试表示"那个也不能算是创业的年头，只能说我想出去接触社会"。在大学生创业者眼中，创业是一种历练，他们注重的是创业这个过程给他们带来了什么，而不关注创业的结果。如案例二被试表示"当时由于我感觉在大学里比较无所事事，然后就抱着去看看的想法"。

4.1.3 资源缺乏

Brush，Greene 和 Hart（2001）指出资源是新创企业创建和成长的基础。在创业早期，企业享受着初始资源禀赋带来的好处，失败的风险并不是很高。这也说明，新企业成立初期，资源缺乏会成为扼杀创业企业的首要因素。大学生创业者所拥有的物质和社会资源相对缺乏，资金不足、社会资本缺乏，时间精力不足等方面的问题都会导致消极的创业影响，因此大学生创业者常会因各种资源获取困难而中途放弃。

---

① 窦大海，罗瑾琏. 创业动机的结构分析与理论模型构建［J］. 管理世界，2011（3）：182-183.

② 段锦云，简丹丹. 大学生创业失败归因分析——以"天行健"和"易得方舟"为例［J］. 创新与创业教育，2011，2（2）：91-98.

Hayward，Shepherd 和 Griffin（2006）认为创业资源筹措渠道不畅及制度缺位是创业失败的原因。许多创业者会在投资或经营过程中出现资金周转困难，对于大学生创业者而言，资金缺乏是更为常见的限制因素。据统计，2013 届大学生自主创业的资金主要依靠父母/亲友投资或借贷（58%）和个人积蓄（22%）①，理财观念和能力普遍不强、对于资金预期不足和筹备渠道困难往往会将自己陷入经济困境。与此同时，由于创业投入的时间与学业负担的冲突，大学生的时间精力并不能完全投入创业中。如案例二十被试表示"课程上有点紧，到了大三大四泡在琴房里的时间比较长，所以就是不能每时每刻地去店里照看着"。上述资源的匮乏使得大学生创业者感到现实离理想过于遥远，目标难于达成从而放弃。

此外，社会支持缺乏也是阻碍大学生创业者的重要因素，Sarason 等（1987）将社会支持定义为创业者与家人、朋友或其他社会网络的互动强度。本文研究中受访者大多表示家庭对自己的创业行为并不表示支持，甚至持反对意见，这让他们在创业过程中承受了更多的压力。如案例十被试表示"最主要的还是来自于家庭的压力，其实他们可能也觉得一个大学生学了四年出来做这个，他们会觉得你不务实"。Anderson 和 Jack（2005）指出，由于亲情的纽带关系，家庭是制约创业者发展的一大因素。大学生涉世未深，家庭的意见和决定往往更能左右他们的职业倾向。同时，创业者在创业过程中通过各种途径与成功企业家结识并维持联系，通过这些网络可以为创业者提供可促成创业成功的因素，比如技能指导、信息分享、潜在的雇员、客户介绍、情感理解以及金融资本等一切可以获得的帮助，然而此类支持的缺漏对缺乏商业经验的大学生创业生而言无疑是一大遗憾。

4.1.4　市场环境制约

全球创业观察（global entrepreneurship monitor，GEM）报告提出，在一定的社会、文化和政治氛围下，创业环境影响地区创业机会与创业能力，进而影响创业活动。2014 年发布的《中国报告：创业环境与政策》指出，在 2002—2012 年，中国创业环境在参加全球创业观察的 69 个国家和地区中排在第 36 位，居于中游水平。

对于大学生创业者来说，经验和资源缺乏的情况下，市场环境的影响因素尤为重要。Cardon，Stevens 和 Potter（2011）指出竞争激烈、市场增长率低、市场规模小、当地文化的影响以及不恰当的进入时机等，都会影响创业者对创业机会的评估、开发和利用，并最终导致创业失败。目前，针对大学生创业已出台诸多相关政策条例，但在具体操作中仍旧存在各类问题，由此可见，除了政策扶持，市场经济的本身环境对于抗压力低的大学生创业者来说也尤为重要。根据受访材料，我们发现另一环境制约因素来自同行的挑战，无论是正式竞争还是恶意打压对于大学生创业者来说都是致命的打击。鉴于大学生的创业能力有限，面对这类问题时大多选择回避而非正面反击。

根据上述分析以及表 2 的结果可创建如图 1 所示的大学生创业失败归因模型，图中虚线箭头表示两个码号之间存在相关关系。

---

① 徐小洲，梅伟惠，倪好 . 大学生创业困境与制度创新 [J]. 中国高教研究，2015（1）：45-48.

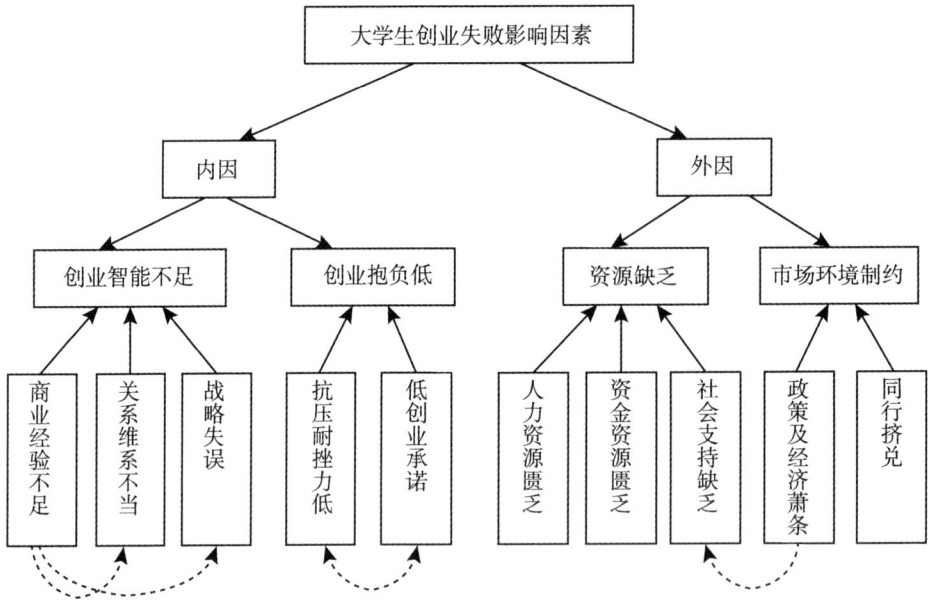

图 1　大学生创业失败归因模型

4.2　大学生创业失败模型信效度检验

本研究采用了原始资料检验法，对模型中的概念和关系返回加以审查①。"概念"必须是来源于原始资料，"关系"必须来源于研究对象的阐述或研究者基于原始资料的层层归纳。本研究据此标准形成编码手册，并为大学生创业失败影响因素的模型提供足够的资料支持，一定程度上保证了研究的效度。

研究主要采用了归类一致性指数进行信度评估，结果显示，开放式编码为 0.835；关联式编码为 0.854；核心式编码为 0.846。说明本研究对文本内容的归类一致性符合要求。同时研究提供一二级编码的评分者信度（肯德尔系数：$W_1 = 0.725$，$W_2 = 0.814$），评分者之间的差异在接受范围之内。

5. 研究结果讨论

5.1　理论贡献

本研究通过收集我国大学生创业失败真实案例获取了第一手资料，客观地掌握其创业过程中的事件、资源、环境、心理等因素，探索了影响大学生创业失败的因素，对失败的原因进行了较为全面的整合和归纳。首先，以往创业失败研究较多关注普通（社会人士）

① 吴继霞，黄希庭. 诚信结构初探 [J]. 心理学报，2012，44（3）：354-368.

创业者，而大学生是一个相对"稚嫩"的群体，其创业活动往往面临更为严峻的挑战，因此他们失败的原因较为特殊。本文基于扎根研究的范式，通过核心编码程序识别出了四类大学生创业失败的原因及其特征，分别为创业智能不足、创业抱负低、资源缺乏和市场环境制约。从大学生特殊的身份角色和个性品质来看，他们受过良好教育的同时缺乏社会及商业经验，满怀抱负的同时抗压能力偏弱，充满创造性的同时实际操作经验不足。因此，创业智能不足与创业抱负低两项内因是其创业失败的独特构成。另外，以往研究证实创业者普遍会面临资源缺乏与市场环境制约的挑战，但从二级编码结果来看，两项外因有着不尽相同的表征，比如，家庭支持缺乏是大学生创业失败的根源之一，大学生初出校园，经济与人格尚不能完全独立，家庭在其社会网络中处于核心地位，因此父母以及家人的反对往往能够动摇其创业决策。此外，同行挤兑这一因素也较为特别，根据访谈内容，受访者面临恶意竞争事件时更多选择逃避而非正面应对，这凸显了大学生较为脆弱的个性品质与防范意识淡薄的缺憾。总结来说，本研究探索了针对大学生这一特殊群体的创业失败归因模型，并进一步对其进行检验和分析，弥补了国内大学生创业失败归因这一研究的理论不足，进一步丰富和拓展了大学生创业失败的理论研究。

再者，现有的国外创业失败研究多围绕个体、环境两个维度展开，如缺乏创业技能、过度自信①，以及缺乏政府支持和相关财政法律制度等②。国内大学生创业者的研究多从经济政策、创业教育等宏观层面展开，少有对创业失败归因的实证证据。受自我服务偏见认知的影响，有学者发现大多数创业者将失败归于内因③，但也有学者认为创业者多将失败归于外因④。于晓宇，李厚锐和杨隽萍（2013）指出对于创业失败的归因不应该简单地分为内因和外因两类，还应考虑归因要素的稳定性。本研究通过对第一手访谈资料的筛选和归纳总结出大学生创业者创业失败的四类归因，并对其稳定性进行探究，总体可以分为内外因两类，响应了 Cardon 等（2011）研究结果，同时又将内因部分具体分为稳定但不可控的创业智能不足和可控但不稳定的创业抱负低两方面。创业智能作为本研究中提出的新概念，基于多元智能理论的基础：智能应当是彼此相互独立、以多元方式存在的一组智能，因此本研究将机会识别、风险评估、应急处理、自我包装等稳定却难以控制的能力综合起来，从个体的认知层面对大学生创业失败进行归因，不仅仅局限于内归因集中于个体的性格特征或单一的创业能力的现状，这对失败归因研究来说是一个新的突破。

---

① Cardon, M. S., Stevens, C. E., Potter, D. R. Misfortunes or mistakes：Cultural sense making of entrepreneurial failure [J]. *Journal of Business Venturing*, 2011, 26 (1)：79-92.

② Carter, S., Wilton, W. Don't blame the entrepreneur, blame government [J]. *Journal of Enterprising Culture*, 2008, 14 (1)：65-84.

③ Krueger, N. F. *The Cognitive Psychology of Entrepreneurship* [R]. Handbook of Entrepreneurship Research，2003：105-140.

④ Franco, M., Haase, H. Failure factors in small and medium-sized enterprises：qualitative study from an attributional perspective [J]. *International Entrepreneurship & Management Journal*, 2010, 6 (4)：503-521.

5.2 管理启示

本研究通过对 17 位大学生创业失败案例的扎根编码，并将内外部因素具体化，将大学生创业失败归因为创业智能不足、创业抱负低、资源缺乏和市场环境制约四个核心因素。其中创业智能不足（稳定但不可控的个人因素）和创业抱负低（可控但不稳定的个人因素）两个内部因素最能体现大学生创业失败的独特性。大学生作为年轻而被学校和社会保护的群体，缺乏社会经验的同时对自身实际能力有不切实际的评估，解决商业问题手段经验不足的同时又缺乏成熟的决策驾驭能力。此外，大学生创业者对人际关系的处理不当、包容性不够，对资源的汲取分配和利用不妥，以及创业动机不明确、缺乏毅力等，这些都成为典型的大学生群体创业失败的归因。有研究对某大学的调查发现，超过 2/3 的大学生创业者在大学期间没有系统进行过创业相关课程训练和创业实践①。创业智能依赖于后天的培养。因此高等院校应重视开展创业培训课程，提升其地位并考虑将其纳入必修学分课程。其次应加大创业师资的引进和培养，鼓励学生积极参与各种创新创业实践，并给予奖励，帮助创业者树立正确的创业价值观、更好地识别创业机会、处理社会关系并且有效地管理和分配创业资源。

除内部因素外，基于大学生身处或初出校园的现实，他们除了抱有一腔热情和拥有受过高等教育的良好背景外，其他方面都比较匮乏。本研究同样证实导致大学生创业失败的一类原因是创业资源缺乏，而其中又有三个子维度：人力资源、资金资源、家庭支持缺乏。大学生的创业支持环境是由高校、政府、企业、社会和连接它们的创业（信息）服务中心五个方面构成的整体②，当前创业激励政策和创业资源配置通常向初次创业倾斜，这可能导致创业资源配置的扭曲。因为初次创业者通常不善利用创业资源，而经历过创业失败的后续创业者又难以获得必要的创业资源。因此，要健全大学生创业的社会支持体系，必须在容忍失败的同时鼓励创业者从失败中学习，提高商业经验等内隐知识，促进"连续创业"。在这一过程中，政府职能的发挥和社会机构的参与尤为重要。当前，政府出台的相关政策聚焦于解决大学生创业资金问题，如无息贷款、低成本注册等。然而，创业过程中还会伴随人才、产品、技术、管理等瓶颈，这急需政府发挥多方面职能，从过程和持续性角度支持大学生创业活动。再者，社会机构参与力度也有待提升，金融机构应提高商机识别，秉持宽容态度，加大对于新创企业的投资；各大中型企业应加强成功经验的分享，坚决杜绝恶意打压的现象。总之，实现"政产学研金介媒"通力合作的局面将会是孕育大学生成功创业的摇篮。

5.3 局限与展望

本研究存在一定局限，首先，受访者大多来自江苏或沿海地区，一定程度上损失了样本的代表性，在将来的研究中，可适当增加其他地区的样本，以提高研究的外部效度。其

---

① 郑刚，梅景瑶，何晓斌. 创业教育对大学生创业实践究竟有多大影响——基于浙江大学国家大学科技创业企业的实证调查 [J]. 中国高教研究，2017（10）：72-77.

② 于晓宇. 创业失败研究评介与未来展望 [J]. 外国经济与管理，2011（9）：19-26.

次，已有的创业失败研究主要采用描述或质性研究范式，尽管方法规范，但由于研究结论主观性过强导致结果不一，内部效度受损，因此未来应加强创业失败的定量研究。再次，应动态关注创业失败对后续创业活动的影响，如创业失败归因和失败学习对后续创业意向、创业决策过程的影响等实证探索。最后，近年来，不少研究从个体认知层面剖析创业失败行为背后的成因及机制，但越来越多的研究开始关注创业失败后个体的应对措施与行为，比如情绪管理、失败学习和后续创业行为。今后研究可继续丰富创业失败归因的类型，并构建其与创业者后续情绪、态度、行为转变之间的关系，将失败归因、情绪应对和后续创业的行为特征进行连接和整合，从而丰富对创业失败前因和后效的认知。此外，Yamakawa，Peng 和 Deeds（2015）认为，创业者对创业失败进行内部归因有利于其连续创业；Walsh 和 Cunningham（2017）发现，创业者对失败进行内部归因会促进自我反省与内在学习，而外部归因会增强其对于社会网络和人际关系构建的学习。未来研究应进一步关注并拓展创业失败的积极影响，对于心智尚未成熟的大学生创业者来说，这一点尤为重要。另外，创业者面对失败不同的归因方式能否导致他们愈挫愈勇，其中的认知、情感、行为机制是什么，未来研究也可加强对失败归因与后续创业行为中介变量的探讨。

◎ 参考文献

［1］熊景维．高校学生创业意愿及其影响因素研究［J］．珞珈管理评论，2012（2）.

［2］于晓宇，李厚锐，杨隽萍．创业失败归因、创业失败学习与随后创业意向［J］．管理学报，2013，10（8）.

［3］Busenitz, L. W. Research on entrepreneurial alertness：Sampling, measurement, and theoretical issues ［J］. *Journal of Small Business Management*，1996，34（4）.

［4］Byrne, O., Shepherd, D. A. Different strokes for different folks：Entrepreneurial narratives of emotion, cognition, and making sense of business failure ［J］. *Entrepreneurship Theory and Practice*，2015，39（3）.

［5］Cope, J. Entrepreneurial learning from failure：An interpretative phenomenological analysis ［J］. *Journal of Business Venturing*，2011，26（6）.

［6］Jenkins, A. S., Davidsson P. "Who learns from failure and who fails again and again? Attributions, reflection, motivation"［J］. *Academy of Management Annual Meeting Proceedings*，2015（1）.

［7］Jenkins, A., Mckelvie, A. What is entrepreneurial failure? Implications for future research ［J］. *International Small Business Journal*，2016，34（2）.

［8］Khelil, N. The many faces of entrepreneurial failure：Insights from an empirical taxonomy ［J］. *Journal of Business Venturing*，2016，31（1）.

［9］Lafuente, E., Battisti, M., Jones, P., et al. Initiating nascent entrepreneurial activities：The relative role of perceived and actual entrepreneurial ability ［J］. *International Journal of Entrepreneurial Behavior & Research*，2015，21（1）.

［10］Laitinen, E. K. Prediction of failure of a newly founded firm ［J］. *Journal of Business*

Venturing, 1992, 7 (4).

[11] Mcclelland, D. C. Identifying competencies with behavioral-event interviews [J]. *Psychological Science*, 1998, 9 (5).

[12] Mcgrath, R. G. Falling forward: Real options reasoning and entrepreneurial failure [J]. *Academy of Management Review*, 1999, 24 (1).

[13] Pardo, C., Alfonso, W. Applying "attribution theory" to determine the factors that lead to the failure of entrepreneurial ventures in Colombia [J]. *Journal of Small Business & Enterprise Development*, 2017, 24 (10).

[14] Politis, D., Gabrielsson, J. Entrepreneurs' attitudes towards failure: An experiential learning approach [J]. *Social Science Electronic Publishing*, 2007, 15 (4).

[15] Ramos, C. G., Gonzalez-Alvarez, N., Nieto, M. Institutional framework and entrepreneurial failure [J]. *Journal of Small Business & Enterprise Development*, 2017, 24 (1).

[16] Sharma, L., Madan, P. Effect of individual factors on youth entrepreneurship-a study of Uttarakhand state, India [J]. *Journal of Global Entrepreneurship Research*, 2014, 4 (1).

[17] Shepherd, D. A., Covin, J. G., Kuratko, D. F. Project failure from corporate entrepreneurship: Managing the grief process [J]. *Journal of Business Venturing*, 2009, 24 (6).

[18] Shepherd, D. A., Wiklund, J., Haynie, J. M. Moving forward: Balancing the financial and emotional costs of business failure [J]. *Journal of Business Venturing*, 2009, 24 (2).

[19] Singh, S., Corner, P. D., Pavlovich, K. Spirituality and entrepreneurial failure [J]. *Academy of Management Annual Meeting Proceedings*, 2014 (1).

[20] Stambaugh, J., Mitchell, R. The fight is the coach: Creating expertise during the fight to avoid entrepreneurial failure [J]. *International Journal of Entrepreneurial Behaviour & Research*, 2017 (4).

[21] Sternberg, R. J. Successful intelligence as a basis for entrepreneurship [J]. *Journal of Business Venturing*, 2004, 19 (2).

[22] Tang, J., Kacmar, K. M., Busenitz, L. Entrepreneurial alertness in the pursuit of new opportunities [J]. *Journal of Business Venturing*, 2012, 27 (1).

[23] Timmons, J. A., Spinelli, S. *New venture creation: Entrepreneurship for the 21st century* [M]. McGraw-Hill/Irwin, 2014.

[24] Walsh, G. S., Cunningham, J. A. Regenerative failure and attribution: Examining the underlying processes affecting entrepreneurial learning [J]. *International Journal of Entrepreneurial Behaviour & Research*, 2017, 23 (4).

[25] Weiner, B. *An Attributional Theory of Behavior* [M]. Human Motivation. New York: Springer, 1985.

[26] Yamakawa, Y. , Cardon, M. S. Causal ascriptions and perceived learning from entrepreneurial failure [J]. *Small Business Economics*, 2015, 44 (4).

[27] Yamakawa, Y. , Peng, M. W. , and Deeds, D. L. Rising from the ashes: Cognitive determinants of venture growth after entrepreneurial failure [J]. *Entrepreneurship Theory & Practice*, 2015, 39 (2).

Entrepreneurial Failure Attribution Analysis of College Students: A Case-Based Study

Xu Yue[1] Duan Jinyun[2] Wang Guoxuan[3]

(1, 2, 3 Department of Psychology of Soochow University, Suzhou, 215123)

Abstract: It is an effective way for College students' entrepreneurship to activate economy and solve unemployment. However, there is little concern about the attribution of entrepreneurial failure for this group. In consistent with qualitative research paradigm, we follow the principal of purposive sampling and take 20 college student entrepreneurs as subjects. The data were collected based on behavioral event interview and converted into electronic text. Using Nvivo 8.0 and the standard procedure of grounded theory, the factors that affect the failure of college students' entrepreneurship were summed up. 20 open codes and 9 correlation codes were generated, which were further integrated into four core codes. The results showed that the features of attributions to entrepreneurial failure by college students are (1) lack of entrepreneurial intelligence. (2) lower entrepreneurial ambition. (3) lacking resources and (4) restrictions under market environment. We construct an attribution model to entrepreneurial failure for college students, research opportunities in the future is also discussed.

Key words: College students; Entrepreneurial failure; Attributions to failure; Grounded theory; Qualitative research paradigm

专业主编：杜　旌

滋养还是侵蚀女性领导价值？

——象征主义任命与临危受命的连锁效应*

● 罗瑾琏[1]　 刘晓霞[2]

（1，2　同济大学经济与管理学院　上海　200092）

【摘　要】整体而言，目前女性领导代表仍然不足。而对这一现象的解释多是从宏观角度分析女性领导在职场中的劣势与障碍，对女性领导任命带来的价值陷阱还缺乏关注。本文在文献梳理的基础上，首先通过理论与实例来解释象征主义任命与临危受命两种任命动机的内涵与表现；然后深入分析两种典型女性领导任命的前因后果，包括任命动机、影响因素以及可能引发的后果；最后构建女性领导任命的连锁效应，解密两种任命动机是如何滋养或侵蚀组织性别权力结构的，并指出本研究带来的实践启发与未来研究展望。这有助于明晰女性领导任命的动机与作用后果，为组织管理与女性领导后续研究提供新的思路与依据。

【关键词】女性领导　象征主义任命　临危受命　蜂后角色　楷模效应

中图分类号：C936　　　　文献标识码：A

1. 引言

在互联网蓬勃发展、人才为导向的创新创业时代，女性领导不仅在社区建设方面作用显著，在组织财务绩效（Post & Byron，2015）、社会绩效（Byron & Post，2016）、组织创新（Torchia et al.，2011）与危机处理（蒋莱，2010）等方面的价值也至关重要。增加组织高层女性比例不仅是时代进步的需要，也成为经济发展的需要。在商界，旨在支持女性领导发展的"关键声音"（Vital Voices）、"30%俱乐部"（30% Club）、"2020女性董事"（2020 Women on Boards）等全球非营利组织逐渐兴起，进一步推动增加女性在企业高层任职，激励女性经济参与和创新创业。挪威、法国、冰岛、意大利等国甚至通过制定董事会性别配额制度等来提高企业中女性高管数额。随着政府、社会机构、媒体与公众等各方努力，女性领导在政治、商业等领域的作用得到关注并取得了进步。但女性领导发挥作用

* 基金项目：教育部哲学社会科学研究重大课题攻关项目"女性高层次人才成长规律与发展对策研究"（项目编号：10JZD0045-2）。

通讯作者：刘晓霞，E-mail：471441351@qq.com。

的前提是女性人才能够晋升到领导职位，组织高层性别结构现状如何值得关注与思考。

从国内看，2006—2017年世界经济论坛发布的《全球性别差距报告》中由女性教育程度、健康与生存、经济机会与政治赋权四大指标形成的全球性别差距指数排名显示，中国在近10年来排名从第57名下滑至第100名。2017年，中国妇女劳动参与率已超过70%，远高于其他国家，然而在公司董事会级别的女性人数占比仅为9.4%。从全球范围看，著名人力资源咨询公司美世咨询于2016年发布的《女性成长，则百业俱兴》提到女性在领导层的占比仅为20%，并且随着管理层级的上升而减少。由数据可以看出：（1）国内与国外企业高层中女性代表都呈现不足之势；（2）企业领导层的女性占比与女性员工占比不一致，女性群体在经济增长与组织发展中的作用发挥受限；（3）企业在女性人才梯队建设以及高层性别多样化与性别结构改善上的行为还有所缺乏。女性领导价值发挥的前提是女性人才能够晋升到领导职位，因而学术界逐渐关注并探讨为什么当今组织中女性领导不足。

针对女性领导在组织中代表不足的问题，许多学者进行了积极的探索并给出解释。吕英等（2014）认为影响女性董事数量的因素很多，个体、董事会、企业、产业和国家多个层面的因素共同影响着女性董事任命。Brescoll（2011）从个体出发，认为女性领导通常被视为更容易情绪化而限制其领导行为，这种性别歧视对女性晋升带来潜在的不良后果。类似地，Hoyt和Murphy（2016）认为工作场所中对女性领导能力不足的刻板印象威胁了女性的领导绩效和抱负。最近Lin等（2017）在 Science 杂志刊载的一篇论文指出，女性在孩提时代，就被灌输了关于性别的偏见，在成长过程中被各种标签束缚，从而导致女性在职场中遇到障碍。在实践中，多数企业仍是以男性主导居多，加之社会性别偏见的制约，除了与消费者联系紧密的服务业外，大部分企业女性领导任命仍然困难重重。

现有研究成果为我们了解组织中女性领导不足提供了丰富解释，但多是通过宏观视角分析女性领导职业发展中遇到的社会、文化、制度等障碍，主要侧重于女性领导遇到的劣势和困境，对组织情境下女性领导任命重要性的关注较少。在女性领导的职场境遇中，象征主义任命、临危受命引发的"玻璃悬崖"等任命动机是否会引发个体行为、群体关系与组织动态环境之间的连锁反应还缺乏探讨，同时这一主题的研究尚处于发展阶段，主要研究成果也集中在国外，体现在学者们通过实证研究、实验研究，对任命的内涵、前因后果进行了探索与分析。国内长期以来基于女性领导的性别特征，针对其在组织中的行为对推进组织绩效、组织性别平等和性别多样化等方面的作用和贡献还缺乏关注与重视。因而思考与探讨"女性领导是在何种情境下被任命的"、"女性领导任命有哪些典型任命动机"、"女性领导任命过程是怎样的以及被任命的女性领导能否真正发挥自身价值"等问题显得尤为重要。鉴于此，本文从女性领导任命出发，对现有的研究成果及最新研究进展进行系统梳理，首先引入女性领导象征主义任命、临危受命两种典型任命动机在现实中的事实与实例；然后进一步分析在男性主导的现代组织中，两种女性领导任命的内涵、表现与前因后果；在此基础上构建女性领导任命的连锁效应模型，解密两种典型的女性领导任命是侵蚀还是滋养女性领导的性别角色发挥以及组织性别权力结构的平衡发展；最后指出本文为组织实践带来的启示以及未来研究展望。本文首次将两种典型任命动机结合起来进行系统性分析与探讨，以期对组织内女性人才梯队建设、女性领导话题相关的后续研究有所裨益。

2. 女性领导任命的动机

2.1 女性领导的象征主义任命

Laws（1975）首次对象征主义（tokenism）做出解释，将其界定为一种阶层之间的流动形式，即主导者对外围群体的一种流动承诺。依据 Laws 对象征主义的理解，可以将组织中的群体分为两类：在组织中占比不超过 15% 的群体为组织中的象征主义者，与之相对应的另一个群组则为组织中的主导者。主导者在数量上占优势，并控制着组织及其文化。数据显示，在美国 500 强企业中仅有 32 家企业由女性掌权，女性 CEO 比例仅为6.4%（财富《美国 500 强榜单》，2017）。在中国企业董事会中，中国女性董事占比为10.7%，其中 A 股上市企业董事会由女性担任董事会主席的仅为 5.4%（德勤《董事会成员性别多元化：全球视角》，2017）。女性领导在全球范围内的企业中所占比例明显低于15%，在组织中男性是主导者，女性则为象征主义者且象征主义身份明显。

按照象征主义的解释，女性领导的象征主义任命可以界定为仅将女性领导者作为性别代表的一种任命动机。张梅和汪佑德（2017）基于象征主义理论，以 2007—2013 年我国A 股上市公司为样本研究发现，66.93% 的企业拥有至少一位女性董事。整体而言，女性董事分布广泛，但拥有女性董事的企业中，董事会男女比例相差幅度较大，女性领导任职呈现"分布不均衡、数量稀少且副职、兼职、不领薪资多"的特征。我国上市公司任命女性董事可能是出于满足股东要求、维护企业外部形象，将其作为一种性别代表而非个体特质与能力进行的象征性任用。这种象征主义任命主要体现在三个方面：（1）女性领导者在领导群体中的数量偏低（Kanter，1977；Yoder，1991；King et al.，2010），女性领导者在组织中具有高度的可见性——这种高度可见性为女性领导者带来了绩效等方面的压力；（2）女性领导者在组织中的性别地位偏低（Yoder，1991；1994），男性领导者会刻意地抬高性别边界、有意识地疏离女性领导者，这就进一步地加剧了男女领导之间的权力不平等；（3）社会和组织对女性担任领导者存在性别偏见（Yoder，2002；Abdullah，2013；Pathak & Purkayastha，2016），这导致了女性领导在组织中会遭遇男性领导者带来的自身角色的扭曲。

2.2 女性领导的临危任命

女性领导在组织危机时刻上任所体现的是一种临危受命的任命动机，由临危受命引发的女性领导任命即为"玻璃悬崖"（Ryan & Haslam，2007）。例如，2013 年 7 月，玛丽莎·梅耶尔（Marissa Mayer）出任雅虎 CEO 时，雅虎正面临财务状况堪忧、企业收入下滑、核心业务衰落、人才流失严重等问题。2014 年玛丽·巴拉（Mary Barra）升任通用汽车（General Motors）首席执行官未满一个月内，通用汽车因点火开关缺陷而面临大规模召回的组织危机。

"玻璃悬崖"是一种不稳定、高风险的情境，是指当女性突破了玻璃天花板后，更有可能在危机时刻成为领导的现象（Ryan et al.，2006）。这种现象一方面解释了组织情境在女性被提拔为领导位置过程中的关键作用；另一方面体现出身处"玻璃悬崖"的女性领导在组织危机时刻接受任命，更容易遭受失败的后果特征（Ashby et al.，2007；Haslam & Ryan，2008；Ryan & Haslam，2005）。正如实例中，梅耶尔和巴拉在被任命时，组织已经存在危机。但上任后，她们却不得不承担不可避免的危机带来的风险和责任，个人也受到怀疑和抨击。从另一种角度而言，"玻璃悬崖"可能是另一种玻璃天花板，即使女性突破了玻璃天花板，晋升到较高的职位，在工作中会也难以被平等对待，她们获得的授权也相对较少，很难像男性那样行使权力，并且不太可能参与影响广泛的决策制定。

3. 象征主义任命与临危受命的前因后果及比较

3.1 女性领导象征主义任命的前因后果

象征主义任命的发生是女性领导在受到象征主义身份的限制后采取个体流动的一种策略选择。这种象征性的任命动机带来的女性领导任命还会对女性领导、女性群体关系及组织现有性别秩序带来深刻影响，其前因后果如图1所示。

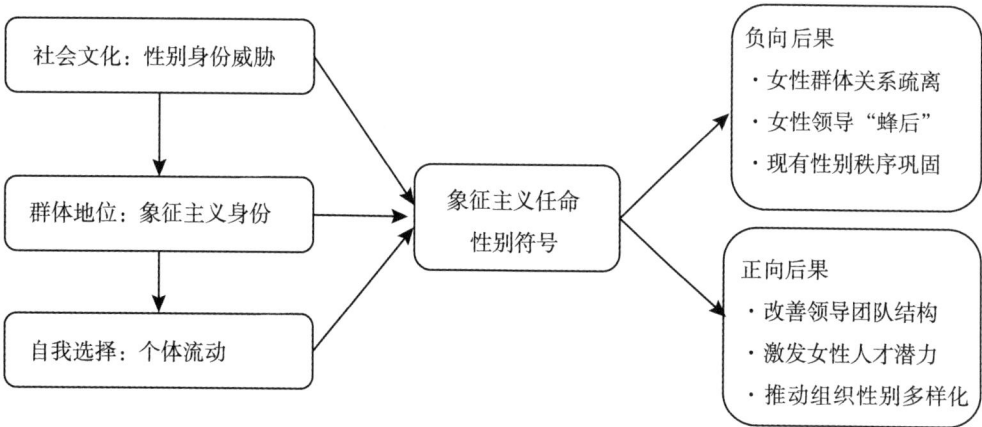

图1 女性领导象征主义任命的前因后果

在工程、金融、数学等男性主导的行业中，女性领导在组织中面临着性别身份与职业身份的不对称（Meister et al.，2017）。在这类组织中，女性属于少数的象征主义群体，她们会在职业发展中由于怀孕、关系转变、职位晋升等出现个体身份（性别、能力和个人特征）和职业身份（专业、团队、部门和组织）的转变而产生内部身份不对称并且贯穿于职业发展的始终；加之人们对领导身份的认知偏男性化（Bell et al.，2016），使得性别成为组织中其他成员判别女性领导身份的重要因素。女性领导首先会被识别为女性，其次才是领导身份（Scott & Brown，2006）。Derk 等（2016）认为在性别身份威胁的情况下，女性领导陷入两难：提高自身的升职几率抑或提升女性在职场中的整体形象。基于象征主义理论，比例是影响女性组织地位的重要因素，女性领导在组织中代表不足，性别地位处于弱势，劣势群体向优势群体的流动受到群体边界严格性的限制（Wright，2001），此外挑战当前商业惯例的人很可能会被视为麻烦制造者，个人价值因此也会受到贬低。这些因素使得女性很难参与集体行动来改变现状。相反地，她们更倾向于采取务实的方式，选择个体流动以融入男性领导者所构成的优势群体当中（Kanter，1977；Ellemers & Barreto，2009）。

当职场女性接受象征主义任命晋升为组织领导者后，对自身的职业发展、组织中的女性群体关系及现有的性别秩序产生一系列的影响。首先，她们一方面害怕同样能力强的女下属升职产生同性之间的"竞争威胁"，另一方面担心女下属的能力较弱，其表现会影响群体形象及女性群体的职场地位而产生"群体威胁"（Duguid，2011；Shapiro & Neuberg，2007），两种威胁导致女性群体内部的关系恶化。其次，象征主义任命导致了女性领导的"蜂后"效应。带有象征主义身份标签的女性领导一旦做出背离组织主导者意愿的行为，就有可能受到惩罚，所以女性领导们为了适应男性为主导的组织情境和个人事业成功，会疏离自己的性别群体，即成为"蜂后"，采取主动强化自身的男性特质，调整自我适应现有组织文化（Kanter，1977）、不愿意作为群体成员来帮助其他女性（Derks et al.，2011；Ellemers et al.，2012；2004）等行为。比如，提拔女下属（Staines et al.，1974；Kanter，1977）、不支持组织性别多样化政策等（Heckman & Foo，2014）。这为女性领导者梯队发展带来了困难，进一步维系了女性领导的象征主义任命。最后，更严重的是成为"蜂后"的女性领导们，会减少对当前系统不合理的认知，将女性未能晋升到领导层的原因归结为个体，而非现有任命方式的不合理。由此，更多有能力的职场女性更加注重个人的职业发展、获得男性领导的支持，她们与自我群体疏离阻碍了职场女性联合起来共同采取行动来集体维权、挑战当前不公平的任命方式（Derks et al.，2016；Kanter，1977）。

但无论从国际还是国内环境来看，在不断变化的政治和经济形势下，女性领导一直都是组织性别平衡变革的重要力量，其发挥作用的前提是组织领导层女性代表的保障。从总体上，全球范围内的大多数企业仍是以男性为主导，女性群体的弱势地位仍未改变，女性领导仍然代表不足，女性领导任命的象征主义特征明显。从一定时间范围来看，象征主义任命有着重要意义，具体表现在：一是可以促使越来越多的女性走到领导职位，使得一部分女性突破玻璃天花板晋升到组织高层，这对于组织领导团队结构的改善有着重要价值；二是如果女性往上看却看不到组织领导层有任何女性，会导致她们怀疑自我以及职业发展的可能。所以，通过任命的女性领导成为领航者能够为其他女性增强对自身能力的信心和对自我认知带来正向推动作用，激发女性人才的职场潜力；三是唤起组织、媒体及社会大众关注和支持组织性别多样化及多元化管理，Adams 等（2009）的研究指出，女性董事可以为公司董事提供新的知识、增强监督效率、提高战略控制和经营控制、提高决策与企业价值、推动组织性别多元化，而这些对组织价值有着重要的积极影响。

3.2　女性领导临危受命的前因后果

Glass 和 Cook（2016）在对世界 500 强企业中男性、女性 CEO 上任时公司的状态、CEO 权利和影响力以及领导任期进行调查后发现，相对于男性 CEO，女性 CEO 更多的是"临危受命"，女性领导临危受命的前因后果如图 2 所示。

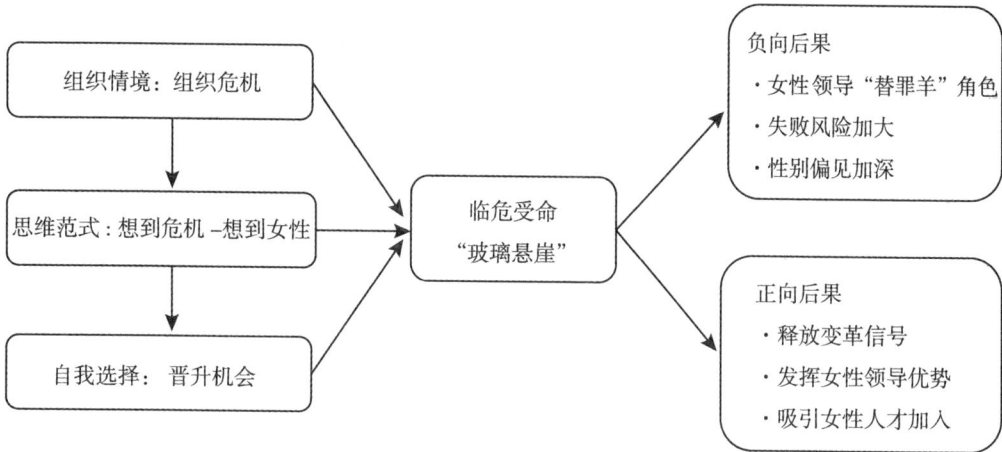

图 2　女性领导临危受命的前因后果

首先，组织危机在女性领导任命中起着关键作用（Keziah，2012）。当组织陷入绩效财务状况不佳、技术出现事故或其他丑闻等危机时，组织决策者更倾向于选择女性作为领导者（Haslam & Ryan，2008；Ryan et al.，2011）。其次，"想到危机-想到女性（think crisis-think female）"的思维范式也将女性推上"玻璃悬崖"。基于角色一致性理论，许多研究者发现（Bruckmuller & Branscombe，2010；Ryan & Haslam，2007），社会普遍的对女性富有情感、人际交往能力强、善于合作和情感建设等刻板印象特征，促使人们形成"想到领导-想到男性（think leader-think male）"、"想到危机-想到女性（think crisis-think female）"的观念。当组织面临重大危机时，会形成女性更具有"优势"的认知（Eagly & Carli，2003），从而更倾向于选择女性候选人来接受高风险与高挑战的工作任务。再者，女性领导会将"临危受命"作为职业晋升的重要机遇，也促成了"玻璃悬崖"的形成。在男性主导的组织中，女性获得职业晋升的机会、社会资源更少，相比男性而言，女性更难占据高层职位（Rink et al.，2013）。如果领导者获得充分的社会资源时，面临的风险会随之降低，组织会更倾向于选择男性作为领导者。Fitzsimmons 等（2014）对澳大利亚组织领导的研究分析发现，相比男性，女性更倾向于把自己的职业晋升归因于接受高风险任务所获得的成功，女性领导相信她们必须通过寻找高风险的任务来建立领导权威，并证明自我能力。因而，在组织面临危机时，部分男性领导承接高风险任务的意愿较低，而女性则会害怕错失机会而乐意接受挑战，选择临危受命（Ryan & Haslam，2007）。此外，决策者性别、男性在组织领导的历史等也会影响"玻璃悬崖"的产生（Bruckmuller & Branscombe，2010）。

对于临危受命产生的影响后果而言，其可能是一种象征性的性别平等（Ryan 等，2007），组织主导群体（男性）为了保护群体其他成员免受危险职位的威胁，而选择任命少数群体成员成为"替罪羊"，女性则成为最佳人员来为可能出现的负面后果和失败承担责任。身处"玻璃悬崖"之上的女性领导在组织危机时刻接受任命而承担更高的风险和失败率，这会增加外界产生归因偏差以及对女性的偏见深化，是一种更隐性的性别歧视。虽然女性领导被任命为领导者后很难得到充分的组织和社会支持，在高风险与高失败率下会又进一步导致女性领导被迫疏离组织（Kanter，1977；Ryan & Haslam，2007）。

但另一些学者的研究认为玻璃悬崖作为一种女性临危受命而引发的任命现象产生后果并不完全是负面的。首先，重大危机会促使组织思考性别配比与性别多样化的问题，通过任命非传统型领导者来进行组织变革以应对组织的高风险以及来自利益相关者和媒体的高度审查压力。这种新的尝试为女性人才晋升领导提供了契机，也为组织变革提供了机会（Boin et al.，2010；Carmeli & Schaubroeck，2008；Lee & James，2007；Mulcahy & Linehan，2014）；其次，在组织危机情境下，任命女性领导也能够发挥女性领导身上所具备的应对危机的优势和特质，而这些特质往往是男性领导所不具备的（Bruckmuller & Branscombe，2010）；最后，从资源依赖理论的视角看，许多组织越来越需要女性人才的供给，而这就需要组织的领导位置上女性群体代表的出现，女性领导的任命会帮助组织吸引更多的女性人才加入（Eagly & Carli，2003）。

3.3 象征主义任命与临危受命的比较

通过进行归纳分析，象征主义任命、临危受命作为两种女性领导任命的典型动机，它们的相似之处体现在组织情境、外部压力、问题焦点；差异表现在任命动机、女性领导的角色、"玻璃天花板"的联系以及对现有性别秩序的作用等方面（如表1所示）。

表1   **象征主义任命与临危受命的对比**

		象征主义任命	临危受命（"玻璃悬崖"）
相同	组织情境	男性主导的组织中，女性属于劣势群体（Meister et al.，2017）	
	外部压力	存在性别偏见、性别刻板印象及威胁（Eagly & Heilman，2016）	
	问题焦点	女性领导任命（Kanter，1977；Ryan & Haslam，2007；Eagly & Heilman，2016）	
差异	任命动机	女性领导者被认为性别符号而不是独立的个体来对待（Ryan et al.，2012）	组织危机（Ryan et al.，2016；Mark & Carol，2014）
	女性领导角色	"蜂后"角色（Derks et al.，2011；Ryan et al.，2012）	"替罪羊"角色（Ryan et al.，2015）
	与"玻璃天花板"的联系	会导致多数女性晋升难以突破玻璃天花板；少数突破玻璃天花板的女性领导者面临着被男性同化、更严格的监管、更大压力等问题（Kanter，1977）	女性突破了玻璃天花板之后，更有可能在危机时刻成为领导，"玻璃悬崖"成为另一种玻璃天花板（Ryan et al.，2015；Marker & Carol，2014）
	对性别秩序的作用	加剧现有秩序的负面影响（King et al.，2010）	临危受命更容易失败，而导致归因偏差和偏见深化（Ryan et al.，2016；Adams et al.，2009）

	象征主义任命	临危受命（"玻璃悬崖"）
关联性	两者虽然存在差异，但都不是把女性当作独立的个体考虑晋升的。此外，两种境遇从表面看是一种女性领导的增长，但实则都会进一步巩固现有的性别威胁	

资料来源：根据相关文献整理。

在象征主义任命、临危受命发生时所处的组织情境、外来的压力以及关注的焦点有着相同之处：（1）两种典型的女性领导任命动机，都是在男性主导的组织情境中考虑的，这种情况下，女性群体属于少数群体并处于劣势；（2）社会文化普遍存在的性别刻板印象及其产生的刻板印象威胁在两种任命动机中起到了关键作用；（3）两者都是从群体和组织角度，通过分析女性领导的任命动机及过程来探讨造成女性领导代表不足的缘由。

虽然两者关注的都是女性领导任命，但在任命动机、女性领导角色形成与"玻璃天花板"的联系及对现有性别秩序的作用等方面存在不同之处：（1）女性领导任命动机上，象征主义任命侧重考虑的是女性领导的性别身份，在女性领导比例不足的组织中，将其作为女性群体的代表符号；而临危受命则重点在于组织危机的情境，将任命非传统性领导作为组织释放变革的信号；（2）通过象征主义任命晋升的女性领导，成为"蜂后"，疏离同性，适应男性文化；而临危受命的女性领导则被推上"玻璃悬崖"，成为组织危机的"替罪羊"，不得不承担高风险和压力；（3）象征主义任命、临危受命作为女性领导在组织中的典型境遇与熟知的"玻璃天花板"存在差异。女性领导在接受象征主义任命后，突破"玻璃天花板"晋升到组织高层，但却面临着被优势群体同化、更高的压力等困难；"蜂后"角色带来的女性群体关系疏离进一步阻碍了多数女性打破"玻璃天花板"；以临危受命作为晋升机遇的女性领导，在"玻璃悬崖"上处境艰难，"玻璃悬崖"成为另一种"玻璃天花板"；（4）女性领导接受象征主义任命，促使不合理的组织性别秩序得到进一步延续；临危受命的女性领导需要承担高失败率。当女性领导失败时，甚至会带来外界的归因偏差和性别偏见的深化。

女性领导的任命，对于女性在组织中的价值发挥、女性人才梯队建设以及性别权力结构的平衡发展有着重要作用。所以，应当考虑象征主义任命的发生、临危受命引发的"玻璃悬崖"是否真的会引发女性领导个体角色与行为、女性群体关系与组织动态环境之间的变化与连锁效应？

4. 女性领导任命的连锁效应

基于对象征主义任命和临危受命的理论解释、前因后果等的梳理与分析，本文尝试分别从负面的侵蚀性和正面的滋养性两个角度对两种典型任命引发的对女性领导职场境遇、组织中的群体关系及组织高管团队性别结构带来的连锁效应展开判断与分析（如图3所示）：一是在女性领导代表不足的情境下，象征主义任命与临危受命都不是基于女性价值而委以重任的，因而在男性主导的组织中，这种"形式"上的任命会使得女性领导成为优势群体中的劣势代表，引发自身角色的扭曲，进一步加深性别偏见，导致女性领导在组织高层代表不足的状况形成恶性循环，即为侵蚀效应；二是在长期的社会文化背景影响下，女性领导代表不足的现状还需要较长时间才能得到改善。通过这种任命，一些女性突破职业发展的天花板，获得职业晋升，也是一种机会。被任命的女性领导作为组织中女性群体的"关键少数"，发挥积极的示范作用，成为基层女性楷模，增进企业未来女性人才梯队建设，即为滋养效应。

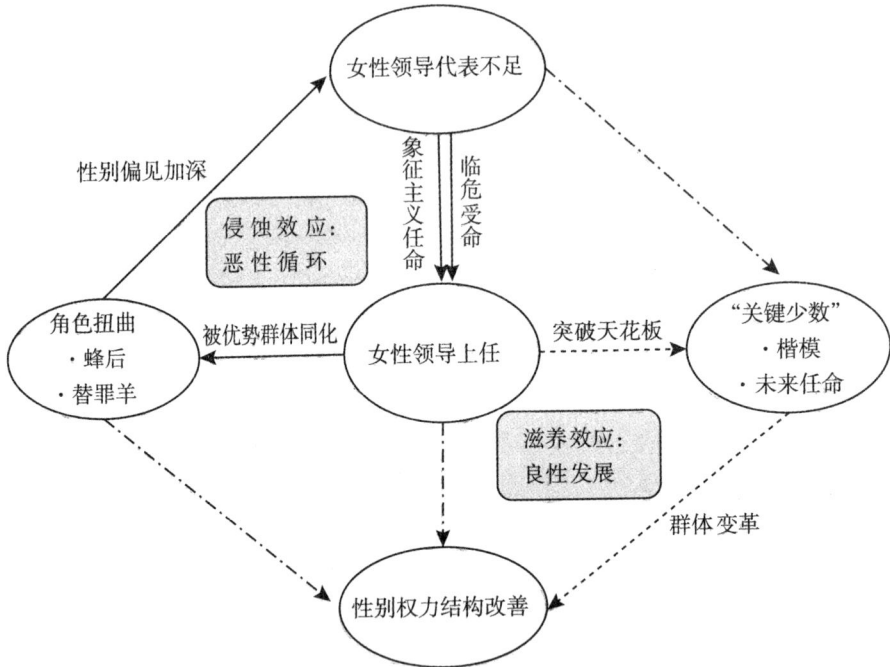

图3 女性领导任命的连锁效应

4.1 侵蚀效应

在男性为主导的组织中，一些女性是在组织面对内外压力时，将女性作为性别符号而进行任命，另一些女性是组织面临危机而对女性进行任命。两种任命动机有所差异，但都不是把女性当作独立的个体，考虑个体的价值与胜任力晋升的。同时两种境遇从表面看是一种女性领导数量上的增长，但实则都会进一步巩固现有的性别秩序。

4.1.1 导致上任的女性领导面临更多挑战

两种女性领导的任命作为组织劣势群体向优势群体流动的形式，从任命动机上将女性领导作为一种性别符号或者组织应对危机的替罪羊，是一种更为隐晦的性别歧视。首先，在象征主义任命下，女性领导往往会遭遇男性领导者的同化。研究表明，群体中的多数派和少数派会对组织产生不同的影响（Asch，1951；Tanford & Penrod，1984；Torchia et al.，2011）。多数派能够凭借数量获得更大的影响力，少数派则容易被边缘化。由于文化层面上，成功领导者的特质更加偏向于男性化特质，女性领导者不得不模仿她们的男性同事，在行为上和他们表现出趋同性。这既证明了她们符合领导者的条件，也帮助她们避免了与绩效无关的负面评价（Eagly，2007；Eagly & Carli，2003）。其次，由于女性领导者在组织中的性别身份特殊，在组织中获得的组织支持和社会网络资源更少（Lyness & Thompson，1997；2000），在象征主义任命和"玻璃悬崖"的情境中，女性领导一方面难以获得同伴的支持，另一方面自身的社会身份往往具有更高的可见性（Glass & Cook，2016；Kanter，1977；Lewis & Simpson，2012），继而促使外界关心甚至放大这种领导任命，这使得女性领导者们需要承担人际冲突的风险以及任期内的高绩效与监管压力，并会削弱女性领导者的有效性，进一步降低女性领导者的结果产出（Kanter，1977；Hamilton & Gifford，1976）。

4.1.2 扭曲女性领导角色使女性群体晋升困难

象征主义任命、临危受命的任命促使女性领导成为"蜂后"或"替罪羊"，两种角色导致女性领导自身的职业发展陷入泥潭以及组织中不同层级女性关系的疏离。Ryan等（2012）的研究表明，当女性领导者的性别比例偏低时，基层女性感受到的女主管支持比男主管支持更少。实际上，认为自己是象征主义者的女性比同样的男性更少支持同性优秀下属。而且，女性高管的比例越小，高管和同性下属之间的关系就越糟糕。这一方面对基层女员工在工作上取得上级的支持带来了困难，另一方面为组织中的女性员工形成合力对抗现有的任命方式带来了障碍。基层女员工们得不到领导层的支持，缺失话语权，也为她们的升职以及组织中女性人才梯队建设进一步带来阻碍。

4.1.3 巩固与合法化组织现有的性别秩序

组织中的群组边界虽然是可突破的，但群体边界的渗透性却非常严格，这种边界的模糊性看似为处于劣势地位的群体（女性）带来了机会，但由于女性领导在组织中的比例不足、地位偏低，女性领导在上任后，组织群体的优劣势状况并不会发生根本变化（Ryan et al.，2012）。女性领导们仍会受到传统思维范式、刻板印象的威胁，所以在工作中获得的支持不多，还需顾及自身形象，更容易因为提出晋升要求或者挑战传统性别准则而受到惩罚。一些学者指出处于危机之中的组织有着更高的领导离职率（Pearson & Clair，1998），许多女性领导临危受命，又因为没有成功解除危机而退出领导岗位。面对领导力失败，女性领导作为非典型领导者比男性领导受到更多的损伤，且因为公司业绩不佳而被辞退会对未来个人职业发展轨迹和组织领导任命产生影响（Fama & Jesen，1983，Ferris et al.，2003）。Pudrovska 和 Karraker（2014）的研究还发现危机时刻被任命的女性领导，在任期内获得的工作满意度较低，相反，抑郁的倾向会提高（Taylor，2010）。因而对于男性主导者而言，女性领导的象征主义任命是维护自身地位的一种战略性决策。

4.2 滋养效应

4.2.1 女性领导成为女性群体代表——"关键少数"的机会

在领导领域内，长期的性别刻板印象使得女性难以被任命，领导者的印象偏男性化的社会思维范式进一步加重组织在领导任命时，对男性候选人的倾向性（Eagly & Karau，2002），因而在一定程度上女性领导的象征主义任命、临危受命为女性领导突破职业天花板晋升到领导位置提供了机会，对于缩小组织领导性别差距而言十分必要。此外，除了服务业行业的女性领导较多外，多数行业女性群体在组织中仍具有象征身份，组织地位还不稳定，部分群体成员获得提升，对于未来群体的发展有着重要帮助。在危机时刻组织允许质疑现状、尝试新事物、鼓励冒险，对女性开放一些关键职务（Boin & Hart，2003）也是组织的一种改变，有利于女性发挥自身特质、平稳渡过组织危机（Ashby et al.，2007）。

4.2.2 女性领导推动未来女性人才任命的机会

虽然成为"蜂后"的女性领导刻意与女性群体相疏离，但这种女性角色效应并不是必然发生的。一方面，"蜂后"效应的对象并非组织中的所有女性，女性领导在基层女性的性别平等政策、为女性下属寻求更多发展机会方面态度消极，但会支持同级别女性支持政策的设计与实施（Faniko et al.，2015）。女性领导者（首席执行官和董事会主席）与董事会中的女性代表人数直接相关（德勤《董事会成员性别多元化：全球视角》，2017）；吕英和王正斌（2017）运用系统 GMM 方法对 2003—2013 年沪深两市 A 股上市公司进行分析后发现，女性董事数量对女性高管数量存在显著的正向影响，女性非独立董事通过提名和示范推动的方式来推进女性高管的增长。

4.2.3 女性领导助力未来女性人才梯队建设的机会

女性领导的任命为基层女性树立杰出楷模，既可以突破消极刻板印象原型设定，缓解角色原型对少数群体的威胁作用，也能通过提供建议帮助其他女性获得同等水平的成功而产生激励同化效应（Marx & Roman，2002；Buck et al.，2008；Marx et al.，2009）。在工作场所中，女性的能力受到刻板印象的威胁导致女性更容易受到同性楷模的激励来克服性别障碍以获得职业成功，而男性受到楷模的影响并不会因为性别而产生差异（Lockwood，2006）。此外，由于群体外成员（男性楷模）的成功可能会使女性感受到个体成功的困难性而意志消沉，所以受到异性楷模效应的强度低于同性楷模效应。

随着越来越多的女性在组织高层管理的舞台上绽放光芒，女性领导们开始走向公众视野积极参与组织与社会的性别平等事业，献力于性别平等事业的成功女性领导"楷模"也越来越多，例如滴滴成立的"滴滴女性联盟"（DiDi Womens Network），旨在推动高潜能女性成长，创造更有利于女性职场发展的工作环境，推进有利于女性的政策与项目、女性领导力计划与导师计划。美国著名的社交服务公司 Facebook 首席运营官谢丽尔·桑德伯格（Sheryl Sandberg）出版《向前一步》、创办"向前一步"（LeanIn. Org）女性社区意在鼓励女性向前一步、培养女性领导意志，支持女性职业成长与发展，并多次到哈佛大学、清华大学等世界名校作演讲来分享个人成功经验与职场经历，为社会性别平等事业发声。这类"关键少数"女性领导的推动，有助于现有性别秩序下女性群体变革行动的开展以及女性群体形象的改善。

5. 结论、应对措施与未来研究展望

本文将女性领导任命现实境况与理论解释相结合，对象征主义任命、临危受命两种女性领导任命的动机、内涵、前因后果及引发的连锁效应进行梳理与分析，进一步理解和说

明了目前以象征性的性别符号或以组织危机情境下任命动机在国内外组织实践都是存在的。而更为重要的是，企业实践应如何应对女性领导任命中所引发的连锁效应，减少"侵蚀"作用并释放"滋养"作用。在女性领导占比极低的情境中，通过象征主义任命、临危受命虽然可以暂时缓解领导团队性别多样化和女性职场机会问题。但是，就长期发展而言，女性领导任命还需要基于女性人才胜任力水平及女性人才价值来提供公平竞争的机会，以完善女性人才健康成长和组织性别多样化生态环境。对此本文提出改善高管团队性别结构与建设女性人才梯队方面的几点启发：

首先，在男性主导的组织中，应当规范透明高层领导的选拔机制，重视人才能力与优势，尽可能地避免"象征主义"、"临危受命"等现象的出现，侵蚀组织高层未来性别权力结构的平衡发展；其次，重视女性领导任命的价值，重新考虑在推进组织性别多样化、提高高层女性比例与董事会成员性别比例方面的作为（张琨和杨丹，2013），帮助减轻高层女性压力，减少企业中女性人才的流失，使企业中的女性获得更多的组织支持以便发挥自身价值；再次，释放女性领导任命中的滋养能量，发挥在任女性领导的楷模效应，利用导师支持、职业成长计划、女性职业发展项目等形式帮助职场中的女性提高如何应对和处理特殊情况的能力并激发女性动力与潜能。支持女性职业成长，树立激励典范，帮助女性领导参与组织与社会的性别平等事业，分享职场经验，为女性群体发声，从而增强基层女性的认同感与群体成功可获得性的感知，带动群体变革。最后，女性自身也应当意识到组织中身份的动态性，通过调整自我认知、加强群体联系、寻求社会支持等策略来应对职场价值陷阱与挑战。

此外，本文认为未来研究还应该关注以下问题：

一是重新审视女性领导代表变化的关注与解释。在企业性别平等推进过程中，以往研究关注性别与领导之间的关系，较多地将新的女性领导任命带来的女性代表变化作为重要依据，忽视了性别、领导与风险三者之间的互动与变化，像女性领导的"象征主义任命"、"临危受命"虽然短期内增加了女性比例，但从长远考虑，这类任命却加大了女性职业生涯的风险（Mark & Carol，2014），不利于未来性别权力结构平衡发展。因而未来研究可以进一步嵌入组织动态环境，深入考虑组织情境下女性领导的职场境遇引发的女性领导代表变化中的微妙差异，澄清女性领导任命过程中多种因素之间的交互作用及影响差异的识别与检验（Mark & Carol，2014；Ryan & Haslam，2007；2008），更加慎重地对女性领导代表不足状况与趋势变化进行解释，而非简单地将比例或任职人数的增加作为考虑性别平等进步的体现。

二是关注女性领导任命的本土化研究。现有的女性领导任命动机多以欧美国家为样本，研究结论是否适用于我国特色的经济发展情境还有待检验；在对挪威等欧洲国家出台的企业高层性别配额相关政策法规的经验借鉴上，还需进一步考虑国内环境与实践可行性检验。但在国家政策支持方面，鼓励企业增加高层女性成员比例、推动性别平等事业、建立其他辅助性支持机构确实需要国家政策的监督与支持；国内对女性领导的研究侧重对象属性，包括对女性企业家和女性领导干部的研究（蒋莱，2011），对于本土化情境与组织领导情境的影响作用还需加以重视与考虑；并且进一步丰富和多样化研究方法的运用，尝试采用案例研究、质性研究等。此外，相较于讨论女性领导"象征主义任命"、"玻璃悬崖"是否存在,更需要重视的是如何应对女性领导任命中的价值陷阱的产生,如何采取策略来预防或者减少这类现象的发生。

◎ 参考文献

[1] 蒋莱. 多维视野下的女性领导力特征分析 [J]. 领导科学,2010 (14).

[2] 蒋莱. 女性领导力研究综述 [J]. 中华女子学院学报,2011,23 (2).

[3] 吕英,王正斌. 同性相吸还是同性相斥——中国上市公司女性高管任命性别溢出效应研究 [J]. 外国经济与管理,2017,39 (12).

[4] 吕英. 女性进入董事会的影响因素研究述评 [A]. 中国管理现代化研究会、复旦管理学奖励基金会. 第九届 (2014) 中国管理学年会——组织与战略分会场论文集 [C]. 中国管理现代化研究会、复旦管理学奖励基金会,2014,14.

[5] 张琨,杨丹. 董事会性别结构、市场环境与企业绩效 [J]. 南京大学学报 (哲学·人文科学·社会科学版),2013,50 (5).

[6] 张梅,汪佑德. 上市公司女性董事对企业绩效影响实证研究——来自于"象征主义"理论的解释 [J]. 福建论坛 (人文社会科学版),2017 (4).

[7] Abdullah, S. N. The causes of gender diversity in Malaysian large firms [J]. *Journal of Management & Governance*, 2013, 18 (4).

[8] Asch, S. E. *Effects of group pressure upon the modification and distortion of judgments* [M]. New York:Carnegie Press, 1951.

[9] Byron, K., Post, C. Women on Boards of Directors and Corporate Social Performance:A Meta - Analysis [J]. *Corporate Governance An International Review*, 2016, 24 (4).

[10] Kanter, R. M. Some effects of proportions on group life:Skewed sex ratios and responses to token women [J]. American Journal of Sociology, 1977, 82 (5).

[11] King E. B, Hebl, M. R., George, J. M., et al. Understanding tokenism:Antecedents and consequences of a psychological climate of gender inequity [J]. *Journal of Management*, 2010, 36 (2).

[12] Pathak, A., Purkayastha, A. More women on Indian boards:Moving beyond mere regulations and tokenism [J]. *Strategic Direction*, 2016, 32 (3).

[13] Ryan, M. K., Haslam, S. A. The glass cliff:Exploring the dynamics surrounding the appointment of women to precarious leadership positions [J]. *Academy of Management Review*, 2007, 32 (2).

[14] Yoder, J. D. Rethinking tokenism-looking beyond numbers [J]. *Gender & Society*, 1991, 5 (2).

[15] Adams, S. M., Gupta, A., Leeth, J. D. Are female executives over-represented in precarious leadership positions?[J]. *British Journal of Management*, 2009, 20 (1).

[16] Ashby, J., Ryan, M. K., Haslam, S. A. Legal work and the glass cliff:Evidence that women are preferentially selected to lead problematic cases [J]. *William and Mary*

Journal of Women and the La, 2007, 13.

［17］ Ashforth, B. E., Mael, F. Social identity theory and the organization ［J］. *Academy of Management Review*, 1989, 14 (1).

［18］ Bell, E., Sinclair, A. Bodies, sexualities and women leaders in popular culture: From spectacle to metapicture ［J］. *Gender in Management*, 2016, 31 (5/6).

［19］ Bian, L., Leslie, S. J., Cimpian, A. Gender stereotypes about intellectual ability emerge early and influence children's interests ［J］. *Science*, 2017, 355 (6323).

［20］ Boin, A., Hart, P. McConnell, A. Preston, T. Leadership style, crisis response and blame management: The case of Hurricane Katrina ［J］. *Public Administration*, 2010 (88).

［21］ Boin, A., Hart, P. Public leadership in times of crisis: Mission impossible ? ［J］. *Public Administration Review*, 2003, 63 (5).

［22］ Brescoll, V. L. Who takes the floor and why: Gender, power, and volubility in organizations ［J］. *Administrative Science Quarterly*, 2011, 56 (4).

［23］ Bruckmuller, S., Branscombe, N. R. The glass cliff: When and why women are selected as leaders in crisis contexts ［J］. *British Journal of Social Psychology*, 2010, 49.

［24］ Buck, G. A., Clark, V. L., Leslie-Pelecky, D., et, al. Examining the cognitive processes used by adolescent girls and women scientists in identifying science role models: A feminist approach ［J］. *Science Education*, 2010, 92 (4).

［25］ Carmeli, A., Schaubroeck, J. Organisational crisis-preparedness: The importance of learning from failures ［J］. *Long Range Planning*, 2008, 41.

［26］ Derks, B., Ellemers, N., Laar, C. V., et, al. Do sexist organizational cultures create the Queen Bee? ［J］. *British Journal of Social Psychology*, 2011, 50 (3).

［27］ Derks, B., Laar, C. V., Ellemers, N. The queen bee phenomenon: Why women leaders distance themselves from junior women ［J］. *Leadership Quarterly*, 2016, 27 (3).

［28］ Derks, B., Scheepers, D., Laar, C. V., et, al. The threat vs. challenge of car parking for women: How self-and group affirmation affect cardiovascular responses ［J］. *Journal of Experimental Social Psychology*, 2011, 47 (1).

［29］ Duguid, M. Female tokens in high-prestige work groups: Catalysts or inhibitors of group diversification? ［J］. *Organizational Behavior & Human Decision Processes*, 2011, 116 (1).

［30］ Eagly, A. H., Heilman, M. E. Gender and leadership: Introduction to the special issue ［J］. *Leadership Quarterly*, 2016, 27 (3).

［31］ Eagly, A. H. Female leadership advantage and disadvantage: Resolving the contradictions ［J］. *Psychology of Women Quarterly*, 2007, 31 (1).

［32］ Eagly, A. H., Carli, L. L. The female leadership advantage: An evaluation of the evidence ［J］. *Leadership Quarterly*, 2003, 14 (6).

[33] Eagly, A. H., Karau, S. J. Role congruity theory of prejudice toward female leaders [J]. *Psychological Review*, 2002, 109 (3).

[34] Ellemers, N., Barreto, M. Collective Action in Modern Times: How Modern Expressions of Prejudice Prevent Collective Action [J]. *Journal of Social Issues*, 2009, 65 (4).

[35] Ellemers, N., Heuvel, H., Gilder, D., Maass, A., et, al. The underrepresentation of women in science: Differential commitment or the queen bee syndrome? [J]. *British Journal of Social Psychology*, 2004 (43).

[36] Ellemers, N., Rink, F., Derks, B., Ryan, M. K. Women in high places: When and why promoting women into top positions can harm them individually or as a group (and how to prevent this) [J]. *Research in Organizational Behavior*, 2012 (32).

[37] Fama, E. F., Jensen, M. C. Separation of ownership and control [J]. *Journal of Law and Economics*, 1983 (26).

[38] Faniko, K., Ellemers, N., Derks, B., et, al. Nothing Changes, Really: Why Women Who Break Through the Glass Ceiling End Up Reinforcing It [J]. *Personality & Social Psychology Bulletin*, 2017, 43 (5).

[39] Ferris, S. P., Jagannathan, M. Pritchard A. C. Too busy to mind the business? Monitoring by directors with multiple board appointments [J]. *The Journal of Finance*, 2003 (58).

[40] Fitzsimmons, T. W., Callan, V. J., Paulsen, N. Gender disparity in the C-suite: Do male and female CEOs differ in how they reached the top? [J]. *Leadership Quarterly*, 2014, 25 (2).

[41] Glass, C., Cook, A. Leading at the top: Understanding women's challenges above the glass ceiling [J]. *Leadership Quarterly*, 2016, 27 (1).

[42] Hamilton, D. L., Gifford, R. K. Illusory correlation in interpersonal perception: A cognitive basis of stereotypic judgments [J]. *Journal of Experimental Social Psychology*, 1976, 12 (4).

[43] Haslam, S. A., Ryan, M. K. The road to the glass cliff: Differences in the perceived suitability of men and women for leadership positions in succeeding and failing organizations. [J]. *The Leadership Quarterly*, 2008, 19 (5).

[44] Heckman, D. R., Foo, M. D. Does valuing diversity result in worse performance ratings for minority and female leaders? [J]. *Academy of Management Annual Meeting Proceedings*, 2014 (1).

[45] Hoyt, C. L., Murphy, S. E. Managing to clear the air: Stereotype threat, women, and leadership [J]. *Leadership Quarterly*, 2016, 27 (3).

[46] Keziah, H. E. Falling over a glass cliff: A study of the recruitment of women to leadership roles in troubled enterprises [J]. *Global Business & Organizational Excellence*, 2012, 31 (5).

[47] Laws, J. L. Psychology of Tokenism-Analysis [J]. *Sex Roles*, 1975, 1 (1).

[48] Lee, P. M. James, E. H. She'-E-OS: Gender Effects and Investor Reactions to the Announcements of Top Executive Appointments [J]. *Strategic Management Journal*, 2007 (28).

[49] Lewis, P., Simpson, R., Kanter, R. Gender, Power and (In) Visibility [J]. *International Journal of Management Reviews*, 2012, 14 (2).

[50] Lockwood, P. someone like me can be successful: Do college students need same-gender role models? [J]. *Psychology of Women Quarterly*, 2010, 30 (1).

[51] Lyness, K. S., and Thompson, D. E. Climbing the corporate ladder: Do female and male executives follow the same route? [J]. *Journal of Applied Psychology*, 2000, 85 (1).

[52] Lyness, K. S., Thompson, D. E. Above the glass ceiling? A comparison of matched samples of female and male executives [J]. *Journal of Applied Psychology*, 1997, 82 (3).

[53] Mark, M., Carol, L. Females and precarious board positions: Further evidence of the glass cliff [M]. *British Journal of Management*, 2014.

[54] Marx, D. M., Ko, S. J. Friedman R A. The "Obama Effect": How a salient role model reduces race-based performance differences [J]. *Journal of Experimental Social Psychology*, 2009, 45 (4).

[55] Marx, D. M., Roman, J. S. Female role models: Protecting women's math test performance [J]. *Personality and Social Psychology Bulletin*, 2002 (28).

[56] Meister, A., Sinclair, A., Jehn, K. A. Identities under scrutiny: How women leaders navigate feeling misidentified at work [J]. *Leadership Quarterly*, 2017, 28 (5).

[57] Mulcahy, M., Linehan, C. Females and precarious board positions: Further evidence of the glass cliff [J]. *British Journal of Management*, 2014, 25 (3).

[58] Pearson, C. M., Clair, J. A. Reframing crisis management [J]. *Academy of Management Review*, 1998, 23 (1).

[59] Post, C., Byron, K. Women on boards and firm financial performance: A meta-analysis [J]. *Academy of Management Journal*, 2015, 58 (5).

[60] Pudrovska, T., Karraker, A. Gender, job authority, and depression [J]. *Journal of Health & Social Behavior*, 2014, 55 (4).

[61] Rink, F., Ryan, M. K., Stoker, J. I. Social resources at a time of crisis: How gender stereotypes affect the evaluation of leaders in glass cliff positions? [J]. *European Journal of Social Psychology*, 2013 (43).

[62] Ryan, K. M., King, E. B., Adis, C., et, al. Exploring the asymmetrical effects of gender tokenism on supervisor-subordinate relationships [J]. *Journal of Applied Social Psychology*, 2012 (42).

[63] Ryan, M. K., Haslam, S. A., Morgenroth, T., et, al. Getting on top of the glass

cliff: Reviewing a decade of evidence, explanations, and impact [J]. *Leadership Quarterly*, 2016, 27 (3).

[64] Ryan, M. K., Haslam, S. A., Postmes, T. Reactions to the glass cliff: Gender differences in the explanations for the precariousness of women's leadership positions [J]. *Journal of Organizational Change Management*, 2015, 20 (2).

[65] Ryan, M., Haslam, A. What lies beyond the glass ceiling? [J]. *Human Resource Management*, 2006, 14 (3).

[66] Ryan, M. K., Haslam, S. A. The glass cliff: Exploring the dynamics surrounding women's appointment to precarious leadership positions [J]. *Academy of Management Review*, 2007, 32.

[67] Ryan, M. K., Haslam, S. A. "The glass cliff: Evidence that women are over-represented in precarious leadership positions" [J]. *British Journal of Management*, 2005, 16 (2).

[68] Ryan, M. K., Haslam, S. A., Hersby, M. D., et, al. Think crisis-think female: Glass cliffs and contextual variation in the think manager-think male stereotype [J]. *Journal of Applied Psychology*, 2011 (96).

[69] Ryan, M. K., Haslam, S. A., Postmes, T. Reactions to the glass cliff: Gender differences in the explanations for the precariousness of women's leadership positions [J]. *Journal of Organizational Change Management*, 2007 (20).

[70] Shapiro, J. R., Neuberg, S. L. From stereotype threat to stereotype threats: Implications of a multi-threat framework for causes, moderators, mediators, consequences, and interventions [J]. *Personality and Social Psychology Review*, 2007, 11 (2).

[71] Staines, G., Tavris, C., Jayaratne, T. E. The queen bee syndrome [J]. *Psychology Today*, 1974, 7 (8).

[72] Tanford, S., Penrod, S. Social-Influence Model-a Formal Integration of Research on Majority and Minority Influence Processes [J]. *Psychological Bulletin*, 1984, 95 (2).

[73] Taylor, C. J. Occupational Sex Composition and the Gendered Availability of Workplace Support [J]. *Gender & Society*, 2010, 24 (2).

[74] Torchia, M., Calabro, A., Huse, M. Women Directors on Corporate Boards: From Tokenism to Critical Mass [J]. *Journal of Business Ethics*, 2011, 102 (2).

[75] Wright, S. C. *Restricted intergroup boundaries: Tokenism, ambiguity, and the tolerance of injustice* [M]. Cambridge: Cambridge University Press, 2001.

[76] Yoder, J. D. 2001 division 35 presidential address: Context matters: Understanding tokenism processes and their impact on women's work [J]. *Psychology of Women Quarterly*, 2002, 26 (1).

[77] Yoder, J. D. Looking beyond numbers-the effects of gender status, job prestige, and occupational gender-typing on tokenism processes [J]. *Social Psychology Quarterly*,

1994, 57 (2).

Nourish or Erode the Value of Female Leaders?

—The Chain Effect of Token Appointment and Precarious Appointment

Luo Jinlian[1]   Liu Xiaoxia[2]

(1, 2 Economics and Management School of Tongji University, Shanghai, 200092)

Abstract: In general, female leaders representatives are scarce. The explanation of this phenomenon is mainly from the macro perspective to analyze the disadvantages and obstacles in the female leaders' career and pay little attention to the value trap of female leaders' appointment at present. Based on the literature review, this article first explains the connotation and expression of the token appointment and precarious appointment through theory and examples. Further, analyzing the processes of two typical female leaders appointment, including the motivation of appointment、influencing factors and the possible consequences. Finally, constructing the chain effect of the mechanism of female leaders' appointment, and revealing how the two appointment motivations nourish or erode the organization's gender power structure. Pointing out the possible measures and future research prospect. It helps to clarify the motivation and effect of female leaders' appointment and provides new ideas and basis for organizing management and follow-up study of female leaders.

Key words: Female leader; Token appointment; Precarious appointment; Queen-Bee (QB) role; Role model effect

专业主编：杜　旌

反腐败、共谋和企业逃税[*]

● 余明桂[1]　王俐璇[2]

（1，2　武汉大学经济与管理学院　武汉　430073）

【摘　要】本文分析十八大反腐败能否抑制企业逃税。以 2010—2015 年 A 股上市公司为样本，使用双重差分倾向得分匹配模型（PSM-DID）分析，检验结果发现，在反腐败事件后，相对于没有腐败的企业，腐败企业的逃税水平显著降低。文章进一步检验了在税收执法水平不同的地区，反腐败对企业逃税抑制作用的差异。结果发现，反腐败通过加强税收执法力度显著抑制了税收执法差的地区的企业逃税。我们还发现这种抑制作用仅存在于民营企业。本文丰富和拓展了"反腐有利论"和治理企业逃税的相关研究，并为政府通过统一税务行政处罚裁量基准以营造公平税收环境的深化税收执法体制改革措施，提供了一定的理论依据。

【关键词】反腐败　企业逃税　共谋

中图分类号：F812　　　文献标识码：A

1. 引言

为了遏制腐败问题恶化，中共十八大以来，国家最高领导集体已经将反腐败作为全面深化改革的重要手段之一（聂辉华，2014）。税务系统是行贿、受贿的高发领域，十八大掀起的一系列反腐败行动沉重打击了腐败税务干部。根据税务总局通报，2014 年税务系统查处违反中央八项规定问题 60 起，处理 100 人，其中多起案件涉及税务干部利用职务之便贪污受贿，帮助逃税企业逃脱法律制裁。如浙江省诸暨市国税局干部章光祥接受纳税人宴请并收受贿赂；安徽省滁州市国税局副局长宋剑波先后收受企业法人代表、董事长送予的礼品；广东省国税局原局长李永恒收取关照企业的现金、房产等财产，此类案件不胜枚举。毫无疑问，这些受贿税务干部默许甚至纵容企业逃税的腐败行为，若不及时惩治会

＊ 基金项目：本文受国家自然科学基金面上项目："民营化、风险承担与企业绩效研究"（71372126）；"薪酬差距、国有企业创新与投资效率研究"（71502161）；"业绩考核制度与企业创新：基于央企高管业绩考核制度修订的理论与实证研究"（71672134）的资助，谨致谢意。

通讯作者：王俐璇，E-mail：1727605176@qq.com。

诱发更大范围和更深程度的逃税。

而十八大以后，反腐败对税务系统腐败的冲击在一定程度上约束了税务干部的腐败行为，可能影响企业与税务干部间的共谋。因此，我们试图检验反腐败是否能够抑制企业逃税。通常，企业有很强的动机逃税，但由于逃税是违法行为，企业为了降低被法律制裁的风险就需要与官员，尤其是负责所得税征收和监管的税务干部共谋。税务干部拥有税收执法自由裁量权（曹书军等，2009），有能力通过放松税收执法的方式帮助企业逃避税收（郭杰和李涛，2009；马光荣和李力行，2012；Atwood et al.，2012；范子英和田彬彬，2013；田彬彬和范子英，2016）。但是，十八大后一系列的反腐制度和行为使税务干部介入腐败的意愿降低，并在一定程度上约束了税务干部对执法自由裁量权的滥用。因而，企业难以再与税务干部达成共谋以逃避制裁，逃税的机会成本增加导致企业减少逃税。因此，我们预期，反腐败会抑制企业逃税。

现有中外文献已从多个方面检验了我国十八大反腐败的经济后果，Lin 等（2017）研究证实了十八大反腐败通过优化资源配置显著提升了上市公司的市场价值，尤其是国有企业和市场机制健全地区的民营企业。钟覃琳等（2016）进一步检验发现反腐败是通过加速存货周转，缩短经营周期，提高投资效率和企业生产效率的渠道优化了企业绩效。Zheng（2016）发现反腐败促使各省市降低公共基础设施建设财政投入比例，在一定程度上改善了过度基建投资的情况。Ke 等（2017），Qian 和 Wen（2015）和 Lan 和 Li（2014）实证研究证实了十八大反腐显著降低了奢侈品及高端服务业消费，尤其抑制了国有企业的相关消费。Ang 等（2016）发现十八大反腐败中被调查的官员数量上升显著增加了当地政府的政治风险，从而提高了政府融资平台的融资成本，导致城投债利率上升。Liu 等（2017）研究反腐败对资产定价的影响，发现政治敏感的上市公司在十八大后由于政治不确定性增加导致折现率提高，从而股价下跌。党力等（2015）和金宇超等（2016）等学者研究反腐败对企业投资的影响，发现反腐败虽然促进了企业创新，但也导致了部分国有企业的投资不足。已有文献对于反腐败微观层面经济后果的研究多聚焦于企业绩效和投资层面，关于反腐败对企业逃税影响的研究较少。

我们之所以选择十八大掀起的一系列反腐行动作为本文的研究对象，主要基于以下原因。腐败与企业逃税间存在很强的反向因果关系，即一方面税务干部为收受贿赂而帮助企业逃税，导致企业逃税增加，另一方面企业为了规避逃税处罚也会积极寻求与税务干部共谋，加剧官僚腐败。十八大掀起的一系列反腐行动为我们克服以上问题提供了自然实验条件。在实证研究中，识别因果关系的一个重要方法就是双重差分法（difference-in-difference，简称 DID）。DID 的实施需要两个基本前提，一是具有外生事件，二是能找到受事件影响的实验组和不受事件影响的对照组。十八大后一系列的反腐制度和行为对于企业而言是外生事件。同时，我们根据钟覃琳等（2016）的方法在控制了营业收入和行业因素的情况下，通过观测上市公司招待费在反腐败前后的变化水平来识别企业的腐败程度，将腐败程度高的企业和腐败程度低的企业分别定义为实验组和对照组。并且，为了满足 DID 检验的共同趋势假设，我们结合倾向评分匹配处理（PSM）检验反腐败对企业逃税的影响。

根据以上分析，本文基于 2010—2015 年 A 股上市公司数据，利用十八大掀起的一系列反腐制度和行为作为外生冲击，结合双重差分倾向得分匹配法（PSM-DID），研究反腐败对企业逃税的影响。结果发现，反腐败显著抑制了企业逃税。进一步检验发现，反腐败抑制企业逃税仅在地区税收执法差的情况下显著。这表明，反腐败改善了税务干部通过放松税收执法力度与企业共谋的现状。最后，我们还检验了反腐抑制逃税对不同所有权性质企业的影响，结果发现反腐败降低企业逃税在所有权性质为民营的情况下显著。

本文拟从以下方面丰富现有文献：（1）区别于当前文献，主要从创新水平、投资行为、公司治理、企业绩效、盈余管理、财政投资以及奢侈品进口等角度研究反腐败的经济后果（党力等，2015；Zheng，2016；金宇超等，2016；王茂斌和孔东民，2016；钟覃琳等，2016；颜恩点，2016；Lin et al.，2017；叶康涛和臧文佼，2016；Lan and Li，2013；Qian and Wen，2015；Ke et al.，2017），本文分析和检验了反腐败前后企业逃税程度是否明显下降。为此，本文从企业逃税角度延伸了反腐败经济后果的研究，支持了"反腐有利论"观点。（2）已有文献研究了地方政府规模和治理水平（马光荣和李力行，2012）、分税制改革（田彬彬和范子英，2016；吕冰洋等，2016）以及地方政府财政竞争引致的政企合谋（范子英和田彬彬，2016）对企业逃税的影响，本文则从反腐的视角检验了腐败治理对企业逃税的影响。

2. 理论分析与研究假设

2.1 反腐败与企业逃税

一方面，从企业的角度考虑。出于减少现金流出，增加净收入的目的，通常企业有很强的动机逃税。但由于逃税是违法行为，企业逃税一旦被查获就要承担罚款甚至量刑的处罚（刘荣，2010）。因此，企业为了规避被法律制裁的风险就需要与官员，尤其是负责所得税征收和监管的税务干部共谋。在十八大反腐败之前，腐败的企业通过与税务干部共谋更有可能规避严格的税收监管，从而更有可能降低实际税负水平，实现逃税（黄新建和冉娅萍，2012）。但在十八大反腐败后，八项规定六项禁令等制度的颁布实施导致之前的腐败企业缺乏寻租渠道难以实现共谋，其与税务干部的关系难以维系，这使得腐败企业面临较反腐败之前更严厉的税收稽查，逃税风险提升，逃税活动被发现几率增加，迫使腐败企业减少逃税。

另一方面，从税务干部的角度考虑。税务干部拥有税收执法的自由裁量权（曹书军等，2009），由于《中华人民共和国税收征收管理办法》（以下简称《税收征管法》）对税收违法行为的规定杂乱且难以与刑法逃税罪的规定相衔接（施正文，2012），税务干部靠主观判断代替客观征收标准的现象突出（马光荣和李力行，2012），致使税务干部可以通过放松税收执法的方式帮助企业逃避税收（郭杰和李涛，2009；马光荣和李力行，2012；范子英和田彬彬，2013；田彬彬和范子英，2016），客观上使税务干部有能力帮助企业逃税。税务干部不仅有与企业共谋的能力，而且有与企业共谋的动机。基于经济人假设，当腐败活动的成本或风险低于其收益时，税务干部就具有腐败的动机。

但是，十八大后一系列的反腐制度和行为加大了受贿官员被查处的几率和处罚力度。

官员介入腐败交易的期望收益与腐败行为败露后受到查处的概率和被查处后受到的惩罚负相关（刘启君和彭亚平，2012），因此十八大后税务干部介入腐败的意愿降低，并且税务干部对执法自由裁量权的滥用在一定程度上得到了约束，这导致腐败企业难以再与税务干部达成共谋以逃避制裁，逃税的机会成本增加，逃税收益减少从而企业减少逃税。因此，我们预期，反腐败与企业逃税程度间存在显著的负相关关系。

基于以上分析，本文提出研究假设1：

H1：反腐败会抑制企业逃税。

2.2 反腐败与企业逃税：税收执法力度差异

前文的分析表明，反腐可以抑制企业逃税。以下，本文进一步研究在不同的税收执法力度情况下反腐败对逃税的抑制作用是否存在显著差异。企业逃税决策受地区税收执法力度影响，当税收执法力度越高时企业的逃税程度越低（Atwood et al.，2012），税收执法不力将导致大范围的企业逃税（范子英和田彬彬，2013）。这是因为地方税务干部有意放松税收执法力度的行为降低了辖区内企业逃税活动被稽查的风险，企业逃税的机会成本随之降低，从而逃税收益增加，这会诱发区域内更大范围和更深程度的企业逃税活动（Dubin et al.，1990）。

我国地区间税收执法力度差异根源于税务干部滥用税收执法自由裁量权。以下两方面原因导致税务干部能够操纵税收执法力度。一方面，放松税收执法力度的行为具有隐蔽性，中央政府难以对此实施有效的监督（李元旭和宋渊洋，2011）；另一方面，我国现行《税收征管法》对税收违法行为的规定杂乱且难以与刑法逃税罪的规定相衔接（施正文，2012），导致税务干部靠主观判断代替客观征收标准的现象突出（马光荣和李力行，2012）。

根据以上分析，税收执法力度越弱的地区，税务干部操纵税收执法力度帮助企业逃税的情况越普遍，腐败问题更加严重。由于十八大反腐败会给腐败程度高的地区带来更加剧烈的冲击，因此税收执法力度差的地区，反腐败降低公司逃税的影响更显著。

据此，我们提出研究假设2：

H2：相比于税收执法力度强的地区，反腐败降低公司逃税的影响在税收执法力度弱的地区更显著。

2.3 反腐败与企业逃税：企业所有权性质差异

上述关于反腐败抑制公司逃税的分析，没有考虑不同类型的企业逃税动机以及招待费的用途等方面所可能存在的差异。一方面，国有企业由于产权原因，天生具有与政府的紧密政治联系。国有企业相比于民营企业，能够以更低的成本从政府获得政策上的保护或经济上的支持，为此国有企业更有义务为地方政府承担其实现社会性目标的支出（吴联生，2009）。尤其在当前高度集权化的财政体制导致地方政府财政收支不平衡现象越发凸显的情况下，政府需要企业承担社会性支出以弥补财政缺口，这使得国有企业不得不承担更多企业所得税以缓解地方政府财政压力，支援当地建设（曹书军等，2009）。因此，相比民营企业，国有企业逃税动机不足。

另一方面，陈冬华等（2005）的研究发现，在国有企业的招待费中还可能存在一定比重的在职消费。因此反腐败虽导致国企业务招待费减少，但招待费的减少可能与国企贿赂税务干部逃税无关。此外，叶康涛和臧文佼（2016）的研究发现"八项规定"实施后，国有企业为了逃避"八项规定"的监察，存在变动消费性现金支出的会计科目分类的现象，即将不合理的招待费支出计入存货减值类科目以实现降低招待费会计科目数额的目的。以上研究结果说明我们所观测到的国有企业招待费的大幅降低并不完全是真实的，我们可能高估了国有企业的招待费降低水平，因此，可能存在误将部分国有企业划归为高度腐败企业的几率。因而，国有企业可能并不是高腐败企业，从而受反腐败冲击小，逃税程度降低不显著。

基于以上分析，我们提出假设3：

H3：相比于国有企业，反腐败降低公司逃税的影响在民营企业更显著。

3. 计量模型和样本选择

3.1 计量模型及变量定义

3.1.1 企业逃税程度衡量

在学术研究中，学者往往依照企业少缴税款的手段是否合法将其区分为逃税（tax evasion）和避税（tax avoidance），但是在实际中，逃税和避税的界定是很模糊的。在实践中，当企业少缴税款的行为被执法部门发现时，其行为是逃税还是避税很难被界定清楚，因此通常情况下执法部门只是要求企业补齐少缴的税款，很少对其罚款。（范子英和田彬彬，2016）。而在实证研究中，逃税和避税是交替使用的，在关于中国企业逃税的研究中，有的使用了逃税（马光荣和李力行，2012），有的使用了避税（Cai and Liu，2009），有的使用了逃避税（吕炜和陈海宇，2017）。遵循既有文献一般做法，我们不区分避税和逃税。

具体而言，BTD 为税前会计利润与应纳税所得额之差占期末总资产的比例，其中应纳税所得额等于当期所得税费用除以名义所得税率，在 BTD 基础上根据 Desai 和 Dharmapala（2006）方法，由模型（1）计算得到 DDBTD：

$$\text{BTD}_{it} = \alpha \text{TACC}_{it} + \mu_i + \varepsilon_{it} \tag{1}$$

TACC 是总应计利润，是净利润与经营活动产生的净现金流之差占总资产的比例。μ_i 是公司 i 残差的平均值，ε_{it} 表示 t 年度残差与公司平均残差 μ_i 的偏离度。DDBTD $= \mu_i + \varepsilon_{it}$，代表 BTD 不能被应计项目解释的部分。相较于 BTD，DDBTD 更能精确反映企业逃税程度，因此我们使用 DDBTD 作为企业逃税测度指标。

此外，为了确保结果的稳健性，我们还采用实证文献中普遍用于度量企业逃税的指标实际所得税率及其变体（ETR）来测度企业逃税程度。但考虑到中国的税收政策与国外有区别，我国富有针对性的税收优惠政策使得上市公司的名义税率存在差异（吴联生，2009）。由于各企业税率的比较口径不同，企业实际所得税率间差异并不能真实地反映其逃税程度。因此，我们使用实际与名义所得税率的差额来度量企业逃税程度。同时，为了使得指标更稳健，我们在根据 Dyreng 等（2008）的方法基础上，采用名义所得税率与实际税率之差的五年平均值 Meandiffetr（第 $t-4$ 年至第 t 年）来衡量企业的逃税程度，以排除税收返还以及企业和税收执法部门的税务纠纷等持续性事件的影响。借鉴 Porcano（1986）的两种方法计算实际所得税率，

$$实际所得税率（ETR1）= \frac{所得税费用}{息税前利润}$$

$$实际所得税率（ETR2）= \frac{所得税费用-递延所得税费用}{息税前利润}$$

然后用上市公司适用的名义税率减实际税率，对名义税率减去实际税率的差额计算第 $t-4$ 年到第 t 年的移动平均值，用于衡量上市公司逃税程度。该差额越高，则企业避税程度越高。

3.1.2 税收执法力度的衡量

本文参考曾亚敏（2009）和叶康涛（2011）等研究时引用的税收努力指数。首先，根据各区域税收收入与该区域的经济发展水平、产业结构以及进出口总额间的线性关系，建立回归方程，估计各区域期望税收收入；其次，用各区域实际税收占该区域期望预期税收的比值（TE）表示税收努力程度，该比值越高，则表明当地税收执法力度越强。根据研究需要，我们在此基础上构建虚拟变量 DTE，当 TE 小于样本中位数（即该地区的税收努力程度小于全国各地区税收努力程度中位数）时取 1，否则为 0。DTE 取 1 代表该地区税收执法力度弱，DTE 取 0 代表该地区税收执法力度强。

3.1.3 模型设定

基于之前的分析，我们认为反腐能抑制企业逃税。我们采用 PSM-DID 模型克服反腐与企业逃税间的内生性问题。我们以更易受到反腐败的冲击的腐败严重的企业为实验组，而其余的公司为对照组。进一步将我们通过设置 POLICY 和 CORRUPT 这两个虚拟变量将样本划分为四组子样本，分别是反腐败之前的对照组、反腐败之后的对照组、反腐败之前的实验组和反腐败之后的实验组。POLICY 和 CORRUPT 分别是政策和腐败企业的虚拟变量，其中 POLICY=1 表示反腐败之后，POLICY=0 代表反腐败之前，CORRUPT=1 代表腐败严重的企业，CORRUPT=0 表示其他的企业。

利用 DID 模型需要实验组和对照组满足平行趋势假设，即如果没有十八大反腐败事件，腐败严重的企业和其他企业逃税程度的变动趋势随时间变化不存在系统性差异。但我们的样本包括大部分行业的不同规模、不同产权性质的上市公司，DID 这一前提条件很可能不能满足。因此，我们采用倾向评分匹配方法（PSM）来缓解以上问题，使实验组和对照组满足 DID 平行趋势假设。

PSM 的基本思路是在反腐败之前的对照组里找到 1 至 n 个上市企业，使得其与反腐败之后实验组中的上市企业的可观测变量尽可能匹配。匹配估计量有助于缓解 DID 中实验组与对照组在受到十八大反腐败影响之前不完全具备平行趋势假设所带来的问题，在对实验组和对照组的个体进行匹配时，倾向评分匹配会赋予不同可观测变量介于［0，1］之间的权重，本文采用一对多的核匹配来确定权重。

根据上述样本的界定，我们的回归模型如下：

$$\frac{\mathrm{DDBTD}_{it}}{\mathrm{Meandiffer}_{it}} = \alpha + \beta_1 \mathrm{CORRUPT}_{it} \times \mathrm{POLICY} + \beta_2 \mathrm{CORRUPT}_{it} + \beta_3 \mathrm{POLICY} + \beta_4' X_{it} + \varepsilon_{it} \quad (2)$$

因变量 DDBTD 和 Meandiffetr 代表企业逃税程度。十八大掀起的一系列反腐制度和行为这一外生冲击，降低了官员介入腐败的意愿，进而限制了企业受贿，为此我们推测是企业腐败支出的下降导致招待费用骤减。基于以上分析，我们将这些在十八大后招待费用大幅下降的公司定义为曾经腐败支出较高的企业（钟覃琳等，2016）。我们定义虚拟变量 CORRUPT，若反腐败后，招待费占总收入的比例的降低程度大于等于行业中位数，则我们定义 CORRUPT=1，代表企业有较高的腐败程度，否则为零。根据研究假说，反腐败抑制企业逃税，因此模型（2）的解释变量系数（β_1）应显著为负。

X_{it} 是控制变量构成的向量。根据以往文献（叶康涛和刘行，2014；Richardson et al.，2015；陈冬等，2016），我们对以下变量进行控制：公司规模（SIZE），它等于企业年末资产总额的自然对数；债务杠杆（LEV），它等于企业期末负债总额除以年末资产总额；公司盈利能力（ROA），它等于企业当年税前利润除以年末资产总额；公司资本密集度（PPE），等于企业期末固定资产占期末总资产的比重；投资收益变量（EQINC），其计算方法为企业年末投资收益除以年末总资产，由于企业的投资收益通常已在被投资公司处缴纳所得税，因此企业的投资收益越多，则实际税率越低；上年亏损虚拟变量（LOSS），当企业上一年度的净利润小于 0 时，LOSS 取 1，否则为 0；无形资产比例（INTANG），企业期末无形资产总额占期末总资产的比例；公司现金密集度（CASH），企业期末货币资金与总资产之比。此外，本文还控制了年度和行业的固定效应。

3.2 样本选择

基于本文的研究设计，我们以 2010—2015 年在沪深两市进行交易的 A 股公司作为初选样本，但因为计算逃税程度需要前 4 年的数据，因此数据起始年份为 2006 年。进一步按以下筛选标准进行处理：剔除上市未连续满 5 年的（包括当年上市的）公司，剔除税前利润总额小于等于 0 的样本，剔除所得税费用为负的企业、金融行业的样本以及财务数据有缺失的企业。此外，我们筛选出母子公司名义税率一致的上市公司、没有子公司的上市公司以及母公司利润总额大于或等于合并报表利润总额 80% 的公司年度观测值，然后使用母公司名义税率替代合并公司名义税率（王亮亮，2014）。我们对所有连续变量进行了 1% 的缩尾处理，降低异常值对检验结果的干扰。最终得到 2433 个公司年度观测值。

本文的核心变量商旅招待费数据来源于同花顺数据库，母公司名义税率数据来自 WIND 数据库，研究中使用的计算税收执法强度的各地区数据资料均来源于《中国统计年鉴》，本文所涉及的其他企业财务数据均来源于国泰安数据库。

4. 实证结果分析

4.1 描述性统计特征

表 1 列示了本文自变量、因变量以及控制变量的样本数量、均值、标准差等描述性统

计特征。DDBTD 的均值为 0，这是因为它是模型的残差，因此均值为 0。名义税率与实际税率的差额 Meandiffer1 和 Meandiffetr2 在 1/4 分位数都为正，这说明大部分企业存在实际所得税率低于名义税率的情况，这可能是企业的逃税行为导致的。同时，表 2 将样本分成 2012 年末之前和之后（十八大反腐前后）组别会发现，名义税率与实际税率差额显著降低，Meandiffer1 和 Meandiffetr2 的平均值在反腐败后分别下降了 30% 和 40%，这说明在十八大掀起的一系列反腐行动和制度实施后，企业的纳税遵从度普遍提高，从而实际税率增加名义税率与实际税率差额显著降低，抑制了企业逃税活动。DTE 表示地区税收执法力度虚拟变量，取 1 时代表地区税收执法力度相对弱，其均值为 0.65，说明我国大部分地区税收执法力度偏弱，地方税务干部有能力操纵税收。

表 1　　　　　　　　　　　　　　　　描述性统计

variable	N	mean	min	p50	max	sd
DDBTD	2433	0.000	−0.070	0.000	0.090	0.020
CORRUPT	2433	0.520	0.000	1.000	1.000	0.500
Meandiffetr1	2433	0.090	−0.110	0.080	0.310	0.080
Meandiffetr2	2433	0.080	−0.140	0.070	0.330	0.080
POLICY	2433	0.500	0.000	1.000	1.000	0.500
SIZE	2433	22.030	19.26	21.95	24.860	1.160
LEV	2433	0.490	0.040	0.490	0.970	0.210
ROA	2433	0.050	−0.010	0.030	0.200	0.040
EQING	2433	0.010	0.000	0.000	0.120	0.020
PPE	2433	0.190	0.000	0.150	0.670	0.160
LOSS	2433	0.110	0.000	0.000	1.000	0.310
INTANG	2433	0.050	0.000	0.030	0.350	0.060
CASH	2432	0.160	1/0.010	0.130	0.750	0.130

表 2　　　　　　　　　　　　企业逃税程度在反腐败前后变化

Variables		N	mean	min	p25	p50	p75	max	sd
CORRUPT		3516	0.500	0.000	0.000	1.000	1.000	1.000	0.500
Meandiffetr1	全样本	2433	0.090	−0.110	0.030	0.080	0.130	0.310	0.080
	反腐败之前	1213	0.100	−0.110	0.040	0.090	0.150	0.300	0.080
	反腐败之后	1220	0.070	−0.110	0.020	0.060	0.120	0.310	0.070

Variables		N	mean	min	p25	p50	p75	max	sd
Meandiffetr2	全样本	2433	0.080	-0.140	0.020	0.070	0.140	0.330	0.080
	反腐败之前	1213	0.100	-0.140	0.040	0.090	0.150	0.330	0.080
	反腐败之后	1220	0.060	-0.140	0.010	0.060	0.120	0.310	0.080
DDBTD		3516	0.000	-0.130	-0.030	0.000	0.030	0.110	0.040
DTE		3516	0.650	0.000	0.000	1.000	1.000	1.000	0.480

4.2 反腐败与企业逃税

图 1 为高腐败企业和低腐败企业逃税程度的平行趋势图。从图中可以看出，高腐败企业和低腐败企业的变化趋势在十八大反腐前基本上是平行的，因此可以采用双重差分法进行实证检验。同时，高腐败企业在十八大实施后的逃税反腐后下降趋势显著，这说明十八大掀起的一系列反腐败制度和行为可能导致企业逃税活动减少。

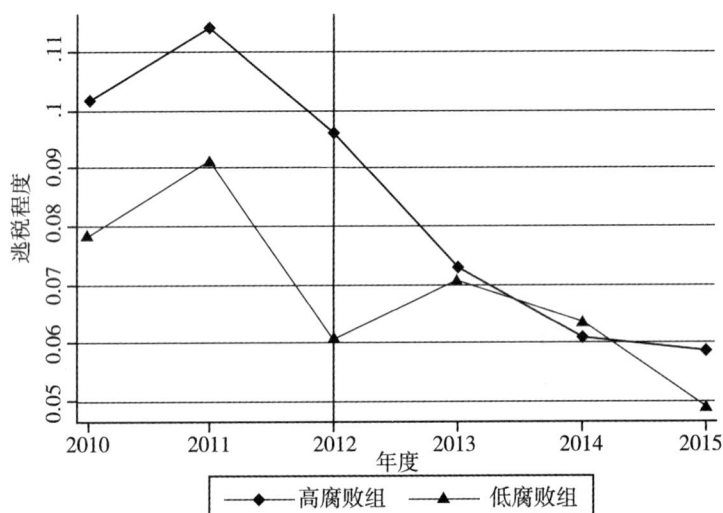

图 1 平行趋势图

为了验证反腐败对企业逃税的抑制效应，我们对模型（2）进行回归分析，表 3 列示了回归检验结果。其中，第 2 列、第 4 列以及第 6 列分别展示了在控制行业年度和加入控制变量后，DDBTD、Meandiffetr1 及 Meandiffetr2 的总体回归结果，CORRUPT·POLICY 的系数均为负，且在 5% 的水平上通过了显著性检验。这一结果表明，反腐败显著降低了腐败企业逃税程度。上述结果验证了我们提出的主要假设：反腐败会抑制企业逃税。

表 3　　　　　　　　　　　　　　　　反腐败与企业逃税

	DDBTD	DDBTD	Meandiffetr1	Meandiffetr1	Meandiffetr2	Meandiffetr2
CORRUPT	0.001	0.002	0.021***	0.015**	0.026***	0.019***
	(0.512)	(0.660)	(3.464)	(2.536)	(3.928)	(2.902)
POLICY	0.019***	0.019***	−0.012	−0.018**	−0.018*	−0.025**
	(4.625)	(4.621)	(−1.485)	(−2.249)	(−1.929)	(−2.558)
CORRUPT · POLICY	−0.007*	−0.007**	−0.023***	−0.018**	−0.023***	−0.017**
	(−1.713)	(−2.000)	(−3.130)	(−2.578)	(−2.695)	(−2.098)
SIZE		−0.000		0.000		−0.001
		(−0.139)		(0.069)		(−0.209)
LEV		0.025***		0.079***		0.075***
		(3.882)		(4.046)		(3.352)
ROA		0.016		−0.065		−0.059
		(0.501)		(−0.849)		(−0.783)
EQINC		0.068		0.602***		0.680***
		(1.193)		(5.300)		(4.789)
PPE		0.074***		0.015		0.023
		(10.565)		(0.853)		(1.178)
LOSS		0.006		0.037***		0.039***
		(1.643)		(4.712)		(4.400)
INTANG		0.064***		−0.015		0.010
		(3.668)		(−0.326)		(0.191)
CASH		0.037***		−0.029		−0.048
		(4.982)		(−0.896)		(−1.486)
Cons	0.009	(−0.022)	0.198***	0.172**	0.200***	0.196***
	(0.731)	(−0.937)	(9.87)	(2.578)	(10.592)	(2.712)
Ind	Yes	Yes	Yes	Yes	Yes	Yes
Year	Yes	Yes	Yes	Yes	Yes	Yes
N	2691	2691	1755	1755	1755	1755
R^2	0.084	0.139	0.155	0.261	0.164	0.266

注：①括号中的数字表示 t 值；②*，**，***分别代表参数估计值在10%，5%，1%水平上显著；③对标准误进行了企业层面的 cluster 调整（以下各表同）。

4.3 税收执法力度的影响

进一步分析反腐败影响企业逃税的机制，我们将样本依照地区税收执法力度分组，依次回归，检验结果列示在表 4。观察分组回归结果可以发现，CORRUPT·POLICY 的系数只有在税收执法差的样本中才显著，第（1）列、第（3）列和第（5）列中 CORRUPT·POLICY 的系数分别为-0.010、-0.026 和-0.028，均在 1%的水平上通过显著性检验，而在第（2）列、第（4）列和第（6）列中 CORRUPT·POLICY 的系数均不显著。这说明十八大掀起的一系列反腐败制度和行为对税收执法力度差的地区才能产生足够大的外生冲击力，进一步支持了表 3 的回归结果。同时，也证明了我们的假设，即反腐败通过打击税务干部为受贿企业放松税收执法力度的腐败行为，从而抑制了企业逃税。

同时，表 4 的检验结果也进一步说明了政企共谋逃税的根源是税务干部对税收执法自由裁量权的滥用。我国《税收征管法》对税收违法行为的规定杂乱且难以与刑法逃税罪的规定相衔接，导致税务干部拥有任意操纵税收征管力度以权谋私的空间。只有政府统一税务行政处罚裁量基准，将税务执法与刑法量刑处罚相对接，才能缩小税务干部操纵税收执法力度的空间，进而从根源上铲除政企共谋引发的企业逃税。

表 4 税收监管环境分组结果

	DDBTD		Meandiffetr1		Meandiffetr2	
	税收执法差	税收执法好	税收执法差	税收执法好	税收执法差	税收执法好
CORRUPT	0.006 *	-0.008 **	0.023 ***	-0.005	0.031 ***	-0.009
	(1.781)	(-1.972)	(3.339)	(-0.552)	(3.670)	(-0.967)
POLICY	0.027 ***	0.004	-0.009	-0.036 **	-0.010	-0.050 ***
	(5.385)	(0.498)	(-0.866)	(-2.488)	(-0.805)	(-3.190)
CORRUPT·POLICY	-0.010 **	0.000	-0.026 ***	-0.001	-0.028 ***	0.005
	(-2.282)	(0.051)	(-3.125)	(-0.082)	(-2.795)	(0.362)
SIZE	-0.002	0.002	-0.001	-0.000	-0.000	-0.003
	(-1.374)	(1.143)	(-0.124)	(-0.081)	(-0.076)	(-0.565)
LEV	0.024 ***	0.026 ***	0.066 ***	0.115 ***	0.056 *	0.124 ***
	(2.913)	(2.741)	(2.617)	(3.912)	(1.890)	(3.888)
ROA	0.015	0.010	-0.120	0.010	-0.115	0.037
	(0.367)	(0.168)	(-1.190)	(0.087)	(-1.173)	(0.315)
EQINC	0.040	0.092	0.521 ***	0.672 ***	0.631 ***	0.704 ***
	(0.523)	(1.200)	(3.677)	(3.743)	(3.237)	(4.160)
PPE	0.080 ***	0.059 ***	0.011	0.025	0.020	0.027
	(8.201)	(5.931)	(0.409)	(1.074)	(0.715)	(1.026)

	DDBTD		Meandiffetr1		Meandiffetr2	
	税收执法差	税收执法好	税收执法差	税收执法好	税收执法差	税收执法好
LOSS	0.007	0.002	0.033 ***	0.037 ***	0.034 ***	0.040 ***
	(1.400)	(0.382)	(3.682)	(2.732)	(2.885)	(2.882)
INTANG	0.069 ***	0.065 **	−0.008	−0.011	0.026	−0.004
	(3.354)	(2.340)	(−0.136)	(−0.150)	(0.377)	(−0.045)
CASH	0.031 ***	0.043 ***	−0.031	−0.025	−0.056	−0.049
	(3.276)	(3.577)	(−0.725)	(−0.540)	(−1.332)	(−1.022)
Cons	0.002	−0.032	0.189 **	0.182 *	0.175 *	0.270 **
	(0.062)	(−0.971)	(2.086)	(1.787)	(1.779)	(2.477)
Ind	Yes	Yes	Yes	Yes	Yes	Yes
Year	Yes	Yes	Yes	Yes	Yes	Yes
N	1766	925	1066	689	1066	689
R^2	0.152	0.168	0.290	0.291	0.277	0.328

4.4 产权性质的影响

本文进一步检验了产权性质对反腐败和企业逃税之间关系的影响，结果如表 5 所示。第（1）列和第（3）、（5）列检验了在民营企业样本中，反腐败对企业逃税的影响，回归显示，CORRUPT·POLICY 的系数分别为−0.012、−0.032 和−0.03，均在 1% 和 5% 的水平下显著。这说明在民营企业样本中，十八大之后，企业逃税程度显著降低。第（2）列和第（4）、（6）列列示了反腐败对企业逃税的影响在国有企业样本中的回归结果，CORRUPT·POLICY 的系数均不显著，表明在国有企业样本中，反腐败对企业逃税不存在显著影响。这可能是由于国企与政府与生俱来的联系决定了其要为政府分担财政压力，因此逃税动机不足；也可能是因为国企中招待费部分属于高管个人的在职薪酬，或者，国企在"八项规定"后将其消费性现金支出计入存货类科目（叶康涛和和臧文佼，2016），因此我们观测到的招待费降低并不是国企寻租的水平下降，因而难以通过与税务干部共谋影响企业逃税。

表 5　　　　　　　　　　　　　　产权性质分组结果

	DDBTD		Meandiffetr1		Meandiffetr2	
	民企	国企	民企	国企	民企	国企
CORRUPT	0.005	−0.004	0.030 ***	0.001	0.033 ***	0.004
	(1.391)	(−0.944)	(3.513)	(0.199)	(3.483)	(0.510)

	DDBTD		Meandiffetr1		Meandiffetr2	
	民企	国企	民企	国企	民企	国企
POLICY	0.026***	0.010*	−0.009	−0.025**	−0.011	−0.037***
	(4.592)	(1.687)	(−0.708)	(−2.175)	(−0.708)	(−2.778)
CORRUPT·POLICY	−0.012**	−0.001	−0.032***	−0.009	−0.030**	−0.009
	(−2.291)	(−0.182)	(−3.273)	(−0.902)	(−2.562)	(−0.772)
SIZE	−0.002	−0.000	−0.001	0.003	−0.002	0.001
	(−1.250)	(−0.112)	(−0.265)	(0.586)	(−0.329)	(0.297)
LEV	0.030***	0.015	0.054**	0.085***	0.029	0.093***
	(3.513)	(1.532)	(2.049)	(2.977)	(0.896)	(3.036)
ROA	0.022	0.002	0.030	−0.203*	−0.003	−0.174
	(0.546)	(0.043)	(0.357)	(−1.725)	(−0.031)	(−1.648)
EQINC	0.082	0.035	0.483***	0.738***	0.589***	0.803***
	(0.912)	(0.483)	(3.158)	(5.296)	(2.703)	(5.497)
PPE	0.088***	0.056***	0.017	0.006	0.013	0.019
	(7.601)	(6.087)	(0.605)	(0.257)	(0.378)	(0.772)
LOSS	0.001	0.011**	0.035***	0.040***	0.039***	0.042***
	(0.268)	(2.141)	(3.129)	(4.046)	(3.376)	(3.360)
INTANG	0.071***	0.040*	0.065	−0.101*	0.092*	−0.080
	(2.622)	(1.781)	(1.328)	(−1.680)	(1.709)	(−1.261)
CASH	0.037***	0.047***	−0.079**	−0.005	−0.096**	−0.033
	(4.185)	(3.267)	(−2.136)	(−0.540)	(−2.067)	(−1.022)
Cons	−0.004	0.010	0.208**	0.128	0.219**	0.182*
	(−0.124)	(0.269)	(2.458)	(1.311)	(2.157)	(1.821)
Ind	Yes	Yes	Yes	Yes	Yes	Yes
Year	Yes	Yes	Yes	Yes	Yes	Yes
N	1531	1160	766	989	766	989
R^2	0.137	0.159	0.320	0.284	0.304	0.314

5. 稳健性检验

5.1 剔除"营改增"的影响

始于 2012 年年初的营业税改征增值税可能对我们的研究结果产生影响。根据曹越等（2017）的研究发现，"营改增"后改革试点行业的上市公司总体所得税税负变动虽然不显著，但是随着改革的推进略有下降。因此，本文所观测到的反腐败降低企业逃税，有可能是"营改增"导致的，即"营改增"涉及行业的样本导致了回归结果。为了克服"营改增"对检验效果的干扰，我们按行业是否受"营改增"影响进行分组检验。根据表 6 的回归结果显示，反腐败对企业逃税的影响只在非"营改增"行业分组中显著，这说明反腐败对非营改增行业造成了更加深刻的影响。因此，"营改增"的分组结果有效地排除了"营改增"驱动本文研究结果的可能性。

表 6   按"营改增"行业分组回归

	DDBTD		Meandiffetr1		Meandiffetr2	
	非营改增行业	营改增行业	非营改增行业	营改增行业	非营改增行业	营改增行业
CORRUPT	0.001	0.004	0.016**	0.010	0.020***	0.013
	(0.451)	(0.443)	(2.564)	(0.668)	(2.842)	(0.819)
POLICY	0.018***	0.021	−0.020**	0.003	(−0.027***)	−0.002
	(4.118)	(1.513)	(−2.374)	(0.096)	(−2.668)	(−0.058)
CORRUPT · POLICY	−0.006	−0.015	−0.017**	−0.017	−0.015*	−0.021
	(−1.561)	(−1.273)	(−2.273)	(−0.750)	(−1.781)	(−0.799)
Cons	−0.026	−0.006	0.173***	−0.043	0.193***	0.014
	(−1.111)	(−0.068)	(2.648)	(−0.163)	(2.742)	(0.050)
X	Control	Control	Control	Control	Control	Control
Ind	Yes	Yes	Yes	Yes	Yes	Yes
Year	Yes	Yes	Yes	Yes	Yes	Yes
N	2420	271	1582	173	1582	173
R^2	0.139	0.244	0.269	0.317	0.275	0.305

同时，我们将样本区分为上海地区和非上海地区进行分组回归，以排除营业税改增值税对我们研究结果的影响。我们之所以按是否为上海地区分组的原因如下，首先，上海市作为我国营改增的首个试点地区，营改增以及金税工程加强了上海市税收监管，企业实际所得税可能受此影响而上升，从而驱动了本文检验结果；其次，由于上海实行国税局与地

税局合署办公，其国税与地税是一个班子两块牌子（田彬彬和范子英，2016），国税的税收执法力度显著高于地税（范子英和田彬彬，2013），因此，上海市的税收执法力度可能较别的省市更强，其企业实际所得税可能受此影响而上升，从而驱动了本文检验结果。因此，为了剔除上海市样本对我们研究结果的影响，我们按是否为上海地区分组回归。表7展示了我们的回归结果，相对于上海地区，非上海地区样本的名义所得税率与实际所得税率之差在十八大反腐后显著下降，分别降低1.9%和1.8%，同时，非上海地区企业以账面—应税方法计量的企业逃税程度在十八大反腐败后降低了1%。这说明我们的检验结果并不是由于上海地区样本驱动形成的，同时，也进一步验证了假设2，即税收执法力度弱的地区，反腐败抑制其企业逃税程度的影响更显著。

表7　　　　　　　　　　　　　　按是否为上海地区分组回归

	DDBTD		Meandiffetr1		Meandiffetr2	
	上海地区	非上海地区	上海地区	非上海地区	上海地区	非上海地区
CORRUPT	−0.024*	0.004*	−0.005	0.017***	0.008	0.021***
	(−1.861)	(1.793)	(−0.231)	(3.302)	(0.334)	(3.106)
POLICY	0.020	0.022***	−0.003	−0.020**	−0.005	−0.027***
	(1.072)	(5.078)	(−0.102)	(−2.269)	(−0.126)	(−2.741)
CORRUPT·POLICY	0.008	−0.010**	−0.030	−0.019**	−0.035	−0.018**
	(0.432)	(−2.333)	(−1.023)	(−2.502)	(−1.411)	(−2.104)
Cons	−0.016	−0.019	−0.486***	0.204***	−0.428	0.220***
	(−0.281)	(−1.353)	(−3.221)	(5.021)	(−1.652)	(3.008)
X	Control	Control	Control	Control	Control	Control
Ind	Yes	Yes	Yes	Yes	Yes	Yes
Year	Yes	Yes	Yes	Yes	Yes	Yes
N	134	2192	107	1648	107	1648
R²	0.256	0.065	0.469	0.275	0.446	0.279

5.2　剔除业务招待费变化的影响

最后，根据《企业所得税实施条例》第四十三条规定：招待费企业发生的与生产经营活动有关的业务招待费支出，按照发生额的60%扣除，但最高不得超过当年销售（营业）收入的5‰。招待费可以税前扣除的规定会导致企业日常经营的账面和应税收益不一致，因此，我们观测到的反腐败降低逃税程度，有可能是招待费大幅下降带来的税前可抵扣数额减少所导致的。为了排除招待费税前抵扣对研究结果的影响，我们区分产权性质观察了企业招待费绝对数值在反腐败前后变化。从图2可以看出，在2012年之前，国企和民企的招待费均呈上升趋势；然而，在2012年后，虽然国企的招待费显著下降，但是民企招待费仍呈现平缓上升趋势。结合表5产权性质分组回归结果，可以看出虽然民营企业招待费数额在十八大反腐后仍然缓慢增长，但是反腐败显著弱化了其逃税程度，这有效地排除了招待费税前抵扣驱动本文研究结果的可能性。

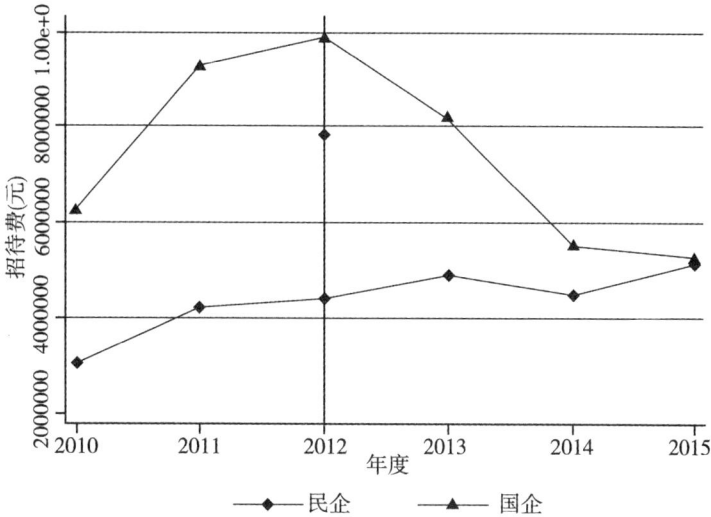

图2　招待费用绝对数额变动

6. 结论

　　本文利用十八大掀起的一系列反腐制度和行为作为外生冲击，从公司微观层面研究反腐败对公司逃税活动的影响。我们的研究发现，反腐败削弱了企业的逃税程度。这说明反腐败有效地降低了税务干部介入腐败的意愿，致使之前与税务干部共谋的企业逃税成本上升，企业逃税收益降低，为此企业减少了逃税。进一步检验发现，反腐败降低企业逃税仅在地区税收执法差的情况下显著。这表明，反腐败打击了税务干部通过放松税收执法力度与企业共谋的现状。最后，我们还检验了反腐抑制逃税对不同所有权性质企业的影响，结果发现反腐败降低企业逃税在所有权性质为民营的情况下显著。

　　我们的检验结果证实了政企共谋诱发逃税的根源是税务干部对税收执法自由裁量权的滥用。我国《税收征管法》对税收违法行为的规定杂乱且难以与刑法逃税罪的规定相衔接，导致税务干部拥有任意操纵税收征管力度以权谋私的空间。只有政府统一税务行政处罚裁量基准，将税务执法与刑法量刑处罚相对接，才能缩小税务干部操纵税收执法力度的空间，进而从根源上铲除政企共谋引发的企业逃税。

　　本文的研究结果不仅基于企业逃税角度延伸了反腐败的相关研究，支持了"反腐有利论"观点，而且从反腐败的视角为治理企业逃税提供了微观层面的证据。此外，本文的研究结果为政府通过统一税务行政处罚裁量基准以营造公平税收环境并深化税收执法体制改革措施，提供了一定的理论依据。

◎ 参考文献

[1] 陈冬华，陈信元，万华林．国有企业中的薪酬管制与在职消费［J］．经济研究，2005（2）．

[2] 曹书军，刘星，张婉君．财政分权、地方政府竞争与上市公司实际税负［J］．世界经济，2009（4）．

[3] 陈冬，孔墨奇，王红建．投我以桃，报之以李：经济周期与国企避税［J］．管理世界，2016（5）．

[4] 曹越，易冰心，胡新玉和张卓然．"营改增"是否降低了企业所得税税负——来自中国上市公司的证据［J］．审计与经济研究，2017（1）．

[5] 党力，杨瑞龙，杨继东．反腐败与企业创新：基于政治关联的解释［J］．中国工业经济，2015（7）．

[6] 范子英，田彬彬．税收竞争、税收执法与企业避税［J］．经济研究，2013（9）．

[7] 范子英，田彬彬．政企合谋与企业逃税：来自国税局长异地交流的证据［J］．经济学（季刊），2016（4）．

[8] 郭杰，李涛．中国地方政府间税收竞争研究——基于中国省级面板数据的经验证据［J］．管理世界，2009（11）．

[9] 黄新建，冉娅萍．官员腐败对公司实际税率影响的实证研究［J］．南方周末，2012（3）．

[10] 黄婧娟，唐滔智，李权．公共投资、政府审计与腐败控制——基于面板数据的分析［J］．当代会计评论，2017，10（2）．

[11] 金宇超，靳庆鲁，宣扬．"不作为"或"急于表现"：企业投资中的政治动机［J］．经济研究，2016（10）．

[12] 刘荣．刑事政策视野下的逃税罪［J］．中国刑事法杂志，2010（12）．

[13] 李元旭，宋渊洋．地方政府通过所得税优惠保护本地企业吗？——来自中国上市公司的经验证据［J］．中国工业经济，2011（5）．

[14] 刘启君，彭亚平．行为环境、社会资本与腐败均衡的演化机制［J］．经济社会体制比较，2012（5）．

[15] 吕冰洋，马光荣，毛捷．分税与税率：从政府到企业［J］．经济研究，2016（7）．

[16] 吕炜，陈海宇．腐败对企业逃避税行为的影响——来自中国工业企业数据的证据［J］．审计研究，2017（1）．

[17] 马光荣，李力行．政府规模、地方治理与企业逃税［J］．世界经济，2012（6）．

[18] 聂辉华．腐败对效率的影响：一个文献综述［J］．金融评论，2014（1）．

[19] 施正文．论《税收征管法》修订需要重点解决的立法问题［J］．税务研究，2012（10）．

[20] 田彬彬，范子英．税收分成、税收努力与企业逃税——来自所得税分享改革的证据

［J］. 管理世界，2016（12）.

［21］ 吴联生. 国有股权、税收优惠与公司税负［J］. 经济研究，2009（10）.

［22］ 王亮亮. 税制改革与利润跨期转移——基于"账税差异"的检验［J］. 管理世界，2014（11）.

［23］ 王茂斌，孔东民. 反腐败与中国公司治理优化：一个准自然实验［J］. 金融研究，2016（8）.

［24］ 叶康涛，刘行. 税收执法、所得税成本与盈余管理［J］. 管理世界，2011（5）.

［25］ 叶康涛，臧文佼. 外部监督与企业费用归类操纵［J］. 管理世界，2016（1）.

［26］ 颜恩点. 寻租、制度变革与公司价值——基于"八项规定六项禁令"的实证检验［J］. 上海财经大学学报，2016（10）.

［27］ 曾亚敏，张俊生. 税收监管能发挥公司治理功用吗？［J］. 管理世界，2009（3）.

［28］ 钟覃琳，陆正飞，袁淳. 反腐败、企业绩效及其渠道效应——基于中共十八大的反腐建设的研究［J］. 金融研究，2016（9）.

［29］ Atwood, T. J., Drake, M. S., Myers, J. N., et al. Home country tax system characteristics and corporate tax avoidance: International evidence［J］. *The Accounting Review*, 2012, 87（6）.

［30］ Cai, H., Liu, Q. Competition and corporate tax avoidance: Evidence from Chinese industrial firms［J］. *The Economic Journal*, 2009, 199（537）.

［31］ Desai, M., Dharmapala, D. Corporate tax avoidance and high powered incentives［J］. *Journal of Financial Economics*, 2006, 79（1）.

［32］ Dyreng, S. D., Halon, M., Maydew, E. L. Long-run corporate tax avoidance［J］. *The Accounting Review*, 2008, 83（1）.

［33］ Ke, B., Liu, N., Tang, S. The effect of anti-corruption campaign on shareholder value in a weak institutional environment: Evidence from China［J］. Working Paper, 2017.

［34］ Lan, X., Li, W. Swiss watch cycles: Evidence of corruption during leadership transition in China［R］. Working Paper, 2013.

［35］ Lin, C., Morck, R., Yeung, B., Zhao, X. F. Anti-corruption reforms and shareholder valuations: Event study evidence from China［R］. Working Paper, 2017.

［36］ Liu, L. X., Shu, H., Wei, K. C. J. The impacts of political uncertainty on asset prices: Evidence from the Bo scandal in China［J］. *Journal of Financial Economics*, 2017, 125（2）.

［37］ Porcano, T. M. Corporatte tax rates: Progressive, proportional, or regressive［J］. *Journal of the American Taxation Association*, 1986, 7（2）.

［38］ Qian, N., Wen, J. The impact of Xi Jinping's anti-corruption campaign on luxury imports in China［R］. Working Paper, 2015.

［39］ Richardson, G., Lanis, R., Taylor, G. Financial distress, Outside directors and corporate tax aggressiveness spanning the global financial crisis: An empirical analysis ［J］. *Journal of Banking & Finance*, 2015, 52（6）.

Anti-corruption, Collusion and Tax Evasion

Yu Minggui[1] Wang Lixuan[2]

(1, 2 Economics and Management School of Wuhan University, Wuhan, 430072)

Abstract: After China's 18th Party Congress, a number of corrupt tax officials have been caught one after another because of helping firms to evade, which lead to the fact that companies have previously involved tax evasion find it difficult to escape legal sanctions, thus the opportunity cost of firms' tax evasion has increased, thereby inhibiting tax evasion. Based on the 2010-2015 A-share listed companies as samples, using the series of anti-corruption actions causing by China's 18th Party Congress as an exogenous shock, combined with difference in difference and score matching method (PSM-DID), study the impact of anti-corruption on corporate tax evasion. The results show that anti-corruption significantly inhibits evasion. We further test the impact of anti-corruption on evasion is more pronounced in provinces with poor tax law enforcement and in private firms. This paper enriches and expands the research on "anti-corruption benefit theory" and tax evasion, it also provides some theoretical basis for the government's measures of deepening the reform of tax law enforcement system, which to create a fairly tax environment, by using the unified tax administrative penalty.

Key words: Anti-Corruption; Tax Evasion; Collusion

专业主编：潘红波

网络借贷中"语言"的魅力*
——来自人人贷平台文本挖掘的证据

● 邓贵川[1]　彭红枫[2]　林　川[3]

（1，2，3 武汉大学经济与管理学院　武汉　430072）

【摘　要】本文以人人贷平台 2013 年 12 月至 2015 年 1 月的交易数据为样本，从文本分析的视角研究借款陈述长度及其语言特征对 P2P 网络借贷行为的影响。结果表明：借款陈述长度与借款成功率存在正相关关系，而与成功借款标的的借款利率存在"倒 U 形"关系。借款陈述中不同类型的词语比重会显著影响网络借贷行为，其中强语气词、法律性词语以及积极性词语的比重均与借款成功率呈现出"倒 U 形"关系，消极性词语与借款成功率存在"U 形"关系，而弱语气词及不确定性词语的比重均对借款成功率表现出显著负向影响，表明投资者会慎重考察借款陈述的文本内容；对于借款成功的借款标的而言，法律性词语、积极性词语及消极性词语的比重与借款利率呈现出"U 形"关系，强语气词及弱语气词的比重均与借款利率存在正相关关系，而不确定性词语的比重与借款利率呈现出"倒 U 形"关系，表明平台在制定利率时会参考借款人提供的描述性文本。基于上述结论，本文为 P2P 借款人的项目描述以及 P2P 网络借贷平台的规范发展提出相应建议。

【关键词】借款陈述　P2P 借贷　文本挖掘

中图分类号：F832　　　　文献标识码：A

1. 问题的提出

伴随着信息通信和电子商务技术的不断普及和创新，P2P 网络借贷以其手续方便、无需担保抵押、融资方式灵活、传播速度快、门槛低等优势为中小企业和中低收入群体开辟了融资新渠道，同时以其较高的收益率、灵活的投资方式吸引了众多投资者。虽然这种通

---

* 基金项目：国家自然科学基金重大研究计划重点支持项目"基于知识关联的金融大数据价值分析、发现及协同创造机制"（项目批准号：91646206），国家自然科学基金重点项目"基于互联网金融模式的结构性理财产品风险度量及应用研究"（项目批准号：71631005）。

通讯作者：邓贵川，E-mail：dgc1204@ 126. com。

过互联网确立自助式借贷关系的新型交易模式得到了蓬勃发展，有效地弥补了正规金融体系的不足（Berger 和 Gleisner，2009），但 P2P 网贷行业中存在着巨大的信用风险①，这主要是因为 P2P 网络借贷交易中的双方互不相识，投资者的投资决策主要取决于借款人在借贷平台上披露的信息内容的真实度及数量，更多的违约信息掌握在借款人一方，所以 P2P 借贷市场中的信息不对称情况较为严重（廖理等，2014）。根据信息不对称理论可知，市场信号显示在一定程度上可以弥补信息不对称的问题，即加强信息披露可降低网络借贷中的信息不对称程度。借款人提供的信息会对潜在投资者的行为产生重要影响（彭红枫和刘歆茹，2016），而大多数参与 P2P 网络借贷的投资者不是从事金融行业工作的专业人士（李焰等，2014），他们很可能无法准确地从借款人提供的信息中提炼出有效信息，故深入挖掘借款人提供的借款信息对互联网借贷行为的影响是非常必要的。

在现有的涉及借款信息与借款成功率及借款成本关系的文献中，国内外大部分学者的研究视角都集中在借款人的可验证信息上，包括财务信息（如 Klafft，2008；陈霄，2014；王会娟和廖理，2014）、社会资本信息（Guiso 等，2004；Freedman & Jin，2008；Greiner & Wang，2009；彭红枫和杨柳明，2017）和人口特征信息（如 Hamermesh & Biddle，1993；Ravina，2008；李悦雷等，2013；廖理等，2015；彭红枫等，2016）三大类。已有文献对于不能被直接证实的信息的研究相对较少，主要以照片、借款陈述等因素作为衡量工具（Duarte 等，2012；Pope & Sydnor，2012；Michels，2012）。相对于客观确定的信息，无法核实的信息对网络借贷的影响更大（Herzenstein et al.，2011），且 Ghose 等（2012）、Hancock 等（2007）多位学者已经在新闻传播、心理学、股票发行（IPO）等多个领域证明文本的组织模式和语言特征可携带与作者相关的有效信息，由此可知借款人对借款订单的详细描述可为投资者提供借款人的额外信息。

现有文献主要从文本语言特征或文本内容特征角度去研究网络借贷中描述性信息对网络借贷行为的影响。文本语言特征是指基于文本长度、文本迷雾指数等句段特征对文本阅读难度进行研究。Loughran 和 McDonald（2014）研究发现文本长度能够对金融文件的可读性进行有效测量，且效果优于迷雾指数；王会娟和张路（2014）也用借款陈述的字数为核心解释变量来研究网络借贷，发现借款陈述的长度与借款成功率成反比。彭红枫等（2016）实证研究指出在利率竞拍模式下借款陈述的迷雾指数和文本长度都与借款成功率呈现"倒 U 形"关系，而在固定利率模式下，借款利率与借款陈述长度存在显著的"U 形"关系，与迷雾指数只表现出线性正相关关系。陈霄等（2018）则利用句均字数、句均词数、常用字字数和常用词词数研究了借款描述的可读性对借款成功率的影响。文本分析的另一研究角度是文本内容分析，主要是指对直接显示的内容进行量化处理，把内容分解为单元并将其与借款人性格特征结合再进行回归分析。Herzenstein 等（2011）借鉴 Miles 和 Huberman（1994）的六大类人格表述，分别统计出借款文本中"诚信、经济困难、勤奋、成功、道德和宗教"这六方面词语所占的比重，实证发现借款陈述展示的人格数量越多，其借款成功率越大；Larrimore 等（2011）分别统计出借款文本的"具体性、

① 《中国支付清算行业运行报告（2016）》的报告数据显示，2015 年中国出现停止经营、提现困难、失联跑路等问题的 P2P 网贷平台共 894 家，比上年增加了 607 家，增长 211.50%。

数量性、人性细节和推理性"这四方面的词语所占的比重，实证发现使用具体的拓展性和与个人财务状况相关的数量词语可增加借款成功率。王会娟和何琳（2015）借鉴 Herzenstein 等（2011）的分类方法进行文本分析，结果表明借款描述展示的人格数量越多，借款人越容易获得贷款且其违约率越低。

然而，Michels（2012）指出毫无成本、无法核实的自愿性信息披露可能并不可靠。这主要是由于借款人提供的有关借款详情的文本内容的真实性并不需要经过平台验证，即个人可以有策略地利用贷款陈述中的描述性信息建立并维护其所希望的形象（Giacalone & Rosenfeld，2013）。因此，结合文本语言特征和内容特征对借款陈述进行文本分析将会在极大程度上帮助投资者从描述性文本中获取有效信息，从而缓解 P2P 网络借贷中的信息不对称。现有文献中涉及文本语言特征和文本语言内容的研究仅见廖理等（2016）和 Dorfleitner 等（2016）。廖理等研究了借款描述中是否涉及"创业"、"急迫"、"家庭"和"诚信"，Dorfleitner 等统计了借款描述中是否包含"家庭"、"消极"、"积极"、"离别"和"休闲"相关的关键词，涉及的词语不够全面，且以虚拟变量衡量文本内容，将难以深入挖掘文本内容对借贷行为的作用机制。

基于此，本文在研究中将文本内容挖掘和文本语言特征结合起来，并以各类型词语占比作为文本内容的衡量指标，对文本与网络借贷之间的关系进行研究。具体而言，本文不仅将 Loughran 和 McDonald（2011）字典①引入 P2P 领域，并结合中国语言文化特点将借款陈述中的词语划分为"强语气词"、"弱语气词"、"不确定性词语"、"法律性词语"、"积极性词语"和"消极性词语"六大类，而且借鉴 Loughran 和 McDonald（2014）的研究结果，用文本长度这一指标对借款陈述的阅读难度进行分析。六大类词语涵盖的范围更广，其组合和描述不仅包含借款行为、诚实信用等方面，还涉及个人品质、生活经历的各方面，能够更为全面地对借款人的行为、品行进行考核。与现有研究中通过虚拟变量衡量文本内容中是否包含某类特征的构造方式不同，本文以词语数量占比对文本内容特征进行了进一步量化，以期深入探究文本内容对借贷行为的作用机制。在文本分析的基础上，本文同时研究借款陈述对网络借贷中的借款成功率和借款成本的影响，由于借款成功率是投资者行为的结果而借款利率来自于 P2P 平台的审核和制定，故可借此考察借款陈述文本对投资者行为及 P2P 网络借款平台利率定价的影响差异，并通过对借款陈述的非线性分析，将更加全面地观察借款人信息中的借款陈述对 P2P 网络借贷行为的影响。

本文旨在探究以下两大类问题：一类是借款陈述长度是否能够影响借款成功率和借款利率及其影响差异；另一类是借款陈述中不同类型的词语究竟会如何影响投资者的投资决策及 P2P 平台的利率定价。本文以人人贷平台上 2013 年 12 月 31 日至 2015 年 1 月 4 日的交易数据为样本，考察借款人向平台提供的借款陈述对借款成功率和借款利率的影响。结果发现：借款陈述长度与借款成功率存在正相关关系，而与成功借款标的的借款利率存在"倒 U 形"关系，表明投资者和 P2P 平台对借款陈述的考核标准存在差异：投资者更青睐陈述较长的借款人，而平台的利率定价是以借款人的信用等级等"硬信息"为主要参考。

---

① 该字典列表由 Loughran 和 McDonald 始建于 2011 年，并被广泛用于金融领域的文本分析，本文使用的字典列表是 2014 年更新过的最新版本。

借款陈述中不同类型的词语比重会显著影响网络借贷行为，其中强语气词、法律性词语以及积极性词语的比重均与借款成功率呈现出"倒 U 形"关系，消极性词语与借款成功率存在"U 形"关系，而弱语气词及不确定性词语的比重均对借款成功率表现出显著负向影响，表明投资者会慎重考察借款陈述的文本内容；对于借款成功的借款标的而言，法律性词语、积极性词语及消极性词语的比重与借款利率呈现出"U 形"关系，不确定性词语的比重与借款利率呈现出"倒 U 形"关系，弱语气词对借款利率存在正向影响，而强语气词的比重未对借款利率表现出显著影响，表明平台在制定利率时会参考借款人提供的描述性文本。本文的研究贡献主要体现在以下几方面：首先，本文首次将 Loughran 和 McDonald 字典（2011）引入 P2P 网络借贷影响因素的研究中，对借款陈述的长度和语言特征同时进行分析，并在线性分析的基础上加入非线性分析，丰富了研究视角，弥补了文本分析在网络借贷领域的研究空缺；其次，本文分别研究了借款陈述文本长度、各类词语比重对借款成功率、借款利率的影响，并比较其影响区别，由此探究 P2P 网络借贷投资者和平台的行为差异；再次，相对于通过小样本并手工搜集信息的文本研究（如李焰，等，2014；Herzenstein，等，2011），本文借助计算机编程对全样本进行大规模的文本分析，避免了实证结果的偶然性；最后，现有的文献忽略了"同一个借款人提交的多笔借款申请之间的不独立性"可能导致的估计偏误问题，而本文只在用户编号相同的观测中随机抽取一个保留为样本，以保证估计结果的准确性。

2. 理论分析

借款陈述长度能否影响借款成功率和借款利率？P2P 借贷中的借款陈述是借款人对借款原因、财务状况等的自我描述，能反映出借款人的自我评价及其社会地位（Pennebaker 等，2003），也可以反映出借款者的还款能力和其对此次贷款的重视程度。作为文本可读性指标的文本长度可衡量出借款陈述的阅读难度。当借款陈述过长时，文本的阅读难度较大，从而限制甚至阻碍投资者从中获得有关借款人的额外信息，无法为借款人筹集资金提供有利筹码；当借款陈述过短时，尽管文本的阅读难度较低，但过短的借款陈述不能完整、准确地表达借款人的陈述意图，也不利于借款人申请贷款。因此，本文预测借款陈述过长或过短都不利于借款成功率的增加和借款利率的下降，即借款陈述的长度与借款利率和借款成功率存在二次关系。据此提出本文的第一个假设：

假设 1：借款陈述长度与借款成功率存在"倒 U 形"关系，而与借款利率存在"U 形"关系。

结合本文的分类标准和借款人在借款陈述中对借款目的的描写，本文将按照汉语特点调整过的六类词语作为研究对象，即强语气词、弱语气词、不确定性词语、法律性词语、积极性词语和消极性词语。

大多数现代汉语语法学家均认同语气副词表达说话人的主观态度，并指出语气副词在语气系统中已占据相当重要的位置（徐晶凝，2008）。其中，强语气词主要是指"明确"、"必须"、"从来没有"等表意明确的副词，其主要功能是表达情态，包括强调和婉转、深究与比附、意愿与将就等（张谊生，2004）。当强语气词在借款描述中所占比重较小时，借款描述文本中缺乏关于借款人强烈还款决心的表达，厌恶风险的大众投资者往往不愿意为借款人投资；而此类词语比重过高时，描述性文本中涉及过多借款人的主观性表达，投资者可能会质疑借款描述的真实性并减少投资行为，因此，本文认为强语气词的比重与借款成功率存在非线性的"倒 U 形"关系。目前，人人贷 P2P 网络借贷的利率主要由平台确定。对于 P2P 借贷平台而言，当强语气词语比重较高时，借款描述中对客观事情的叙述往往不足，且文本中涉及过多借款人的主观想法（熊学亮，2007），P2P 平台可能对借款人的客观还款能力产生怀疑，并设置较高的借款利率。因此，强语气词的比重与借款利率呈现正相关关系。基于此，本文提出以下假设：

假设 2a：强语气词的比重与借款成功率呈现"倒 U 形"关系，与借款利率表现为正相关关系。

积极性词语和法律性词语包含的范围较广，其中，积极性词语包括诸如"顺利"、"幸福"、"接受"等表达正面情绪的词语，而法律性词语包含诸如"废除"、"转让"、"剥夺"等与法律相关的词语。上述两类词语可以明确地对借款人的借款目的及个人行为等具体事件进行刻画，通常被用于描述借款人的借款原因、经济状况和还款方式等，故通过上述词语可以对借款人的借款目的及诚信情况等特点进行考核。

从投资者的角度分析，积极性词语往往会塑造出借款人自信、乐观、豁达的形象，法律性词语能够为本来不具备法律约束力的借款陈述提供一定程度的"法律保障"光环。当这些词语在借款陈述中所占的比重过少时，投资者从借款陈述中提取不到具有"安全感"的信息，从而降低对借款人还款能力的评估；而当这些正面词语过多时，由于投资者都是理性的，过于完美的措辞会引起投资者对文本真实性产生质疑，反而会起到"过犹不及"的效果。因此，法律性词语和积极性词语均与借款成功率存在非线性的"倒 U 形"关系。而从借款人的角度分析，涉及过多积极性词语的借款描述往往反映出借款人对其还款能力的过度自信，大量法律性词语的使用也表明借款人由于对自身还款能力的不确信而试图利用语言描述为其借款标的增加"法律光环"。因此，对此类借款标的，P2P 平台倾向于要求更高的借款成本。此外，若借款描述中几乎没有此类正面词语，同样反映出借款人对其按时还款能力的信息缺失，P2P 平台也会要求其付出较高的借款成本，即积极性词语比重和法律性词语比重均与借款利率存在"U 形"关系。因此，本文提出以下假设：

假设 2b：法律性词语和积极性词语的比重均与借款成功率呈现"倒 U 形"关系，而与借款利率表现为"U 形"关系。

消极性词语则包含诸如"放弃"、"粗心"、"烦恼"等传达出负面含义的词语，此类词语比重较低时，投资者更易相信借款人未来会按照约定归还借款；此类词语比重较高时，投资者也许会觉得此类借款人具备较高的诚信度，勇于展示不足，反而更倾向于向他们借出资金。因此，本文认为消极性词语的比重与借款成功率存在非线性的"U 形"关系。另一方面，参与 P2P 网络借贷的借款人大多信用记录不佳、现实处境困难，故会在借款描述中使用较多消极性词语。对于 P2P 借贷平台而言，过多消极性词语反映出借款人的消极情绪和悲观态度，其按时还款的可能性也相应地降低，平台倾向于要求较高的借款成本。然而，若借款描述中几乎不涉及消极性词语，则借款人提供的描述性文本的真实性值得商榷，此时 P2P 平台同样会要求较高的借款利率，即消极性词语比重与借款利率表现为"U 形"相关关系。基于此，本文提出以下假设：

假设 2c：消极性词语的比重与借款成功率呈现"U 形"关系，与借款利率同样呈现出"U 形"相关关系。

弱语气词主要包括"可能"、"偶尔"、"不确定"等未表达坚定决心的词语；而不确定性词语包含的词语较多，诸如"预期"、"意外"、"怀疑"等表示不确定事情或存在多种可能情况的动词和名词。由于此类词语的表述往往不包含具体的事件描述，仅仅是表达借款人的语气和态度，故我们认为上述词语更能显露出借款人的真实情感。弱语气词和不确定性词语在文字表述中的使用较为广泛，且其包含的负面含义更为含蓄。国内 P2P 网络借贷平台中的大众投资者往往较为谨慎，当其敏感地注意到此类词语，会由此认为借款人蓄意隐瞒自身的糟糕处境，且对于潜在投资者不够诚实坦白，因而倾向于不为此类借款订单投资。因此，弱语气词的比重和不确定性词语的比重增加时，借款的成功率随之下降。因此，弱语气词和不确定性词语的比重均与借款成功率存在负向线性关系。对于 P2P 借贷平台而言，当弱语气词和不确定性词语的比重较高时，借款描述反映出作者的犹疑情绪和怯懦态度（张谊生，2004），平台会对借款人的还款能力产生质疑，并设定较高的借款利率。因此，弱语气词和不确定性词语的比重均与借款利率同样存在正相关关系。基于此，本文提出以下假设：

假设 2d：弱语气词和不确定性词语的比重均与借款成功率呈现负向线性关系，而与借款利率表现正相关关系。

3. 研究设计

3.1 样本来源及其处理

本文采用 2013 年 12 月 31 日至 2015 年 1 月 4 日期间人人贷网站的全部借贷数据为初始样本，初始样本共有 259622 个观测，且所有观测都是竞标处于完成状态的借贷信息。接着，对初始样本进行以下预处理：（1）删除信息不全（如缺失学历、月收入等）的 42731 个观测。（2）删除带有噪音数据（如借款陈述为"……"或"啊啊啊啊啊"等）的 18324 个观测。（3）由于机构担保标的和实地认证标的成功率近乎 100%，故本文剔除了实地认证标和担保标的样本，只保留信用认证标的样本，此处删除 53293 个观测。（4）同一个借款人可同时在人人贷平台上提交多笔借款申请，本文考察同一借款人申请多笔贷款的借款标的样本后发现，同一个借款人申请的借款标的的对应的借款人信息是完全相同的，仅有极少量借款人的个人信息在不同年份发生了细微变化。考虑到可能造成估计偏差，若将这些并不相互独立的观测同时进行回归，势必导致关于词语比重与借贷行为的影响研究产生偏误。另一方面，同一借款人提交的借款标的极有可能存在多方面关联（例如语言表达的风格、借款利率的偏好、借款经验的积累等），进而导致实证回归产生自相关问题。由此观之，将此类样本不加区别地加入到全样本中是不合理的，考虑到计量经济学中对样本随机性的要求，本文采用实证研究中较为常用的随机抽取方式，即对于这些具有相同借款人特征的借款标的，随机抽取其中一笔借款。虽然随机抽取的一笔借款可能是成功的也可能是失败的，但其包含了借款描述中语言表达和借款人个人特征对网络借贷行为的影响，此处共删除 65980 个观测。

最终，本研究整理得到 79294 个有效交易数据。本文之所以选取人人贷 2013 年 12 月 31 日至 2015 年 1 月 4 日作为样本区间，是由于人人贷网站于 2013 年 10 月进行了改版，并步入快速平稳发展阶段，在此时期的借款标的数目较多，数据的完整性相对较高。

3.2 研究模型和变量定义

为了检验所提出的假设，基于 Klafft（2008），Michels（2012）等的研究，并结合本文的研究目的，本文构造了模型（1）至（4），以分别研究借款陈述长度和词语类型对借款成功率和借款利率的非线性影响。具体模型如下所示：

$$Success = c + \beta_1 Des\_Length + \beta_2 Des\_Length^2 + \beta_3 Controls + \varepsilon \tag{1}$$

$$Interest = c + \beta_1 Des\_Length + \beta_2 Des\_Length^2 + \beta_3 Controls + \varepsilon \tag{2}$$

$$Success = c + \beta_1 Category + \beta_2 Category^2 + \beta_3 Controls + \varepsilon \tag{3}$$

$$Interest = c + \beta_1 Category + \beta_2 Category^2 + \beta_3 Controls + \varepsilon \tag{4}$$

核心解释变量 Des_Length 代表借款陈述的长度，是借款人所提供的借款陈述的汉字和数字的总个数；模型（3）和（4）的核心解释变量 Category 是借款陈述中六类词语所占的比重。在实证部分，本文采用 Tobit 模型和 OLS 模型对假设进行实证回归检验。同时，综合已有文献对 P2P 网络借贷成功率和借款利率影响因素成果（如王会娟和廖理，2014；Herzenstein 等，2011），本文选取借款金额、借款期限、月收入、受教育程度、工作年限、有效认证个数等变量作为上述模型的控制变量。具体的变量定义如表 1 所示。

表 1 变 量 定 义

变量	变量名称	变量定义
Success	借款是否成功	当借款人成功获得贷款时取 1，否则取 0
Interest	借款成本	借款交易约定的借款利率
LN_Des_Length	借款陈述长度	借款陈述中汉字和数字的总个数的自然对数
Strongmodal	强语气词的比重	100×（借款陈述中强语气词（如最高、一定、必须等）的个数/借款陈述长度）
Weakmodal	弱语气词的比重	100×（借款陈述中弱语气词（如可能、也许、有时等）的个数/借款陈述长度）
Uncertain	不确定性词语的比重	100×（借款陈述中表示不确定含义的词语（如推测、假定、近似等）的个数/借款陈述长度）
Litigious	法律性词语的比重	100×（借款陈述中与法律相关的词语（如裁决、审判、剥夺等）的个数/借款陈述长度）

变量	变量名称	变量定义
Positive	积极性词语的比重	100×（借款陈述中表示积极、正面词语（如成功、有益、强壮等）的个数/借款陈述长度）
Negative	消极性词语的比重	100×（借款陈述中表示消极、负面词语（如损失、破产、困难等）的个数/借款陈述长度）
Grade	信用等级	共有 AA、A、B、C、D、E、HR 七类，依次赋值为 0 至 6
Money	借款金额	借款人申请借款的总金额的自然对数，单位元
Term	借款期限	借款人借款的期限，用月衡量
Sex	性别	当借款人为男性时取 1，女性时取 0
Age	年龄	借款人的年龄
Marry	婚否	当借款人已婚、离异和丧偶时取 1，未婚时取 0
Education	受教育程度	借款人学历高中或以下取 0，专科取 1，本科取 2，研究生或以上取 3
Income	收入状况	借款人的月收入，1000 元以下取 0，1000~2000 元取 1，2000~5000 元取 2，5000~10000 元取 3，10000~20000 元取 4，20000~50000 元取 5，50000 元以上取 6
Worktime	工作年限	借款人参与工作的时间，1 年（含）以下取 0，1~3 年（含）取 1，3~5 年（含）取 2，5 年以上取 3
House	是否拥有房产	当借款人拥有房产时取 1，否则取 0
Car	是否拥有车产	当借款人拥有车产时取 1，否则取 0
House_D	是否拥有房贷	当借款人拥有房贷时取 1，否则取 0
Car_D	是否拥有车贷	当借款人拥有车贷时取 1，否则取 0
IDnumber	认证个数	借款人提供的有效认证（如身份认证、信用报告认证、视频认证等）的个数

3.3 描述性统计分析

表 2 汇总了本文所有变量的描述性统计结果。从表 2 可以看出，观测样本中 6.28% 的借款人成功获得贷款，且平均借款利率约为 13.66%，最小借款利率为 7%，最大借款利率为 24%。全部借款的借款金额（对数表示）的均值为 10.45，对应的平均借款金额约是 34458.12 元，借款期限的均值为 18.08 个月，期限的中位数为 12 个月，最长期限达到 36 个月，说明大多数 P2P 网络借贷的借款期限为 2~3 年。

表 2

变量	观测个数	均值	中位数	标准差	最小值	最大值
Success	79294	0.063	0.000	0.243	0.000	1.000
Interest	79294	13.661	13.000	2.832	7.000	24.000
Strongmodal	79294	0.110	0.000	0.599	0.000	16.667
Weakmodal	79294	0.034	0.000	0.336	0.000	16.667
Uncertain	79294	0.160	0.000	0.728	0.000	16.667
Litigious	79294	1.462	0.000	2.230	0.000	28.571
Positive	79294	1.620	0.000	2.476	0.000	25.000
Negative	79294	1.898	0.000	3.045	0.000	100.000
Grade	79294	4.018	6.000	2.427	0.000	6.000
Des_Length	79294	3.559	3.401	0.577	0.693	6.209
Money	79294	10.448	10.669	1.244	8.006	13.122
Term	79294	18.083	12.000	10.782	3.000	36.000
Sex	79294	0.854	1.000	0.354	0.000	1.000
Age	79294	30.920	29.000	6.815	16.000	71.000
Marry	79294	0.567	1.000	0.495	0.000	1.000
Education	79294	0.854	1.000	0.787	0.000	3.000
Income	79294	2.949	3.000	1.162	0.000	6.000
Worktime	79294	1.390	1.000	1.008	0.000	3.000
House	79294	0.427	1.000	0.494	0.000	1.000
Car	79294	0.225	0.000	0.417	0.000	1.000
House_D	79294	0.145	0.000	0.352	0.000	1.000
Car_D	79294	0.054	0.000	0.225	0.000	1.000
IDnumber	79294	0.784	0.000	1.216	0.000	12.000

此外，借款陈述长度对数的均值为 3.559（约 35 个字符），最小值为 0.693（约 2 个字符），最大值达到 6.209（约 497 个字符），本文长度的标准差较大，说明不同借款者提供的借款陈述在长短上存在较大的差异性。对借款陈述中的各类型词语进行统计可知，消极性词语所占比重的均值最大，约为 1.898%，说明借款者会使用一定数量的消极性词语，试图通过提高陈述的真实性来获取贷款人的信任；其次是积极性词语和法律性词语，其比重均值分别为 1.62% 和 1.462%，说明借款者倾向于使用法律相关词语和积极含义的词语来获取投资者的信任，以提高其借款成功率；其他类型词汇个数的均值均小于 0.2%，其中强语气词以及弱语气词个数均值都不足 0.12%，说明借款者在借款陈述有意

识地避免使用含义不确定或者表意含糊的词汇，这是由于不确定的语气或者模糊的态度很可能会导致借款陈述的可靠性下降。借款人的年龄均值约为 31 岁，标准差较小，说明 P2P 网络平台的借款者主要集中在 20~40 岁年龄段；同时，婚姻状况的均值为 0.567，即约有一半的借款者已婚，说明超过一半的借款者处在创业、养家的年龄范围和人生阶段。另外，借款人月收入的均值为 2.949，即均值处于 5000~10000 元区间内，工作年限的均值约为 1.39，即借款人平均工作年限为 3~5 年，受教育程度的均值为 0.854，即平均学历水平未达到专科学历，说明借款人大多数是属于中等收入、工作时间较短且未受过大学教育的人群。借款者的认证个数均值小于 1，具体值为 0.784，中位数为 0，说明大多数借款者提供的有效认证较少，这对于实现更高的借款成功率较为不利。

4. 实证结果及分析

4.1 验证假设 1——借款陈述长度能否影响借款成功率和借款利率

从表 3 中模型（1）的回归结果可知，在控制其他变量的情况下，借款陈述长度的二次项系数在 1% 的置信水平上均显著，且二次项系数为正，而一次项系数不显著，这说明在控制其他因素对借款成功率的影响后，借款陈述长度和借款成功率之间存在显著的正相关关系，且陈述长度对成功率的边际作用递增。该结果表明借款陈述长度的增加能够显著提高借款的成功率，且借款陈述相对较长时，其文本长度的增加将带来借款成功率更大幅度的提升，上述结果与假设 1 不一致。与彭红枫等（2016）关于 Proseper 网站借款陈述文本的研究结论不同，中国 P2P 网络借贷平台 "人人贷" 的借款陈述文本长度与成功率之间不存在 "倒 U 形" 关系，本文结合中国 P2P 网络借贷的实际情况后认为该结果更加符合中国国情，其原因与国内大众投资者普遍具有 "趋利避害" 的风险厌恶心理的现状有关。大众投资者通常是普通工薪阶层，其可供投资的资金往往是来源于多年的工资储蓄且资金量普遍不高，因此大多数投资者均会谨慎地考察借款订单并慎重地决定每一笔投资。而较短的借款陈述包含的信息太少，无法取得投资者的信任；更长的陈述文本则可以反映出借款人申请借款的迫切心理和真诚态度，投资者也可以从中获取更多关于此次借款的信息并据此进行分析，从而在一定程度上降低投资者认知上的投资风险。

表3　　　　　　　　　借款陈述长度对借款成功率和借款利率的影响

	模型（1）被解释变量：Success				
变量	系数（P 值）	变量	系数（P 值）	变量	系数（P 值）
Constant	3.6488 *** (<.0001)	Sex	−0.1365 *** (<.0001)	Car	−0.0669 * (0.0314)
Des_Length	−0.2587 (0.1394)	Age	0.0418 *** (<.0001)	House_D	0.5202 *** (<.0001)

模型（1）被解释变量：Success

变量	系数（P值）	变量	系数（P值）	变量	系数（P值）
Des_Length_ Square	0.1478*** (<.0001)	Marry	0.1327*** (<.0001)	Car_D	−0.0391 (0.4885)
Interest	−0.2346*** (<.0001)	Education	0.2570*** (<.0001)	IDnumber	0.3158*** (<.0001)
Grade	−0.0225*** (<.0001)	Income	0.2847*** (<.0001)	Log likelihood	−17560.26
Money	−0.7181*** (<.0001)	Worktime	0.0257** (0.0321)	Adj R^2	
Term	0.0468*** (<.0001)	House	−0.1770*** (<.0001)	N	79294

模型（2）被解释变量：Interest

变量	系数（P值）	变量	系数（P值）	变量	系数（P值）
Constant	6.3574*** (0.7471)	Sex	0.0759 (0.112)	Car	−0.1045** (0.028)
Des_Length	3.7993*** (<.0001)	Age	−0.0010 (0.712)	House_D	−0.0890* (0.093)
Des_Length_ Square	−0.5295*** (<.0001)	Marry	−0.0415 (0.353)	Car_D	−0.1673* (0.062)
Interest		Education	−0.0484** (0.050)	IDnumber	0.1848*** (<.0001)
Grade	0.0031 (0.683)	Income	−0.0026 (0.889)	Log likelihood	
Money	−0.1733*** (<.0001)	Worktime	−0.0282 (0.130)	Adj R^2	0.3202
Term	0.0676*** (<.0001)	House	−0.0627 (0.214)	N	5060

注：N代表样本量，***、**、*分别代表1%、5%和10%的显著水平。括号内为P值大小。

此外，模型（1）中控制变量的回归结果表明，除了是否拥有车贷以外，其他控制变量均可对借款成功率产生显著影响，其中借款利率、借款金额与借款成功率成反比，这主要是因为借款利率越高或借款金额越大，借款人潜在的违约可能性越大，因而不容易借款成功；而年龄越大、受教育程度越高、工作收入越高、有效认证的个数越多且已婚的借款人更容易获得投资者的青睐，其借款成功率也就更高。

由变量的描述性结果可知，本研究的样本中借款标的的成功率约为6.3%，即大多数借款标的未获得融资。由于借款人提供借款描述的根本目的在于降低其借款成本并提高借款成功率，借款标的最终未获得资金支持则表明其提供的借款描述不具有借鉴和分析的价值，故对失败借款标的描述性文本的研究可能使回归结果产生偏差。因此，本研究在探究借款描述中各类词语比重与借款利率之间关系时，将研究样本限定为成功融资的借款标的，共计5060条。

从表3中模型（2）的回归结果可知，在控制其他变量的情况下，借款陈述长度的一次项系数和二次项系数在1%的置信水平上均显著，且一次项系数为正，二次项系数为负，这说明在控制其他因素对借款利率的影响后，借款陈述长度和借款利率之间存在显著的"倒U形"关系，即当借款陈述长度在一定的范围内时，借款成本较高；而借款陈述长度较短或较长时，借款成本相对更低，该结论与本文假设1相反。本文对上述实证结果进行考察，认为其原因主要与人人贷平台的利率形成机制有关。借款人发起借款申请后，平台对其个人信息和信用认证等各方面进行考核并确定其适用的借款利率。较长的借款陈述文本可以反映出借款人的急切心态和真诚态度，也便于平台对其信息进行审核和评估，进而易于获得关于更低成本借款的审批。而相对于文本较短的借款申请，人人贷平台对借款陈述文本长度适中的借款申请制定了更高的借款成本这一"不合常理"的实证结果，本文从借款人的其他方面信息探究其原因。对于陈述文本较短的约1/3样本，本文考察其信用等级后发现，该群体相较于文本长度适中的借款样本而言，具有更高的信用等级、更少的借款金额以及更短的借款期限等优势，故面对借款陈述较短的借款申请，平台往往会考察其信用等级、借款金额、借款期限等"硬信息"。而较短的借款陈述申请往往具有较好的"硬信息"条件，进而也能获得更低的借款成本。

综上所述，借款陈述长度与借款成功率存在正相关关系，而与借款利率存在"倒U形"关系。据此可知假设1不成立。

4.2 验证假设2——借款陈述中不同类型的词语如何影响借款成功率和借款利率

表4、表5、表6和表7展示了不同类型词语比重与借款成功率及借款利率之间关系的回归结果。

表4　　借款陈述中不同类型词语对借款成功率的影响

变量	系数（P值）	系数（P值）	系数（P值）	系数（P值）	系数（P值）	系数（P值）
	模型（3）被解释变量：Success					
Strongmodal	0.1532*（0.0797）					
Strongmodal_Square	-0.0821 *＊（0.0012）					

	模型 （3） 被解释变量：Success					
变量	系数（P 值）	系数（P 值）	系数（P 值）	系数（P 值）	系数（P 值）	系数（P 值）
Weakmodal		−0.1370（0.3156）				
Weakmodal_Square		−0.0084（0.8134）				
Uncertain			−0.1099（0.0668）			
Uncertain_Square			−0.0102（0.4826）			
Litigious				0.4140 ***（<.0001）		
Litigious_Square				−0.0494 ***（<.0001）		
Positive					0.4324 ***（<.0001）	
Positive_Square					−0.0559 ***（<.0001）	
Negative						−0.1382 ***（<.0001）
Negative_Square						0.0206 ***（<.0001）
Interest	−0.3300 ***（<.0001）	−0.3301 ***（<.0001）	−0.3295 ***（<.0001）	−0.3023 ***（<.0001）	−0.3099 ***（<.0001）	−0.3220 ***（<.0001）
Grade	−0.0301 ***（<.0001）	−0.0302 ***（<.0001）	−0.0299 ***（<.0001）	−0.0295 ***（<.0001）	−0.0296 ***（<.0001）	−0.0299 ***（<.0001）
Money	−0.7066 ***（<.0001）	−0.7044 ***（<.0001）	−0.7030 ***（<.0001）	−0.6951 ***（<.0001）	−0.6959 ***（<.0001）	−0.7053 ***（<.0001）
Term	0.0550 ***（<.0001）	0.0550 ***（<.0001）	0.0547 ***（<.0001）	0.0515 ***（<.0001）	0.0514 ***（<.0001）	0.0545 ***（<.0001）
Sex	−0.2496 ***（<.0001）	−0.2475 ***（<.0001）	−0.2433 ***（<.0001）	−0.2190 ***（<.0001）	−0.2182 ***（<.0001）	−0.2323 ***（<.0001）
Age	0.0586 ***（<.0001）	0.0587 ***（<.0001）	0.0586 ***（<.0001）	0.0534 ***（<.0001）	0.0550 ***（<.0001）	0.0574 ***（<.0001）

模型（3）被解释变量：Success

变量	系数 （P 值）	系数 （P 值）	系数 （P 值）	系数 （P 值）	系数 （P 值）	系数 （P 值）
Marry	0.0522 * (0.0923)	0.0510 (0.1000)	0.0522 * (0.0919)	0.0781 *** (0.0098)	0.0745 ** (0.0138)	0.0606 ** (0.0490)
Education	0.2662 *** (<.0001)	0.2670 *** (<.0001)	0.2695 *** (<.0001)	0.2672 *** (<.0001)	0.2599 *** (<.0001)	0.2649 *** (<.0001)
Income	0.4634 *** (<.0001)	0.4636 *** (<.0001)	0.4625 *** (<.0001)	0.4211 *** (<.0001)	0.4242 *** (<.0001)	0.4525 *** (<.0001)
Worktime	0.0239 * (0.0706)	0.0237 * (0.0731)	0.0241 * (0.0684)	0.0367 *** (0.0043)	0.0361 *** (0.0049)	0.0198 (0.1318)
House	−0.2626 *** (<.0001)	−0.2630 *** (<.0001)	−0.2631 *** (<.0001)	−0.2405 *** (<.0001)	−0.2407 *** (<.0001)	−0.2556 *** (<.0001)
Car	−0.1082 *** (0.0015)	−0.1086 *** (0.0014)	−0.1068 *** (0.0017)	−0.0855 * (0.0100)	−0.0926 *** (0.0054)	−0.1060 *** (0.0017)
House_D	0.6803 *** (<.0001)	0.6812 *** (<.0001)	0.6809 *** (<.0001)	0.6281 *** (<.0001)	0.6476 *** (<.0001)	0.6687 *** (<.0001)
Car_D	−0.2267 (0.0003)	−0.2258 *** (0.0003)	−0.2259 *** (0.0003)	−0.1886 *** (0.0018)	−0.1704 *** (0.0047)	−0.2047 (0.0009)
IDnumber	0.3378 *** (<.0001)	0.3380 *** (<.0001)	0.3384 *** (<.0001)	0.3351 *** (<.0001)	0.3295 *** (<.0001)	0.3351 *** (<.0001)
Constant	4.6188 *** (<.0001)	4.5896 *** (<.0001)	4.5858 *** (<.0001)	4.1608 *** (<.0001)	4.2392 *** (<.0001)	4.5313 *** (<.0001)
Log likelihood	−19178.38	−19190.35	−19171.29	−18705.71	−18697.48	−19105.56
N	79294	79294	79294	79294	79294	79294

注：N 代表样本量，*** 、** 、* 分别代表 1%、5% 和 10% 的显著水平。括号内为 P 值大小。

表 5　　　　弱语气词、不确定性词语比重对借款成功率的影响

模型（3）被解释变量：Success

变量	系数（P 值）	系数（P 值）	变量	系数（P 值）	系数（P 值）
Weakmodal	−0.1675 *** (0.0013)		Education	0.2670 *** (<.0001)	0.2695 *** (<.0001)
Uncertain		−0.1496 *** (<.0001)	Income	0.4636 *** (<.0001)	0.4625 *** (<.0001)

模型（3）被解释变量：Success

变量	系数（P值）	系数（P值）	变量	系数（P值）	系数（P值）
Interest	−0.3301 *** (<.0001)	−0.3294 *** (<.0001)	Worktime	0.0237 * (0.0732)	0.0241 * (0.0685)
Grade	−0.0302 *** (<.0001)	−0.0299 *** (<.0001)	House	−0.2631 *** (<.0001)	−0.2629 *** (<.0001)
Money	−0.7044 *** (<.0001)	−0.7028 *** (<.0001)	Car	−0.1086 *** (0.0014)	−0.1068 *** (0.0017)
Term	0.0550 *** (<.0001)	0.0547 *** (<.0001)	House_D	0.6812 *** (<.0001)	0.6806 *** (<.0001)
Sex	−0.2475 *** (<.0001)	−0.2432 *** (<.0001)	Car_D	−0.2257 *** (0.0003)	−0.2257 *** (0.0003)
Age	0.0587 *** (<.0001)	0.0586 *** (<.0001)	IDnumber	0.3380 *** (<.0001)	0.3385 *** (<.0001)
Marry	0.0510 * (0.0999)	0.0523 * (0.0913)	Constant	4.5895 *** (<.0001)	4.5838 *** (<.0001)
Log likelihood	−19190.38	−19171.57	N	79294	79294

注：N 代表样本量，*** 、** 、* 分别代表 1%、5% 和 10% 的显著水平。括号内为 P 值大小。

根据表 4 可知，强语气词比重的一次项系数显著为正，二次项系数显著为负，即强语气词的比重与借款成功率之间的关系为"倒 U 形"。以此类推可得，法律性词语的比重和积极性词语的比重都与借款成功率成"倒 U 形"关系，而消极性词语的比重与借款成功率是"U 形"关系，这与假设 2a、2b 及 2c 是一致的。但是不确定性词语的比重以及弱语气词的比重的二次项系数并不显著，表明不确定性词语及弱语气词的比重与成功率之间不存在非线性关系。令模型（3）中的 $b_2 = 0$，回归结果如表 5 所示。在控制其他变量的情况下，不确定性词语的比重以及弱语气词的比重均与借款成功率表现为显著的负相关关系，假设 2d 成立。

借款陈述中的强语气词、法律性词语和积极性词语会展示出借款人自信、可靠、阳光等正面信息，所以当借款陈述中的此类词语过少时，投资者很可能建立借款人不具备还款能力的印象，自然不愿意对其进行投资，或者即使投资了也会要求有较高的回报率。此外，当借款陈述中的此类词语过多时，虽然中国语言文化中有"三人成虎"的典故，但是投资者都是理性的，过于利好的消息往往蕴含着相当大的潜在风险，况且借款陈述的内容本身具有较大的主观性，不排除借款人为了能获得资金而夸大其优势、掩盖其不足的可能性，即文本的"包装"嫌疑过大，故投资者往往也不会向此类借款人借出资金。因此，仅当借款陈述中强语气词语、法律性词语和积极性词语的比重适当时，借款人的借款成功率可获得显著提高。

　　借款陈述中的消极性词语可直接透露出借款人对其处境的不满意，从而传达给投资者的是信用风险较大的信号，故投资者对此类借款人的投资意愿较小，自然要求有较高的风险溢价才能提供资金，因而借款人提供含有少量或不含此类词语借款陈述会降低其获得贷款的难度和借款成本。此外，当借款人勇敢地将此类负面词语较多地展示在借款陈述中时，投资人可能会认为借款人能够实事求是地展示其财务处境、社会地位、借款用途等信息，反而会让投资者觉得其具备较高的诚信度，更倾向于对其借出资金。因此，消极性词语的比重偏大或偏小都将有利于借款人申请贷款。实证结果显示弱语气词和不确定性词语与成功率之间呈现出显著的负相关关系，即借款描述中负面意义的语气词和副词越少，则借款人更易获得投资者的青睐，该结果与假设 2d 中关于负面语气词语与成功率之间负向线性关系的判断一致。

　　接下来，本文探究各类词语的比重与借款利率之间的关系。根据表 6 可知，法律性词语比重、积极性词语比重和消极性词语比重的二次项系数均显著为正，一次项系数显著为负，表明此三类词语的比重与利率之间均存在非线性的"U 形"关系，上述结果与假设 2c 和假设 2d 一致。而不确定性词语比重与利率呈现"倒 U"形关系，与假设 2d 不一致。同时，强语气词比重和弱语气词比重的一次项和二次项系数均不显著。令模型（4）中的 $b_2 = 0$ 并进行线性回归，根据回归结果可知，强语气词比重和弱语气词比重均与借款利率呈现出正向相关关系，故假设 2a 成立，假设 2d 部分成立。

表 6　　　　　　　　　借款陈述中不同类型词语对借款利率的影响

变量	模型（4）被解释变量：Interest					
	系数 （P 值）	系数 （P 值）	系数 （P 值）	系数 （P 值）	系数 （P 值）	系数 （P 值）
Strongmodal	0.0829 （0.579）					
Strongmodal_Square	−0.0134 （0.768）					
Weakmodal		0.2796 （0.274）				
Weakmodal_Square		−0.0403 （0.570）				
Uncertain			0.2519*** （0.005）			
Uncertain_Square			−0.0399* （0.066）			
Litigious				−0.1407*** （<.0001）		

模型（4）被解释变量：Interest					
变量	系数 （P值）	系数 （P值）	系数 （P值）	系数 （P值）	系数 （P值）	系数 （P值）
Litigious_Square				0.0134 *** （<.0001）		
Positive					−0.1291 *** （<.0001）	
Positive_Square					0.0145 *** （<.0001）	
Negative						−0.1250 *** （<.0001）
Negative_Square						0.0105 *** （<.0001）
Grade	0.0049 （0.539）	0.0050 （0.533）	0.0045 （0.567）	0.0047 （0.556）	0.0063 （0.429）	0.0059 （0.452）
Money	−0.4373 *** （<.0001）	−0.4382 *** （<.0001）	−0.4348 *** （<.0001）	−0.3836 *** （<.0001）	−0.4007 *** （<.0001）	−0.4219 *** （<.0001）
Term	0.0714 *** （<.0001）	0.0715 *** （<.0001）	0.0718 *** （<.0001）	0.0717 *** （<.0001）	0.0722 *** （<.0001）	0.0698 *** （<.0001）
Sex	0.1313 *** （0.009）	0.1297 *** （0.010）	0.1288 ** （0.010）	0.1219 ** （0.015）	0.1170 ** （0.019）	0.1217 ** （0.015）
Age	−0.0086 *** （0.004）	−0.0087 *** （0.003）	−0.0087 *** （0.003）	−0.0073 ** （0.013）	−0.0079 *** （0.007）	−0.0089 *** （0.002）
Marry	0.0271 （0.564）	0.0267 （0.569）	0.0247 （0.599）	0.0196 （0.674）	0.0276 （0.554）	0.0224 （0.631）
Education	0.0196 （0.449）	0.0175 （0.498）	0.0133 （0.606）	0.0089 （0.730）	0.0128 （0.618）	0.0151 （0.557）
Income	−0.0972 *** （<.0001）	−0.0972 *** （<.0001）	−0.0964 *** （<.0001）	−0.0897 *** （<.0001）	−0.0931 *** （<.0001）	−0.0865 *** （<.0001）
Worktime	−0.1170 *** （<.0001）	−0.1161 *** （<.0001）	−0.1155 *** （<.0001）	−0.1246 *** （<.0001）	−0.1294 *** （<.0001）	−0.0900 *** （<.0001）
House	0.1037 ** （0.048）	0.1059 ** （0.044）	0.1053 ** （0.045）	0.0840 （0.108）	0.0933 * （0.075）	0.0869 * （0.097）
Car	−0.0697 （0.163）	−0.0708 （0.156）	−0.0690 （0.167）	−0.0869 * （0.080）	−0.0752 （0.131）	−0.0773 （0.120）

模型（4）被解释变量：Interest

变量	系数（P 值）	系数（P 值）	系数（P 值）	系数（P 值）	系数（P 值）	系数（P 值）
House_D	−0.1739*** (0.002)	−0.1750*** (0.002)	−0.1753*** (0.002)	−0.1516*** (0.006)	−0.1705*** (0.002)	−0.1593*** (0.004)
Car_D	0.0613 (0.513)	0.0631 (0.501)	0.0631 (0.501)	0.0537 (0.564)	0.0511 (0.584)	0.0230 (0.806)
IDnumber	0.2428*** (<.0001)	0.2435*** (<.0001)	0.2422*** (<.0001)	0.2365*** (<.0001)	0.2390*** (<.0001)	0.2366*** (<.0001)
Constant	15.6426*** (<.0001)	15.6506*** (<.0001)	15.6095*** (<.0001)	15.2632*** (<.0001)	15.4120*** (<.0001)	15.6063*** (<.0001)
Adj R^2	0.2437	0.2440	0.2451	0.2526	0.2501	0.2520
N	5060	5060	5060	5060	5060	5060

注：N 代表样本量，***、**、* 分别代表 1%、5% 和 10% 的显著水平。括号内为 P 值大小。

表7　　　　强语气词和弱语气词比重对借款利率的影响

模型（4）被解释变量：Interest

变量	系数（P 值）	系数（P 值）	变量	系数（P 值）	系数（P 值）
Strongmodal	0.0410* (0.083)		Income	−0.0971*** (<.0001)	−0.0969*** (<.0001)
Weakmodal		0.1425* (0.086)	Worktime	−0.1170*** (<.0001)	−0.1162*** (<.0001)
Grade	0.0048 (0.543)	0.0050 (0.531)	House	0.1042** (0.047)	0.1058** (0.044)
Money	−0.4375*** (<.0001)	−0.4384*** (<.0001)	Car	−0.0696 (0.163)	−0.0709 (0.155)
Term	0.0714*** (<.0001)	0.0716*** (<.0001)	House_D	−0.1747*** (0.002)	−0.1757*** (0.002)
Sex	0.1314*** (0.009)	0.1297*** (0.010)	Car_D	0.0618 (0.510)	0.0620 (0.508)
Age	−0.0086*** (0.003)	−0.0087*** (0.003)	IDnumber	0.2429*** (<.0001)	0.2437*** (<.0001)
Marry	0.0271 (0.564)	0.0269 (0.566)	Constant	15.6448*** (<.0001)	15.6520*** (<.0001)

模型（4）被解释变量：Interest

变量	系数（P 值）	系数（P 值）	变量	系数（P 值）	系数（P 值）
Education	0.0198 (0.443)	0.0177 (0.493)			
Adj R^2	0.244	0.244	N	5060	5060

注：N 代表样本量，***、**、*分别代表 1%、5% 和 10% 的显著水平。括号内为 P 值大小。

根据表 6 的回归结果可知，在控制其他变量的情况下，法律性词语、积极性词语和消极性词语比重均与借款利率存在"U形"关系，即法律性词语、积极性词语和消极性词语比重适中时，借款人更易获取较低的借款成本，而当上述词语的比重较低或较高时，P2P 平台会要求借款人负担较高的借款成本，此结果与假设 2b 和 2c 一致。

法律性词语、积极性词语以及消极性词语往往被用于对借款目的、还款方式、个人经历等行为和事件的具体描述，当上述词语占比适中时，借款描述可表明借款人具备客观还款能力，P2P 平台更倾向于为其设定较低的借款成本。过高的积极性词语和法律性词语比重会反映出文本提供者的过度自信，P2P 平台在审核资料并制定利率时往往要求其承担较高的融资成本。同时，当消极性词语占比过大时，借款描述文本透露出借款人对偿还资金的悲观预期和客观还款能力的缺乏，P2P 平台同样会要求此类借款人负担较高的借款利率。此外，若此三类词语在借款描述中的占比过少，则借款描述往往缺乏关于事件和行为的具体描述，这将不利于 P2P 平台判断借款人的真实财务现状和客观还款能力，同样会导致 P2P 平台提高借款人的借款成本。因此，此三类词语占比与借款利率呈现出"U形"关系。

强语气词往往表达出借款人强烈的情绪和坚定的意愿，弱语气词则表达出借款人犹豫、迟疑、不坚决等态度，此两类词语的比重均与借款利率呈现出显著正向相关关系，假设 2a 成立且假设 2d 部分成立。P2P 平台作为专业的信息聚集与传递中介，对描述性文本的甄别能力会强于大众投资者。因此，当借款人使用大量强语气词表达其对资金的急切需求和强烈的主观意志，或运用较多弱语气词描述其犹疑不决的情感和怯懦怀疑的态度时，借款描述往往包含过多的个人主观情绪表达而缺乏关于客观事实的描述，P2P 平台会要求此类借款人承担更高的借款成本，即强语气词比重和弱语气词比重均与借款利率存在正相关关系。

对于不确定性词语而言，当此类词语较少时，反映出借款人按时还款的决心和能力，平台为其制定的借款利率更低；而当此类词语较多时，借款人同样得到平台核准的较低借款利率。本文考察不确定性词语比重较大的四分之一样本，发现其信用等级的均值约为 3.905，优于全样本的信用等级均值 4.018。因此，即使具有良好信用等级的借款人在文本中使用过多的模糊表述，平台仍然会为其提供一个较低的借款成本，该结果反映出平台制定借款利率时会对借款人的硬信息水平和借款陈述内容进行综合考核。

5. 稳健性检验

为了保证研究结论的可靠性，本文运用两种方法进行稳健性检验。

第一种，变量替代法。人人贷平台通过对借款人提交的信用认证材料来评价借款人的信用等级，信用认证指标主要有身份认证、信用报告认证、工作认证、收入认证、房产认证、车产认证、婚姻认证、学历认证、居住地认证、视频认证、手机认证和微博认证。由于现有的控制变量中已对借款人的收入、工作、房产、车产、婚姻、学历情况进行了度量，因此在变量替代法中，本文选择与现有控制变量相互独立的信用认证指标，即身份认证、信用报告认证、居住地认证、视频认证、手机认证和微博认证来替代"有效认证个数"这一变量，对模型（1）至（4）重新进行回归。替代变量后的回归结果未发生变化，表明本文的研究结果是稳健的。第二种，变更回归方法。本文在实证检验中采用 Tobit 模型来解决因样本来源的客观有限性而导致的样本选择偏误问题，而 Probit 模型采用正态分布的累积概率作为模型的预测概率，同样具有应用优势。故本文在稳健性检验中使用 Probit 模型对实证部分的模型（1）和模型（3）进行检验。改变回归方法之后的回归结果未发生变化，表明本文的研究结果是稳健的。

6. 研究结论

本文以人人贷 P2P 网络借贷平台上 2013 年 12 月 31 日至 2015 年 1 月 4 日的交易数据为样本，不仅同时从长度和语言特征两个方面对借款陈述进行文本分析，而且还对借款陈述中的非线性关系进行研究，从而分别基于投资者行为和 P2P 借贷平台的研究视角探索了借款陈述对互联网借贷交易的借款成功率和借款利率的影响，以期能够缓解 P2P 网络借贷中的信息不对称问题，为投资者及借款人的交易行为提供实证依据并为 P2P 平台的运行机制提供改进建议进而减少参与者的投资风险，提高优质借款人的借款成功率并促进 P2P 网络借贷平台的持续健康发展。本文的主要结论可归结为如下几点：

第一，从文本阅读难易度来看，借款陈述长度与借款成功率存在正相关关系，而与借款利率表现出显著的"倒 U 形"关系。P2P 网络借贷的参与者大多为普通工薪阶级，出于风险规避的原则通常会慎重地审核借款人信息。而文本较长、描述更为详细的借款陈述可以提供更多信息，降低信息不对称程度，故更能获得投资者的青睐。而平台在制定利率时，更多的是参考借款人的信用等级、财务状况等"硬信息"，并在一定程度上将借款陈述作为辅助参考。因此，资质良好的借款人在提供借款陈述时，不应寥寥数字一笔带过，而是应尽可能清晰地阐明自己的借款目的和还款决心，以取得投资者的信赖。对于借款利率而言，借款人在提高其自身的信用水平并提供资产证明的同时，需要提高借款描述中叙述的真实性和准确性，才能够从平台获取更为低廉的借款成本。

第二，从文本语言特征的角度来看，借款陈述中不同类型的词语比重会显著影响网络借贷行为。强语气词、法律性词语以及积极性词语的比重均与借款成功率呈现出"倒 U 形"关系，消极性词语与借款成功率存在"U 形"关系，而弱语气词及不确定性词语的比重均对借款成功率表现出显著负向影响，表明贷款人会依据借款陈述的文本内容来调整其投资决策。对于借款成功的借款标的而言，法律性词语、积极性词语及消极性词语的比重与借款利率呈现出"U形"关系，强语气词及弱语气词的比重均与借款利率表现出正相关关系，而不确定性词语的比重与借款利率呈现出"倒U形"关系，表明平台审核利率时将借款描述作为考察指标之一。在此基础上，本文分别为借款人、投资者和P2P平台提出相应的建议。

其一，对于借款人而言，在提供借款信息时要注意兼顾信息的质量和数量，以增加其以较低成本获得贷款的可能性。借款人提交的个人信息是平台对该借款人进行信用评估的最主要依据，标的信息越多，平台越能全面地了解借款人进而为其提供较低的借款成本。而面对大众投资者时，由于P2P借贷交易中的投资者一般不具备专业的理财和投资能力，故清晰地表达出借款目的及还款能力将有利于投资者获取有效信息并产生信任感，只有当投资者对高质量信息的提取度充足时，他们才会选择进行投标。

其二，对于投资者而言，应提高谨慎识别描述性信息的意识，尽量选择含有少量负向信息和适量正向信息的借款标的进行投资，以降低其投资风险。由于描述性信息是借款人对其借款原因、财务状况等的自我陈述，并不需要经过P2P平台认证，因此带有较大的主观性，其中存在不良信息被隐瞒而有利信息被放大的可能。因此，投资者在进行投资决策时应提高谨慎识别"软信息"的意识，要将借款者的"软信息"与经平台认证过的"硬信息"结合起来，通过判断两者是否一致来做出投资决策。

其三，对于P2P平台而言，应将"软信息"纳入评估信用等级的指标体系中。缓解信息不对称是互联网金融得以持续发展的核心，而除了与借款人有关的财务信息、人口特征信息、社会资本信息等"硬信息"能够显著影响P2P借贷行为之外，照片、借款陈述等"软信息"在互联网借贷交易中的作用也是不容忽视的。正如本文所证，借款陈述的文本理解难易度和语言特征均会影响投资者对借款人信用风险的评估，进而影响投资者的投资行为，因此仅仅依靠"硬信息"来评估借款人的信用状况是不全面的，还应当考虑"软信息"因素，从而为投资者提供一种更加全面的信用风险判断标准，以改善投资者在P2P网络借贷交易中的不利地位。

◎ **参考文献**

[1] 陈霄. 民间借贷成本研究——基于P2P网络借贷的实证分析 [J]. 金融经济学研究，2014（1）.

[2] 陈霄，叶德珠，邓洁. 借款描述的可读性能够提高网络借款成功率吗 [J]. 中国工业经济，2018（3）.

[3] 代军勋，戴锋. 银行资本和流动性双重约束下的货币政策传导——基于风险承担渠道的中国实证 [J]. 经济评论，2018（3）.

[4] 冯素玲，张宇. 中国P2P网络借贷研究：分析框架、研究进展与未来展望 [J]. 济南大学学报（社会科学版），2017（5）.

[5] 李焰，高弋君，李珍妮等. 借款人描述性信息对投资人决策的影响——基于P2P网

络借贷平台的分析 [J]. 经济研究, 2014 (1).

[6] 李悦雷, 郭阳, 张维. 中国 P2P 小额贷款市场借贷成功率影响因素分析 [J]. 金融研究, 2013 (7).

[7] 廖理, 吉霖, 张伟强. 借贷市场能准确识别学历的价值吗? ——来自 P2P 平台的经验证据 [J]. 金融研究, 2015 (3).

[8] 廖理, 吉霖, 张伟强. 语言可信吗? 借贷市场上语言的作用——来自 P2P 平台的证据 [J]. 清华大学学报: 自然科学版, 2016 (4).

[9] 廖理, 李梦然, 王正位. 中国互联网金融的地域歧视研究 [J]. 数量经济技术经济研究, 2014 (5).

[10] 刘珊, 朱森林. 借贷便利货币政策工具能有效引导市场利率走势吗 [J]. 广东财经大学学报, 2017 (6).

[11] 彭红枫, 刘歆茹. P2P 网络借贷研究述评 [J]. 武汉大学学报 (哲学社会科学版), 2016 (4).

[12] 彭红枫, 杨柳明, 谭小玉. 地域差异如何影响 P2P 平台借贷的行为——基于 "人人贷" 的经验证据 [J]. 当代经济科学, 2016 (5).

[13] 彭红枫, 杨柳明. 抱团是否可以取暖? ——群组制度对 P2P 借贷行为的影响研究 [J]. 外国经济与管理, 2017 (5).

[14] 彭红枫, 赵海燕, 周洋. 借款陈述会影响借款成本和借款成功率吗? ——基于网络借贷陈述的文本分析 [J]. 金融研究, 2016 (4).

[15] 王会娟, 何琳. 借款描述对 P2P 网络借贷行为影响的实证研究 [J]. 金融经济学研究, 2005 (1).

[16] 王会娟, 廖理. 中国 P2P 网络借贷平台信用认证机制研究——来自 "人人贷" 的经验证据 [J]. 中国工业经济, 2014 (4).

[17] 徐晶凝. 现代汉语话语情态研究 [M]. 北京: 昆仑出版社, 2008.

[18] 张谊生. 现代汉语副词探索 [M]. 上海: 学林出版社, 2004.

[19] 熊学亮. 语言使用中的推理 [M]. 上海: 上海外语教育出版社, 2007.

[20] Hamermesh, D. S., Biddle, J. E. Beauty and the labor market [J]. *The American Economic Review*, 1993, 84 (5).

[21] Berger, S. C., Gleisner, F. Emergence of financial intermediaries in electronic markets: The case of online P2P lending [J]. *BuR-Business Research*, 2009, 2 (1).

[22] Dorfleitner, G., Priberny, C., Schuster, S., et al. Description-text related soft information in peer-to-peer lending-Evidence from two leading European platforms [J]. *Journal of Banking & Finance*, 2016, 64.

[23] Duarte, J., Siegel, S., Young, L. Trust and Credit: the Role of Appearance in Peer-to-Peer Lending [J]. *Review of Financial Studies*, 2012, 25 (8).

[24] Freedman, S., Jin, G. Z. Do social networks solve information problems for peer-to-peer lending? Evidence from Prosper.com [R]. Working Papers, College Park, MD: NET Institute, 2008, 52.

[25] Ghose, A., Ipeirotis, P. G., Li B. Designing ranking systems for hotels on travel search engines by mining user-generated and crowd sourced content [J]. *Marketing Science*, 2012, 31 (3).

[26] Greiner, M. E., Wang, H. The role of social capital in people-to-people lending marketplaces [R]. ICIS 2009 Proceedings, 29.

[27] Giacalone, R. A., Rosenfeld, P. *Impression Management in the Organization* [M]. London: Psychology Press.

[28] Guiso, L., Sapienza, P., Zingales, L. The role of social capital in financial development [J]. *American Economic Review*, 2004, 94.

[29] Hancock, J. T., Curry, L. E., Goorha, S., Woodworth, M. On lying and being lied to: A linguistic analysis of deception in computer-mediated communication [J]. *Discourse Processes*, 2007, 45 (1).

[30] Herzenstein, M., Dholakia, U. M., Andrews, R. L. Strategic herding behavior in peer-to-peer loan auctions [J]. *Journal of Interactive Marketing*, 2011, 25 (1).

[31] Herzenstein, M., Sonenshein, S., Dholakia, U. M. Tell me a good story and I may lend you money: The role of narratives in peer-to-peer lending decisions [J]. *Journal of Marketing Research*, 2011, 48 (SPL).

[32] Huberman, A. M., Miles, M. B. Data management and analysis methods [R]. Working Paper, 1994, 46.

[33] Klafft, M. Peer to Peer Lending: Auctioning mirco credits over the internet [R]. Proceedings of the 2008 International Conference on Information Systems, Technology and Management (ICISTM 08), 2008, March, Dubai, United Arab Emirates.

[34] Larrimore, L., Jiang, L., Larrimore, J., David, M. Scott, G. Peer to Peer Lending: the Relationship between Language Features, Trustworthiness and Persuasion Success [J]. *Journal of Applied Communication Research*, 2011, 39 (1).

[35] Loughran, T., McDonald, B. When is a liability not a liability? Textual analysis, dictionaries, and 10-Ks [J]. *The Journal of Finance*, 2011, 66 (1).

[36] Loughran, T., McDonald, B. Measuring Readability in Financial Disclosures [J]. *The Journal of Finance*, 2014, 69 (4).

[37] Michels, J., Do unverifiable disclosures matter? Evidence from Peer-to-Peer lending [J]. *The Accounting Review*, 2012, 87 (4).

[38] Pennebaker, J. W., Mehl M. R., Niederhoffer, K. Psychological Aspects of Natural Language Use: Our Words, Our Selves [J]. *Annual Review of Psychology*, 2003, 54 (1).

[39] Pope D. G., Sydnor, J. R. What's in a picture? Evidence of discrimination from Prosper. com [J]. *Journal of Human Resources*, 2011, 46 (1).

[40] Ravina, E. Love & Loans: the Effect of Beauty and Personal Characteristics in Credit Markets [R]. Columbia University Working Paper, 2008, No. 73.

The Charm of Language in the Network Lending

—The Evidence of Text Analysis on Renrendai. com

Deng Guichuan[1]   Peng Hongfeng[2]   Lin Chuan[3]

(1, 2, 3 Economics and Management School of Wuhan University, Wuhan, 430072)

Abstract: Whether the length and linguistic features of loan description have effects on P2P lending behaviors is tested from the perspective of textual analysis, using the transaction data on Renrendai. com from December 2013 to January 2015. The results show that the length of loan description has a positive correlation with the loan success rate, while there is an inverted U-shaped relationship between the length and the lending rate of successful loan subject. Different types of words in the loan description can affect online borrowings. The proportions of strong modal words, litigious words and positive words all show an inverted U-shaped relation with loan success rate and the proportions of negative words show a U-shaped relation with the success rate, while the proportions of weak modal words and uncertain words both are negatively related with the success rate, which suggests that investors will carefully examine the loan statement text. On the other hand, for successful loan subject, the proportion of litigious words, positive words and negative words all show a U-shaped relation with the loan interest and the proportion of strong modal words and weak modal words both are positively related with the loan interest, while the proportion of uncertainty words shows an inverted U-shaped relation with the loan interest, which suggests that loan statement is the indicator of platform audit. Based on the conclusions above, this paper puts forward corresponding suggestions for investors' behavior and the development of P2P lending platform.

Key words: Loan description; Online P2P lending; Text analysis

专业主编：潘红波

家务劳动时间配置研究：回顾与展望*

● 张晓丹[1]　符国群[2]　李世豪[3]

（1，2，3 北京大学光华管理学院　北京　100871）

【摘　要】时间在家庭内部的配置状况直接影响着个人福利水平、关系满意度和家庭消费结构，也会影响很多家庭产品的购买与消费。然而，关于家务劳动时间配置，营销学术界还没有给予足够的关注。将社会学领域的家务劳动时间配置与家庭消费行为相结合具有重大的理论意义和实践价值。本文系统回顾了家务劳动时间配置相关研究，阐释了家务劳动的界定和测量，从家庭内部和外部视角对家务劳动时间配置的影响因素进行了述评，较系统地介绍了家务时间配置对家庭购买行为的影响，在此基础上从家庭消费与家庭购买行为视角对未来的家务时间配置研究做了讨论。

【关键词】家务劳动　时间配置　家庭消费决策　家庭福利

中图分类号：F270　　　文献标识码：A

1. 引言

时间在家庭内部的配置状况直接影响着个人福利水平、关系满意度以及家庭的消费结构，是实现家庭效用最大化目标和影响家庭福利的重要因素（Jacoby et al.，1976；Coltrane，2000）。从社会和行为视角来看，将时间配置嵌入一个更广的情境中，不仅能反映经济环境的影响，也能反映文化的、社会的、个体感知的以及家庭层面的变化和影响（Fiese，2018）。从经济学视角看，个人以家庭效用最大化为目标来配置时间（Becker，1965），各种内生、外生因素都会引起家庭成员时间配置的变化，时间配置因家庭不同而有很大差异（Fang & Zhu，2017）。家务劳动作为一种特殊的家庭无偿生产活动，其价值不容小觑。据估计，在很多 OECD 国家，家务劳动所创造的价值已经占到 GDP 的 30%～50%。从时间趋势的变化来看，家务时间配置在家庭结构、成员之间地位、决策权、幸福感等方面的表征也有新的变化。家务劳动时间配置的意义和影响由此凸显。

---

* 基金项目：国家自然科学基金重点项目“家庭购买决策过程与机制研究：基于“匹配”和“社会比较的视角”（项目批准号：71632001）。

通讯作者：符国群，E-mail：fugq@ gsm. pku. edu. cn。

西方学术界在家务研究领域做了大量研究，不但建立起较抽象的理论模型（Cardia & Gomme，2018），还与社会体制、文化背景、性别认同等相结合（Coltrane，2000；Heisig，2011；Simister，2013），从多种视角开展广泛、深入研究，取得了较丰硕的成果。相比之下，中国的家务分工研究尚处在起步阶段，研究人员主要着眼于从社会学、经济学视角进行探讨（Lu et al.，2000；Zuo & Bian，2001；杨菊华，2006），从消费决策角度对家务劳动时间配置的研究还没引起足够重视。

本文试图通过对家务劳动时间配置相关研究的系统梳理，呈现家务劳动时间配置研究的现状，揭示时间配置对家庭消费与家庭购买决策的重要影响，以及在此基础上形成的学术成果对指导企业营销实践所产生的独特作用，以期引起业界和学术界对这一主题的更多关注。

2. 家务劳动界定

国外学术界对于家务劳动的研究是从 20 世纪 80 年代才逐渐盛行，关于何谓家务劳动并无统一界定。主流观点认为，家务劳动通常是指为服务家庭成员或维持家庭这一联合体而进行的那些没有报酬的工作（Shelton & John，1996），它既包括诸如打扫卫生、洗衣做饭等一般性劳动，也包括抚养孩子、照看家人等不同类型的情感劳动。然而大部分研究还是排除了那些难以看到或重叠的工作（Ferree，1990；Thompson & Walker，1989）。

研究人员聚焦于家务劳动任务本身，将这些几乎每天都要重复的家务活动称为"日常家务"（routine housework）或者直接称之为"家务"，例如做饭、洗刷等（Coltrane，1996；DeMaris & Longmore，1996）；那些实施频率较低，在时间上更有灵活性也更有趣的家务劳动则被称为"偶然家务"（occasional housework）或"其他家务"（other housework）。后者如整理花园、修剪草坪、维修小家电和家庭设施、维护私家车、接送家人等（Coltrane，1998；Larson et al.，1994）。

一些学者使用关于内容、时间或任务特点的术语来区分不同类型的家务劳动，例如 Baxter（1997）将做饭、清洁和庭院作业、汽车维修分别刻画为"家内"和"家外"任务。也有学者认为，日常家务如做饭、清洁、购物等为"女性主导的"家务活动；相反那些非日常或非每周发生的、实施频率较低的诸如维护房屋、修建草坪、维护私家车等活动被贴上男性标签，被称为"男性主导的"家务（Blair & Lichter，1991；Starrels，1994）；那些既不偏男性也不偏女性的工作归为第三种类型，即"中性的"家务（如支付账单、开车等）。

除夫妻家务之外，也有研究关注孩子的家务劳动，这些研究认为，青少年的家务劳动也可按性别区分。还有一些研究分析了同居者、同性恋、单亲家庭、单身、退休者家庭的家务劳动类型、原因和结果，另一些研究则探讨了不同族群的家庭在家务劳动上的相似性和差异性。所有这些研究为我们更好地理解不同社会制度和人际环境下的家务劳动配置及影响提供了帮助。

总体而言，现有研究缺乏对照顾孩子以及情感家务的关注（Cardia & Gomme，2017）。有学者认为，"照料"是一种情感劳动（emotional labor），尤其是照料老人和小孩时，个体在消耗体力的同时也卷入大量的情感，即在提供体力帮助的同时还提供"爱"（Glenn，2000；Hochschild，2003），"照料"的目的是满足被照料者的需要（Cancian & Oliker，2000；Ozyegin & Hondageu-Sotelo，2002），这不仅包括"生理上的"需要，如洗澡和喂饭，还包括"情感上的"需要，如倾听和安慰。

国内学者关于家务劳动的界定也是从对象、目的、内容等方面着眼，认为家务劳动是指家庭成员在家庭内部为满足其成员的精神生活和物质生活需要进行的无酬劳动（刘爱玉等，2015）。由于国内学术界对家务劳动研究起步相对较晚，实证层面的研究尤为缺乏，因此有必要借鉴国外的研究理念、方法和已有研究成果，在此基础上结合中国的情况进行系统、深入的调查和探讨。

3. 家务劳动时间测量

3.1 主要测量方法

最早的研究倾向于估计男女做家务的绝对时间，即将所有家务劳动合并为一个总的时间测量，没有区分日常家务活动和偶然性家务活动（Shelton & John，1993；Sanchez & Thomson，1997）。这一方法所获得的数据只能解释家务劳动作为一个因变量的一小部分差异，并不能具体分析家务劳动如何以及为什么可能产生后续的行为或感知。之后，大量关于家务劳动的研究意识到并且开始测量任务类型之间的差异，构建比例测量来比较丈夫和妻子在家务劳动上的贡献。关于家务劳动时间的测量，通常是将家务劳动具体化为若干固定项目，采用时间日记和问卷方式来收集家庭成员用在各项目上的时间信息。除此之外，也有研究用到深度访谈、直接观察等数据搜集方式。本文主要介绍常用的时间日记法和调查问卷法。

3.1.1 时间日记

这一测量方法要求个人记录花费在不同家务活动上的时间，通常是一天或 24 小时所做的家务活动及在各项活动上所花的时间（Marini & Shelton，1993；Robinson & Godbey，1997）。时间日记方法中，重要的时间变量包含记录周期的长度、被试是当天睡觉前记录各项活动还是第二天通过回忆记录前一天的活动。这一方法的优势在于可以准确记录个人或家人在具体活动上所花费的时间，但是容易忽略同时进行的活动。如果选择记录的这一天不具有代表性，也会产生偏差（Robinson & Godbey，1997）。而且第二天通过回忆前一天的活动所收集的家务时间数据与当天收集的也可能不同，另外，日记文本布局的差异会轻微改变个体对一天活动的时间估计（Geurts & DeRee，1993）。

3.1.2 调查问卷

这一测量方法是通过电话、邮件或问卷的形式要求个人填写在每一家务项目上花费的时间。被试会被问到通常每周花在具体家务劳动上的时间，或昨天花在某些家务项目上的时间。问卷题项包括问被试在比较典型的一周中花在家务劳动上的时间（Brines，1994），或者问谁做了任务清单中的劳动（Baxter，1997），有些问卷会涉及家务劳动的频率（Robinson & Spitze，1992），每项家务劳动配偶做的百分比（Wright et al.，1992）；另外也会问到家务清单的各项目是否全由女性承担或由夫妻共同承担（Waite & Gold scheider，1992），通常任务越细化时间估计越准确（Shelton & John，1996）。

总之，不管使用时间日记还是问卷调查，按比例估计配偶家务劳动时间大致上是相同的（Sullivan，1997），但是有时候数据结果很难解释，因为采用比例估计法不能涵盖所有的家务劳动项目，也不能反映是否妻子做得少丈夫做得就多（Marini & Shelton，1993）。以前的研究通常只是收集妻子对于不同家庭成员在各种家务活动上的时间估计，之后的研究开始同时从丈夫和妻子双方搜集数据，以减少报告误差（Coltrane，1996），也有研究从孩子处收集家务劳动与家务时间方面的信息（Goodnow et al.，1991；Manke et al.，1994）。在同一研究中包含这两部分时间信息，有助于解释其相互关系（Almeida et al.，1993；Ishii-Kuntz & Coltrane，1992）。

3.2 相关数据库及对家务时间的测量

发达国家研究家庭时间配置多是基于一些大型调查数据库。自 20 世纪 80 年代起，美国大部分相关研究是基于横截面调查数据，如 1987 年美国家庭户调查（NSFH）就为很多研究提供了数据支持（Mclanahan & Monson，1990；Kamo，2000）。NSFH 的样本量约13000 人，调查内容包含人口学特征、个人和家庭经济社会特征、家庭结构和状况等，信息比较丰富，在内容上可以很好地支持家庭时间配置的研究。后续 NSFH 在 1992 年和2001 年分别做了第二期和第三期的追踪调查，用面板数据代替了横截面数据，进一步解决了内生性问题（Wakabayashi & Donato，2005）。另外，美国健康和养老追踪调查（Health and Retirement Survey，HRS）、美国时间安排调查（American Time Use Survey，ATUS）数据也为相关研究提供了很好的支持。跨国研究比较常用的数据来自国际社会调查（International Social Survey Program，ISSP）。

中国学者对家庭时间配置问题的关注肇始于"中国健康与营养调查"（China Health and Nutrition Survey，CHNS），CHNS 从 1989 年开始第一期调查，现在已经发布了 9 期数据，CHNS 追踪时间长，数据的使用价值较大，但调查的省份相对较少，只有 9 个省区。根据 CHNS 调查，已婚女性的家务劳动时间主要有 4 个方面：为家庭购买食品、为家人做饭、洗熨衣服以及打扫房间，以"上周平均每天花多少时间（分钟）"作为测量，家务劳动总时间则是这 4 个方面家务劳动时间之和。

在家务分工领域使用较多的数据库是"中国妇女社会地位调查数据库"。该调查由全国妇联和国家统计局发起，自 1990 年开始，每 10 年进行一次，调查对象为全国除港澳台以外的居住在家庭户内的 18 岁及以上、64 岁及以下的中国公民，设计样本中两性各占一半，为非匹配的个人数据。其中涉及家务劳动时间的问项是让被试回忆昨天（前一个工作日）用于家务劳动（含做饭、清洁、照顾家人、日常采购等）的时间（小时/分钟）。同时包含对近一年承担家务劳动情况的估计，以及夫妻比较而言谁承担的家务劳动更多等问题。

中国老年人口健康长寿跟踪调查数据（Chinese Longitudinal Healthy Longevity Survey，CLHLS）由北京大学健康老龄与发展研究中心发起，1998 年开始启动，目前已经发布了 6 期数据。该数据库调查内容涉及个人健康状况、家庭结构、社会经济背景等，共涵盖了

23 个省、自治区，覆盖的地理范围较广。其中关于老年人照看的问项为"近一个星期以来，您的子女/孙子女及其他亲属为您提供日常照料帮助的总小时数有多少小时?"除此之外，该中心还推出另外一项中国健康与养老追踪调查（China Health and Retirement Longitudinal Study，CHARLS），从 2011 年开始到目前，CHARLS 已经发布了 3 期全国追踪调查数据。其中包含关于照看孙子女的问项"过去一年，您或您配偶是否花时间照看了您的孙子女"。

北京大学中国社会科学调查中心执行的中国家庭追踪调查（China Family Panel Studies，CFPS）主要跟踪收集个体、家庭、社区三个层次的数据，2008、2009 两年在北京、上海、广东三地分别开展了初访与追访的测试调查，并于 2010 年正式开展访问。CFPS 关于家务劳动时间的调查主要包含 3 个问题，即"上个月您平均每天/工作日/休息日花在家务劳动上的时间大约几小时"，包括准备食物、打扫卫生、清洗衣服等，不包括照顾家人的时间。

综上，虽然目前涉及家务劳动与家务时间的数据库较多，但是也存在操作化口径不一、变量不全等问题，导致家务劳动参与程度的统计数据并不能完全满足产业与学术界的要求。因此，有必要对之前主流数据库在问项覆盖范围、数据准确性、夫妻报告误差等方面进行评估，以更好评价基于这些数据库所做的研究是否客观、准确地反映了家务时间配置的真实状况。

4. 夫妻承担的家务劳动时间及变化

目前已有不少国内外机构和学者关注消费者的家务时间变化问题。例如，美国的几个大样本国际调查表明，五种花费时间最多的家务是：做饭及做饭的准备工作、打扫房间、购买杂物和生活用品、洗碗和收拾餐后杂物、洗衣服（包括洗、熨烫及修补衣物）（Blair & Lichter，1991）。这些家务劳动不仅仅是最消耗时间的，也是很少有选择余地的，并且也不像整理花园或修房子等可以往后拖延。从全球范围来看，几乎所有研究均显示，家务劳动有明显的性别分工，女性做家务的时间是男性的 2~3 倍，即便接受家政服务或将家务委托给其他家庭成员，女性仍然负责监督工作（Cooke，2004；Fuwa，2004；Kan et al.，2011；Kan & Hertog，2017）。

Cardia 和 Gomme（2017）根据"美国时间使用调查"（Time Use Surveys）数据，描述了 1965 年到 2006 年美国家庭家务劳动时间变化趋势。对于 24~29 岁的女性，其家务劳动时间从 1965 年的 283.6 分钟下降到了 2006 年的 136.7 分钟。已婚女性平均每天的家务时间从 1965 年的 276.8 分钟下降到 2006 年的 163.1 分钟。OECD 国家曾调查男女每天家务劳动的时间以及女性"现实和理想的劳动雇用模式"，发现在每个国家女性做家务劳动的时间均高于男性。女性愿意工作的比率均高于其实际参加工作的比率，而不愿意全职在家的比率也远远高于实际参加工作的比率。

杨菊华（2014）利用 1990 年、2000 年和 2010 年三次妇女地位调查数据，发现尽管平等的性别角色观念促使男性更多地参与家务劳动，但在主客观条件均相同的情况下，女性承担的家务劳动时间仍远远超过男性，且更为平等的性别观念也未明显降低女性做家务的时间。2000 年第二期中国妇女社会地位抽样调查数据显示，在 85% 以上的家庭中，做饭、洗衣、打扫卫生等日常家务劳动主要由妻子承担，男性家务劳动时间为 0 的比例从 1990 年不到 20% 上升至 2010 年的 30% 以上。袁晓燕和石磊（2017）分析了 2011 年中国健康与营养调查中成年人及家庭样本中的数据，也发现了男性比女性家务时间少的趋势。张锦华和胡军辉（2012）利用 2009 年中国健康与营养调查数据，发现城镇家庭的女性劳动者和男性劳动者投入的家务时间都要多于农村家庭的劳动者，分别要多出 11.57 分钟/天和 22.14 分钟/天，因而在家庭总家务时间投入上，城镇家庭要比农村家庭多 33.71 分钟/天，且女性投入家务劳动时间都多于男性，从而使女性和男性在各自家庭中所占的家务劳动时间比例分别为 66.1%、33.9% 和 70.7%、29.3%。於嘉（2014）利用 2010 年中国家庭追踪调查数据，发现农村男性和女性的家务劳动时间均高于城镇，农村女性和男性平均每周家务劳动时间分别为 16.8 与 10.6 小时，城镇女性和男性平均每周家务劳动时间分别为 13.9 和 8.6 小时。根据中国台湾、香港与日本的调查数据，女性平均每日的家务劳动时间分别为 2.3、2.4 与 3.8 小时，而男性平均每日的家务劳动时间仅为 0.7、1.4 与 0.5 小时。

从已有研究可以看出，随着社会的发展，夫妻双方的家务劳动时间均有不同程度的减少，但是男女在无偿家务劳动的时间配置上仍然存在着明显的性别差异，女性仍是家务劳动的主要承担者。另外，由于国情、调查时间、家务劳动项目界定、样本选择以及调查方法的差异，所得的家务劳动时间估计也难以进行简单的比较。

5. 影响家务劳动时间配置的因素

在研究家务时间配置问题时，学者们更多地聚焦于影响家庭内部成员以及夫妻水平上如何配置家庭劳动时间的那些因素，或称家庭内部因素。近些年也出现了大量的跨国比较研究试图识别和评价某些宏观因素对家务时间配置的影响。

5.1 家庭内部因素

通常认为，无偿的家务劳动对维持一个家庭是必要的，具有较低机会成本的家庭成员将贡献更多的时间做家务。以往研究要么使用家庭效用函数，要么使用议价模型来刻画这一效应，如通过教育程度、双方各自的工资率、相对收入等来表示夫妻双方的议价能力（Kim & Zepeda，2004；齐良书，2005）。这些研究认为，女性议价能力高并不显著降低其在承担家庭无偿劳动上的时间，而男性高的议价能力则是其减少家庭无偿劳动的有效手段。

家庭决策理论认为，个体特征是决定家务时间配置的关键因素，尤其是性别意识、教育禀赋、年龄、收入等（Heisig，2011，Aassve et al.，2014）。在性别特征方面，几乎所有研究都显示家务劳动有明显的性别差异（Carlson & Lynch，2013）。通常，男性或丈夫的家务劳动承担率仅为 1/3 左右，而这种承担有可能被看作对妻子的疼爱而非责任（Kamo，1988），也有可能仅仅由其偏好决定（Stratton，2012），而妻子则更倾向于避免家庭矛盾而承担更多的家务（Auspurg et al.，2017）。教育禀赋对夫妻双方家务时间的影响程度因性别而不同。通常，女性受教育程度越高，其做家务的时间会越少，而男性却并未随着教育程度的提高显著减少做家务的时间，反而有可能随着教育程度提高而增加家务时间（畅红琴，2009）。高学历女性与低学历女性相比，两者的闲暇时间较为接近，但前者的家务时间更少，而且高学历女性在家务分工中的地位也与男性更为平等（Mcguire et al.，2012）。在收入方面，早期研究发现，双职工家庭中丈夫的收入份额越高或妻子对丈夫经济收入依赖性越强，丈夫花在家务上的时间就越少，妻子花的时间则越多（Hersch & Stratton，1994；Baxter et al.，2008）。女性的绝对收入比相对收入更能影响其做家务时间的长短（Gupta & Ash，2008），都是全职工作的夫妻对待家务更平等（Daly，2011）。随着税后工资率的增长，夫妻双方都会减少做家务的时间，而且妻子会明显增加工作时间。当配偶税后工资上涨时，丈夫和妻子都会增加自己的家务劳动时间。关于配偶的工资效应，丈夫和妻子在工作时间和配偶税后工资率的关系上表现出了相反的趋势（Alenezi & Walden，2004）。同时，随着非劳动收入的增加，家庭的家务时间配置将减少（胡军辉，2011）。

除上述因素外，家庭规模和结构同样也会影响家务时间配置（Cowles & Dietz，1956），如家庭中人口数量、孩子的数量、孩子的年龄以及配偶的特点等均会影响家务时间配置。Sandberg 和 Hofferth（2001）使用美国 1981 年到 1997 年的数据探讨了家庭结构的变化，如单亲家庭的比率、女性参与工作情况、家庭规模如何影响孩子和父母在一起的时间，结果发现，不管母亲工作与否，美国孩子和母亲在一起的时间比和在父亲一起的时间更多。只有在母亲工作而父亲不工作的家庭，孩子和父亲在一起的时间才会较多。Blundell 等（2015）特别探讨了照看孩子的时间（孩子出现以及年龄）对夫妻消费和时间配置决策的影响。

5.2 家庭外部因素

除了个体特征、家庭因素之外，研究表明地理位置、商品价格等外生因素也会引起家庭成员时间配置的变化（Blundell et al.，2005；Gerner & Zick，1983）。Álvarez 和 Miles（2003）的研究发现，劳动者的家务时间配置存在地理差异，如居住在西班牙南方地区的男性所承担的家务劳动比北方地区的男性更少一些，生活在美国南方的居民比生活在北方的居民做家务的时间要少一些。也有学者把工作时间和在家劳动的时间都看作夫妻的经济决策，如 Alenezi 和 Walden（2004）利用 1979 年到 1991 年的动态面板数据，估计了市场商品（如熟食、交通工具）以及家庭投入品（如做饭需要的食物原材料、清洁产品等）的价格变化对夫妻时间配置的影响。结果发现，随着投入品价格的上涨，夫妻双方的工作时间都会增加、休闲时间都会减少，但双方做家务的时间都没有被投入品价格的变化所影响；随着市场商品价格的上涨，丈夫的工作时间会增加、休闲时间会减少；而妻子的家务时间会减少，休闲时间会增加，其中丈夫的家务劳动时间和妻子的工作时间没有被影响。其原因在于家庭投入品价格上涨时，家务时间对丈夫和妻子来说都是低档品；而市场商品价格上涨时，丈夫把家务时间和市场商品看作互补品，妻子把家务时间看作低档品。

近期的研究也表明，社会情境等因素如女性就业、国家关于职工年假等公共政策也会直接影响夫妻家务时间配置（Hook，2006）。除此之外，家政服务和家用电器对女性劳动供给影响很大（Cortes & Tessada，2011），家政服务的可得性提高会减少女性的家务时间。但是这些研究并没有考虑男性作为家庭服务潜在供给者或聘用外部家政服务所产生的影响。Heisig（2011）采用 ISSP 中除中国之外的 33 个国家的数据，分析了家庭收入和家务劳动时间的关系，解释了由于国家经济发展程度及家庭科技的采用导致的家务时间配置在不同国家的差异。

早期关于时间配置的研究大多聚焦于个体决策层面，实际上关于时间的配置决策，并不是各家庭成员在孤立的条件下独立做出，而是相互影响的（Bhat & Pendyala，2005），比如每一个家庭都涉及家庭成员责任共担以及有限的家庭资源共享（Yao et al.，2017）。通过以上文献的回顾，可以发现，家务劳动时间配置是家庭内部因素和外部因素综合作用的结果，尤其是当社会环境发生变化的时候，家务劳动时间配置也会发生相应的变动。

6. 家务劳动时间配置对家庭消费决策和家庭福利的影响

6.1　家务劳动时间配置与家庭消费决策

随着家务劳动的机会成本不断增加，消费者感知的时间压力越来越大（Linder，1970；Schary，1971），消费者更愿意花钱购买省时产品来节省时间（Binswanger，2002），如购买半熟食品、标准化的家用智能电器产品、家政服务等（Cash et al.，2005）。Nickols 和 Fox（1983）采用美国 11 个州的家庭调查数据以及时间日记方法搜集数据，区分了时间购买策略（如照料孩子服务、叫外卖等）和省时策略（减少做饭时间、休闲时间等），结果发现双职工家庭更可能购买家政服务和使用便利产品（如雇佣他人照料孩子、清洁和维修住宅、电器维修等），并刻画了处于不同家庭生命周期的双职工与单职工家庭在购买外部家政服务上的差异。但该研究关于女性工作对省时产品购买的影响并不明确，没有发现妻子工作对省时产品购买产生影响。之后学术界对此有不同的讨论，有研究认为妻子工作对省时产品购买有间接效应——妻子在外就业增加了家庭收入，扩充了家庭经济资源，从而使其更有可能购买诸如微波炉等耐用消费品。另外，随着时间的推移，当省时产品价格下降时，女性工作与否对购置家庭省时产品的直接效应有可能出现（Oropesa，1993）。

Stratton（2012）的研究发现，夫妻双方雇用保姆的意愿和每个人在周末花在家务劳动上的小时数正相关，和夫妻双方的时间成本正相关。相较于妻子不工作的家庭，妻子工作的家庭更愿意购买微波炉、洗衣机等省时设备或产品，不仅是因为双职工家庭的时间机会成本更高，更重要的是，这些家庭可用于家务劳动的时间更少（Oropesa，1993）。Stancanelli 和 Stratton（2014）利用英国和法国的数据，探讨了时间成本对家政服务和家用电器采用的影响，结果发现女性的时间成本与配偶做家务时间正相关，与自己做家务的时间负相关；任何一个人的时间机会成本越高，采用家政服务和家用电器的可能性就越大。

目前，关于家务劳动时间配置与家庭消费决策的研究主要集中在省时产品或服务采用的层面，然而现有研究对于影响省时产品或服务采用的因素以及内在机制尚不清晰。

6.2　家务劳动时间配置与家庭福利

绝大部分人，不管是男性还是女性，都报告说家庭比工作更重要（Giovanis，2017）。然而，在有限的时间约束下，如何处理好有报酬的工作以及无报酬的家务劳动之间的关系，仍然是所有家庭中的个体需要认真考量的问题。家务劳动时间会显著影响个人的福利水平，也会影响夫妻对家庭生活以及婚姻关系的满意度（Jacoby et al，1976；Coltrane，2000）。个人花在工作和家庭中的时间越多，感知到的时间冲突就会越大（Keith & Schafer，1984）。如果家务琐事和照顾孩子占用大量的时间，这意味着女性就没有充足的时间参加其有偿工作和其他活动（Bryson et al.，1978）。近期发表在美国科学院院报上的一项研究，采用美国、加拿大、丹麦、荷兰的调查数据，发现花钱购买省时服务可以提高家庭幸福感（Whillans et al.，2017）。同样，Giovanis（2017）针对英国的调查也表明，家务劳动时间的增加，对男性和女性来说，都意味着幸福感的降低。

家务劳动的绝对时间会对个体幸福感产生影响，夫妻双方相对的家务劳动时间亦会显著影响双方的婚姻满意度和幸福感。公平理论（equity theory）认为，当个体发现在关系中处于不平等的地位时，他们会变得焦虑（Walster et al.，1978），家务劳动分配上也是如此。当夫妻双方在家务承担上相对平等时，他们会有更高的幸福感，而当一方承担了过多的家务时，婚姻的满意度就会下降（Pina & Bengston，1993）。Bird（1999）也发现，如果丈夫和妻子在家务劳动时间分配上存在不平等，会增加妻子的心理忧虑；男性增加家务劳动时间，会降低女性的心理焦虑，同时又不影响男性的个体福利。

有意思的是，不仅实际承担的绝对家务劳动时间配置能影响个体的幸福感以及婚姻满意度，夫妻双方在家务分配上的感知同样发挥着作用。Pina 和 Bengston（1993）认为，感知到的从丈夫那里获得支持和帮助的程度，比实际的家务分工更能影响妻子的幸福感。丈夫和妻子双方在家务劳动分配上的感知公平性同样对婚姻满意度产生显著影响（Thompson，1991；Pina & Bengston，1993）。尽管目前来说，大部分家庭内部，家务劳动的承担份额是不平等的，妻子要比丈夫做得更多，然而这并不意味着妻子会感知到不公平性（Giovanis，2017）。缘于此，Giovanis（2017）的研究发现，家务劳动分配对幸福感的影响在男女性别上呈现出不同的特征。在购物、做饭、清洗工作都主要由妻子负责或者是双方共同分担购物、照料小孩和清洗工作的情况下，男性报告了更高的幸福感，而女性只有在双方分担家务劳动的时候才会更幸福。Ruppanner 等（2017）采用夫妻报告的形式，探讨了瑞典家庭中夫妻家务分担和感知公平之间的关系，结果发现家庭中孩子的出生、就业的分配、教育、收入、平等主义等因素会调节两者之间的关系。

7. 未来研究展望

从现有文献看，西方学术界对家务时间的研究，侧重探索的是影响家务时间配置的各种因素。从研究方法上看，现有研究多是采用既有时间调查数据库中的数据，时间上存在一定的滞后性。另外，现有研究绝大多数是基于个体而不是基于家庭层面的调查数据，对家务时间配置如何影响家庭消费决策的研究相对较少。鉴于此，我们需要总结、借鉴西方学界既有研究成果，系统收集我国不同地区、不同类型家庭的时间配置与使用情况数据，尤其是关于家务时间方面的数据，以把握我国家庭在家务时间配置上的变化趋势，洞察影响家务时间配置的主要因素，深入探讨家务时间配置对家庭和个体消费决策、家庭购买行为、家庭福利产生哪些影响以及如何影响。我们认为，如下方面尤其值得从事家庭消费和家庭购买行为的学者去关注和探讨。

（1）时间测量的全面性及准确性。如前所述，目前国内关于夫妻家务劳动时间的测量存在操作化口径不一、解释变量不全等问题，导致家庭成员家务劳动参与程度及影响并不完全与理论预期相符（周旅军，2013），根据受测样本以及时间测量方法的不同，不同研究得到的家务劳动时间估计存在较大偏差（Hersch & Stratton，1994）。因此，有必要对之前主流方法在数据准确性、测项的全面性、夫妻报告误差等方面进行评估。由于难以通过录像、直接观察等手段客观、完整地获得被试家庭家务时间配置数据，要对目前所采用的各种时间测量工具与方法，进行公众、客观的评价确实存在较大难度。然而，本领域的研究，又有赖于较准确的时间测量，如何在现有基础上完善时间测量工具和方法，或发展新的工具与方法，十分迫切和重要。

（2）夫妻对家务分工的公平感知及其形成机制。大多研究表明，女性仍然承担相对更多的家务劳动，而男性倾向于从事家务劳动中那些更加灵活、不那么死板的项目，即在家务劳动分工上存在明显的性别隔离（gender segregation）（Kan et al.，2011）。男女两性的家务分工长期存在一种所谓"公平悖论"，即在很多国家性别平等被作为一种权利或规范而受到追捧，但在家务问题上男女的不均衡分工则被看作"理所当然"，被视为是公平的。在中国情境下对上述现象提供解释，同样具有重要意义。文化差异对家务分配的影响也值得关注（Vijver，2007；Wang et al.，2010；Davis &Greenstein，2004）。

（3）突发事件的影响。探讨现实情境中的突发事件如何影响家庭业已建立的时间配置模式，如家庭成员照料需求突然增加、外部原因导致家庭成员的就业或失业、家庭成员较长时间离开家庭等，是否和如何影响家务时间在不同家庭成员之间的重新配置。在面临突发事件时，在不同家庭的时间和经济资源约束下，家庭成员尤其是夫妻采取哪些时间应对策略，更加值得关注。或许，家庭生命周期理论或家庭生命历程理论，可以帮助我们识别在家庭发展的不同阶段，会发生哪些重大的"家庭事件"。在此基础上，我们可以去调查这些事件是如何影响家庭时间配置，以及这种配置将如何影响家庭消费与购买行为。

（4）基于心理学视角探讨家务劳动对家庭消费与购买行为的影响。研究者发现较长时间的家务劳动不仅会产生和提升劳动者的自我效能感（Bandura，1994），而且还能提高相应的个性品质如利他、自我控制以及情绪的稳定性等（Heckman & Kautz，2013）。其中，自我效能是一种调节机制，可以提升任务表现（Bandura，1982；Park & John，2014）；自我控制包含设立目标、根据目标对行为监控以及纠正目标行为等要素，会使得认知与决策行为发生变化（Muraven et al.，2006；Redden et al.，2012）。这些因素对于消费心理与决策的影响在以往文献中已有研究，未来可以探讨这些品质是否会延伸到家庭购买中，如是否会提升家庭的理性购买行为、抑制冲动购买、影响对健康食品的选择、购后反馈等。

（5）基于经济学视角探讨时间配置对家庭消费与购买行为的影响。一是时间配置与省时产品的采用。随着女性就业的日益普遍，以往研究已经提出了家庭所采用的省时策略以及时间购买策略。然而，时间配置因家庭结构不同而有很大差异。特别地，家政服务和无偿劳动的市场替代品相关研究表明，女性的收入比男性的收入对家务时间配置影响更大，女性可能更愿意用部分收入来购买家务的替代品。从事这类研究，需要获得夫妻在时间使用、收入、男女分工信念、省时产品采用意愿等方面的配对数据，现有数据库均不能提供，因此在数据上面临较大挑战。二是考虑时间约束的休闲消费模式。由于时间使用是一个零和博弈，休闲时间的增加必然以减少其他方面的时间使用为补偿。对于男性，休闲时间的增加往往是伴随着工作任务的减少；而对于女性，休闲时间的增加部分由家务时间的减少来满足（Gwozdz et al.，2010）。休闲时间的机会成本如何影响休闲消费的方向（如成本、项目）值得探讨。三是考虑时间约束的家庭食品消费模式。食品选择（food preparation choice）包括在家准备饭食、便利食品以及在外用餐等，会因社会经济特征、收入以及教育程度而有差异（Yen，1993），但也会受到家庭时间的影响（Becker，1965）。家庭劳动时间的配置如何影响家庭食品消费模式的选择也是未来值得关注的研究方向之一。

◎ 参考文献

[1] 畅红琴. 中国农村性别收入差距变化趋势：1993、1997 和 2006 [J]. 人口与发展，2009，15（5）.

[2] 胡军辉. 非劳动收入对家庭时间配置的影响——一个基于工作异质性的比较研究 [J]. 中国工业经济，2011（7）.

[3] 刘爱玉，佟新，付伟. 双薪家庭的家务性别分工：经济依赖、性别观念或情感表达 [J]. 社会，2015，35（2）.

[4] 齐良书. 议价能力变化对家务劳动时间配置的影响——来自中国双收入家庭的经验证据 [J]. 经济研究，2005（9）.

[5] 杨菊华. 传续与策略：1990—2010 年中国家务分工的性别差异 [J]. 学术研究，2014（2）.

[6] 杨菊华. 从家务分工看私人空间的性别界限 [J]. 妇女研究论丛，2006（5）.

[7] 袁晓燕，石磊. 受教育程度对女性劳动时间配置的影响研究 [J]. 上海经济研究，2017（6）.

[8] 张锦华，胡军辉. 城乡差别对中国居民家庭时间配置的影响——以家务劳动时间为例 [J]. 中国人口科学，2012（6）.

[9] 周旅军. 中国城镇在业夫妻家务劳动参与的影响因素分析——来自第三期中国妇女社会地位调查的发现 [J]. 妇女研究论丛，2013（5）.

[10] Aassve, A., Fuochi, G., Mencarini, L. Desperate housework: Relative resources, time availability, economic dependency, and gender ideology across Europe [J]. *Journalof Family Issues*，2014，35（8）.

[11] Alenezi, M., Walden, M. L. A new look at husbands' and wives' time allocation [J].

Journal of Consumer Affairs, 2004, 38 (1).

[12] Almeida, D. M. , Maggs, J. L. , Galambos, N. L. Wives' employment hours and spousal participation in family work [J]. *Journal of Family Psychology*, 1993, 7 (2).

[13] Álvarez, B. , Miles, D. Gender effect on housework allocation: Evidence from Spanish two-earner couples [J]. *Journal of Population Economics*, 2003, 16 (2).

[14] Antill, J. K. , Goodnow, J. J. , Russell, G. , et al. The influence of parents and family context on children's involvement in household tasks [J]. *Sex Roles*, 1996, 34 (3-4).

[15] Auspurg, K. , Iacovou, M. , Nicoletti, C. Housework share between partners: Experimental evidence on gender-specific preferences [J]. *Social science research*, 2017, 66.

[16] Bandura, A. Self-efficacy mechanism in human agency [J]. *American psychologist*, 1982, 37 (2).

[17] Bandura, A. Self-efficacy. In: V. S. Ramachaudran (Ed.), *Encyclopedia of human behavior* [M] . New York: Academic Press, 1994.

[18] Barnett, R. C. , Shen, Y. C. Gender, High and low-schedule-control housework tasks, and psychological distress: A study of dual-earner Couples [J]. *Journal of Family Issues*, 1997, 18 (4).

[19] Baxter, J. , Hewitt, B. , Haynes, M. Life course transitions and housework: Marriage, parenthood, and time on housework [J]. *Journal of Marriage & Family*, 2008, 70 (2).

[20] Baxter, J. Gender equality and participation in housework: A cross-national perspective [J]. *Journal of Comparative Family Studies*, 1997, 28 (3).

[21] Bhat, C. R. , Pendyala, R. M. Modeling intra-household interactions and group decision-making [J]. *Transportation*, 2005, 32 (5).

[22] Binswanger, M. Time-saving innovations and their impact on energy use: Some lessons from a household-production-function approach [J]. *International Journal of Energy Technology & Policy*, 2004, 2 (3).

[23] Bird, C. Gender, household labor, and psychological distress: The impact of the amount and division of housework. *Journal of Health and Social Behavior*, 1999, 40 (1).

[24] Blair, S. L. , Lichter, D. T. Measuring the division of household labor: Gender segregation of housework among American couples [J]. *Journal of Family Issues*, 1991, 12 (1).

[25] Blundell, R. , Chiappori, P. , Meghir, C. Collective labor supply with children [J]. *Journal of Political Economy*, 2005, 113 (6).

[26] Blundell, R. , Pistaferri, L. , Saporta-Eksten, I. Children, time allocation and consumption insurance [R]. *National Bureau of Economic Research*, 2017.

[27] Brines, J. Economic dependency, gender, and the division of labor at home [J]. *American Journal of Sociology*, 1994, 100 (3).

[28] Bryson, R., Bryson, J. B., Johnson, M. F. Family size, satisfaction, and productivity in dual-career couples [J]. *Psychology of Women Quarterly*, 1978, 3 (1).

[29] Cancian, F. M., Oliker, S. J. *Caring and gender* [M]. CA: AltaMira Press, 2000.

[30] Cardia, E., Gomme, P. Market work, housework and childcare: A time use approach [J]. *Review of Economic Dynamics*, 2018, 29.

[31] Carlson, D. L., Lynch, J. L. Housework: Cause and consequence of gender ideology? [J]. *Social science research*, 2013, 42 (6).

[32] Cash, S. J., Sellers, S. L., Claps, M. Money equals time: Influence of poverty status on hours spent doing housework [J]. *Journal of poverty*. 2005, 9 (2).

[33] Coltrane, S. Family man: Fatherhood, housework, and gender equity [J]. *Signs Journal of Women in Culture & Society*, 1997, 26 (1).

[34] Coltrane, S. Gender & Families. *Newbury Park* [M]. CA: Pine Forge Press, 1998.

[35] Cooke, L. P. The gendered division of labor and family outcomes in Germany [J]. *Journal of Marriage & Family*, 2004, 66 (5).

[36] Cortés, P., Tessada, J. Low-skilled immigration and the labor supply of highly skilled women [J]. *American Economic Journal Applied Economics*, 2011, 3 (3).

[37] Cowles, M. L., Dietz, R. P. Time spent in homemaking activities by a selected group of Wisconsin farm homemakers [J]. *Journal of Home Economics*, 1956, 48 (1).

[38] Daly, M. What adult worker model? a critical look at recent social policy reform in Europe from a gender and family perspective [J]. *Social Politics*, 2011, 18 (1).

[39] Davis, S. N., Greenstein, T. N. Cross-National variations in the division of household labor [J]. *Journal of Marriage and Family*, 2004, 66 (5).

[40] Demaris, A., Longmore, M. A. Ideology, power, and equity: Testing competing explanations for the perception of fairness in household labor [J]. *Social Forces*, 1996, 74 (3).

[41] Fang, L., Zhu, G. Time allocation and home production technology [J]. *Journal of Economic Dynamics and Control*, 2017 (78).

[42] Ferree, M. M. Beyond separate spheres: Feminism and family research [J]. *Journal of Marriage & Family*, 1990, 52 (4).

[43] Fiese, B. H. Time allocation and dietary habits in the United States: Time for re-evaluation? [J]. *Physiology & behavior*, 2018.

[44] Fuwa, M. Macro-level gender inequality and the division of household labor in 22 countries [J]. *American Sociological Review*, 2004, 69 (6).

[45] Gerner, J. L., Zick, C. D. Time allocation decisions in two-parent families [J]. *Family & Consumer Sciences Research Journal*, 2010, 12 (2).

[46] Geurts, J., Ree, J. D. Influence of research design on time use estimates [J]. *Social Indicators Research*, 1993, 30 (2-3).

[47] Giovanis, E. Does teleworking affect housework division and improve the well-being of

couples? [J] *International Journal of Happiness and Development*, 2017, 3 (3).

[48] Glenn, E. N. Creating a caring society [J]. *Contemporary Sociology*, 2000, 29 (1).

[49] Goodnow, J. J, Bowes, J. M., Warton, P. M., et al. Would you ask someone else to do this task? Parents' and children's ideas about household work requests [J]. *Developmental Psychology*, 1991, 27 (5).

[50] Goodnow, J. J. Children's housework: Its nature and functions [J]. *Psychological Bulletin*, 1988, 163 (5).

[51] Gupta, S., Ash, M. Whose money, whose time? A nonparametric approach to modeling time spent on housework in the United States [J]. *Feminist Economics*, 2008, 14 (1).

[52] Gwozdz, W., Reisch, L. A., Sousa-Poza, A. Time allocation, consumption, and consumer policy [J]. *Journal of consumer policy*, 2010, 33 (2).

[53] Heckman, J. J., Kautz, T. Fostering and measuring skills: Interventions that improve character and cognition [R]. *National Bureau of Economic Research*, 2013.

[54] Heisig, J. P. Who does more housework: Rich or poor? a comparison of 33 countries [J]. *American Sociological Review*, 2011, 76 (1).

[55] Hersch, J., Stratton, L. S. Housework, wages, and the division of housework time for employed spouses [J]. *American Economic Review*, 1994, 84 (2).

[56] Hochschild, A. R. Love and gold [J]. *S & F Online*, 2003, 23 (3).

[57] Hook, J. L. Care in context: men's unpaid work in 20 countries, 1965–2003 [J]. *American Sociological Review*, 2006, 71 (4).

[58] Ishii-Kuntz, M., Coltrane, S. Predicting the sharing of household labor: Are parenting and housework distinct? [J]. *Sociological Perspectives*, 1992, 35 (4).

[59] Jacoby, J., Szybillo, G. J., Berning, C. K. Time and consumer behavior: An interdisciplinary overview [J]. *Journal of Consumer Research*, 1976, 2 (4).

[60] Juster, F. T., Stafford, F. P. The allocation of time: Empirical findings, behavioral models, and problems of measurement [J]. *Journal of Economic Literature*, 1991, 29 (2).

[61] Kamo, Y. Determinants of household division of labor: Resources, power, and ideology [J]. *Journal of Family Issues*, 1988, 9 (2).

[62] Kamo, Y. He said, she said: Assessing discrepancies in husbands' and wives' reports on the division of household labor [J]. *Social Science Research*, 2000, 29 (4).

[63] Kan, M. Y., Gershuny, J. Gender convergence in domestic work: Discerning the effects of interactional and institutional barriers from large-scale data [J]. *Sociology*, 2011, 45 (2).

[64] Kan, M. Y., Hertog, E. Domestic division of labour and fertility preference in China, Japan, South Korea, and Taiwan [J]. *Demographic Research*, 2017, 36.

[65] Keith, P. M., Schafer, R. B. Role behavior and psychological well-being: A comparison of men in one-job and two-job families [J]. *American Journal of*

Orthopsychiatry, 1984, 54 (1).

[66] Kiger, G. , Riley, P. J. Gender differences in perceptions of household Labor [J]. *Journal of Psychology*, 1996, 130 (4).

[67] Kim, J. , Zepeda, L. Factors affecting children's participation and amount of labor on family farms [J]. *Journal of Safety Research*, 2004, 35 (4).

[68] Larson, R. W. , Richards, M. H. , Perry-Jenkins, M. Divergent worlds: The daily emotional experience of mothers and fathers in the domestic and public spheres [J]. *Journal of Personality and Social Psychology*, 1994, 67.

[69] Linder, S. B. *The harried leisure class* [M]. New York: Columbia University Press, 1970.

[70] Lu, Z. Z. , Maume, D. J. , Bellas, M. L. Chinese husbands' participation in household labor [J]. *Journal of Comparative Family Studies*, 2000, 31 (2).

[71] Manke, B. , Seery, B. L. , Crouter, A. C. , et al. The three corners of domestic labor: mothers', fathers', and children's weekday and weekend housework [J]. *Journal of Marriage & Family*, 1994, 56 (3).

[72] Marini, M. M, Shelton, B. A. Measuring household work: Recent experience in the United States [J]. *Social Science Research*, 1993, 22 (4).

[73] Mcguire, K. L. , Primack, R. B. , Losos, E. C. Dramatic improvements and persistent challenges for women ecologists [J]. *Bioscience*, 2012, 62 (2).

[74] Mclanahan, S. S. , Monson, R. A. Caring for the elderly: Prevalence and consequences [J]. *Survey of Families and Households*, 1990.

[75] Miranda, V. Cooking, caring and volunteering: Unpaid work around the world [J]. *OECD Social Employment & Migration Working Papers*, 2011.

[76] Muraven, M. , Shmueli, D. , Burkley, E. Conserving self-control strength [J]. *Journal of personality and social psychology*, 2006, 91 (3).

[77] Nickols, S. Y. , Fox, K. D. Buying time and saving time: Strategies for managing household production [J]. *Journal of Consumer Research*, 1983, 10 (2).

[78] OECD. Allocation of time to work, housework, and childcare between couples: An empirical analysis using the Spanish time use survey.

[79] OECD. Household production in OECD countries: Data sources and measurement methods [R], Paris, France, 2000, 29.

[80] Oropesa, R. S. Female labor force participation and time-saving household technology: A case study of the microwave from 1978 to 1989 [J]. *Journal of Consumer Research*, 1993, 19 (4).

[81] Ozyegin, G. , Hondagneu-Sotelo, P. Domestica: Immigrant workers cleaning and caring in the shadows of affluence [J]. *Labor History*, 2002, 29 (2).

[82] Park, J. K. , John, D. R. I think I can, I think I can: Brand use, self-efficacy, and performance [J]. *Journal of Marketing Research*, 2014, 51 (2).

[83] Piña, D. L. , Bengtson, V. L. The division of household labor and wives' happiness: Ideology, employment, and perceptions of support [J]. *Journal of Marriage & Family*, 1993, 55 (4).

[84] Redden, J. P. , Haws, K. L. Healthy satiation: The role of decreasing desire in effective self-control [J]. *Journal of Consumer Research*, 2012, 39 (5).

[85] Robinson, J. P. , Godbey, G. Time for life [J]. *Contemporary Sociology*, 1997, 27 (3).

[86] Robinson, J. P. , Spitze, G. Whistle while you work? The effect of household task performance on women's and men's well-being [J]. *Social Science Quarterly*, 1992, 73 (4).

[87] Ruppanner, L. , Bernhardt, E. , Brandén, M. Division of housework and his and her view of housework fairness: A typology of Swedish couples [J]. *Demographic Research*, 2017, 36.

[88] Sanchez, L. , Thomson, E. Becoming mothersand fathers: Parenthood, gender, and the division of labor [J]. *Gender & Society*, 1997, 11 (6).

[89] Sandberg, J. F. , Hofferth, S. L. Changes in children's time with parents: United States, 1981-1997 [J]. *Demography*, 2001, 38 (3).

[90] Schary, P. B. Consumption and the problem of time [J]. *Journal of Marketing*, 1971, 35 (2).

[91] Shelton, B. A. , John, D. Does marital status make a differences? Housework among married and cohabiting men and women [J]. *Journal of Family Issues*, 1993, 14 (3).

[92] Shelton, B. A. , John, D. The division of household labor [J]. *Annual Review of Sociology*, 1996, 22 (22).

[93] Simister, J. Is men's share of housework reduced by'gender deviance neutralization'? evidence from seven countries [J]. *Journal of Comparative Family Studies*, 2013, 44 (3).

[94] Stancanelli, E. G. F. , Stratton, L. S. Maids, appliances and couples' housework: The demand for inputs to domestic production [J]. *Economica*, 2014, 81 (323).

[95] Starrels, M. E. Husbands' involvement in female gender-typed household chores [J]. *Sex Roles*, 1994, 31 (7-8).

[96] Stratton, L. S. The role of preferences and opportunity costs in determining the time allocated to housework [J]. *American Economic Review*, 2012, 102 (3).

[97] Sullivan, O. The division of housework among "remarried" couples [J]. *Journal of Family Issues*, 1997, 18 (2).

[98] Szinovacz, M. , Harpster, P. Couples' employment/retirement status and the division of household tasks [J]. *Journal of Gerontology*, 1994, 49 (3).

[99] Thompson, L. , Walker, A. J. Gender in Families: Women and men in marriage, work, and parenthood [J]. *Journal of Marriage & the Family*, 1989, 51 (4).

[100] Thompson, L. Family work: Women's sense of fairness [J]. *Journal of Family Issues*, 1991, 12 (2).

[101] Townsley, E. Wives' and husbands' housework reporting: Gender, class, and social desirability [J]. *Gender & Society*, 1998, 12 (2).

[102] Vijver, F. J. R. V. D. Cultural and gender differences in gender-role beliefs, sharing household task and child-care responsibilities, and well-being among immigrants and majority members in the Netherlands [J]. *Sex Roles*, 2007, 57 (11-12).

[103] Vitalari, N. P., Venkatesh, A., Gronhaug, K. Computing in the home: Shifts in the time allocation patterns of households [J]. *Communications of the ACM*, 1985, 28 (5).

[104] Waite, L., Goldscheider, F. K. Work in the home: The productive context of family relationships [J]. *The Changing American Family*, 1992.

[105] Wakabayashi, C., Donato, K. M. The consequences of caregiving: Effects on women's employment and earnings [J]. *Population Research & Policy Review*, 2005, 24 (5).

[106] Walster, E., Walster, G. W., Berscheid, E. *Equity: Theory and research* [M]. Boston: Allyn & Bacon, 1978.

[107] Wang, Z., Schoebi, D., Perrez, M. The division of family work in China and Europe: On the role of culture [J]. *Advances in Psychological Science*, 2010, 18 (10).

[108] Whillans, A. V., Dunn, E. W., Smeets, P., et al. Buying time promotes happiness [J]. *Proceedings of the National Academy of Sciences of the United States of America*, 2017, 114 (32).

[109] Wright, E. O., Shire, K., Hwang, S. L., et al. The non-effects of class on the gender division of labor in the home: A comparative study of Sweden and the United States [J]. *Gender & Society*, 1992, 6 (2).

[110] Yao, M., Wang, D., Yang, H. A game-theoretic model of car ownership and household time allocation [J]. *Transportation Research Part B Methodological*, 2017, 104.

[111] Yen, S. T. Working wives and food away from home: The box-cox double hurdle model [J]. *American Journal of Agricultural Economics*, 1993, 75 (4).

[112] Zuo, J., Bian, Y. Gendered resources, division of housework, and Perceived Fairness—a case in urban China [J]. *Journal of Marriage & Family*, 2001, 63 (4).

Studies on Housework Time Allocation: A Review and Perspective

Zhang Xiaodan[1]   Fu Guoqun[2]   Li Shihao[3]

(1, 2, 3 Guanghua School of Management, Peking University, Beijing, 100871)

Abstract: Time allocation in household directly affects individual welfare, relationship satisfaction and household consumption structure, as well as the consumption of household products. Yet, marketing scholars have not pay enough attention on housework time allocation. It is theoretically and practically important for combining housework time allocation from sociology area and household consumption behavior. This paper systematically reviews studies on housework time allocation, demonstrates the definition and measurement of housework, reviews influencing factors of housework time allocation from internal and external perspective, preliminarily shows the effects of housework time allocation on family purchase behavior. On this basis, this paper discusses potential study on housework time allocation from the perspective of family consumption and purchase behavior.

Key words: Housework; Time allocation; Family consumption decision; Family welfare

专业主编：曾伏娥

何种明星团队有助于电影成功？*
——适度的合作紧密性研究

● 黄敏学[1]　刁婷婷[2]　郑仕勇[3]　胡琴芳[4]

（1，2，3　武汉大学中国营销工程与创新研究中心　武汉　430072；
4. 湖南工业大学商学院　株洲　412007）

【摘　要】本文将电影拍摄视为新产品开发的过程，研究了明星影响力对电影成功的影响，即在新产品开发过程中，电影拍摄的明星团队作为新产品开发团队，团队社会资本（明星影响力）对团队表现（电影成功）的影响；分析了团队社会资本的两个维度——广度（位置嵌入性）和深度（合作紧密性），研究发现位置嵌入性对电影成功存在正向的影响，合作紧密性对电影成功存在倒 U 形影响，同时两者的交互作用对电影成功有负向的影响。因此在选择明星拍摄电影时，应该选择位置嵌入性高同时合作紧密性适当的明星成员组成电影拍摄团队。

【关键词】明星影响力　电影成功　新产品开发　团队社会资本

中图分类号：F713.56　　　　文献标识码：A

1. 引言

电影行业一直以来都被视为高风险行业，为了降低电影投资风险，提高投资回报率，电影生产商对理解和控制电影中的决定性因素十分感兴趣。以往关于电影票房影响因素的研究很丰富，比如考虑电影类型，广告投入，电影发行，电影明星，电影评论和口碑（Eliashberg et al. 2006）的影响。其中电影制作的核心成员——明星，一方面消耗了电影大部分的投资，另一方面对电影的贡献也极其重要（Desai and Basuroy 2005），因此选择哪些明星组成怎样的团队来拍摄电影就显得尤其重要。以往的研究都把单个的明星作为研究对象来度量，但是实际上电影是多个演员合作的产品（Caves，2000），这些研究都忽略了明星之间的相关性（Elberse，2007）和多个明星同时出现的影响作用（Nelson and Glotfelty，2012）。

实际上电影拍摄是一个以项目为基础，流动性地创建和解散团队的过程（Guimer à

＊ 本文为国家自然科学基金面上项目"基于多重关系网络演化的用户创造内容机制研究：以社会化购物为背景（项目批准号：71372127）"的阶段性成果。

通讯作者：胡琴芳，E-mail：huqinfang2012@163.com。

and Amaral，2005）。比如当高圆圆和古天乐拍摄电影《单身男女》时，他们之间就建立了连接，他们同时也和其他的明星在不同的电影项目里合作，复杂的合作关系构成了一个完整的合作网络——明星之间通过合作拍摄电影形成的关系网络结构。从网络结构和社会网络（Ahuja and Carley，2003；Cattani and Ferriani，2008）的角度来看电影拍摄，可以把电影明星团队看作内部关联的合作团队。以往的团队创新表现研究认为团队成员是通过知识的学习、转化和创造发挥其价值，因此团队在社会网络中的结构洞属性和合作紧密性会影响团队表现（Reagans and Zuckerman，2001；Reagans and Mcevily，2004；Obstfeld，2005；Han et al.，2014）。基于社会资本理论，本文认为团队社会资本的广度（位置嵌入性：个人和网络中其他关系较多的人的关联程度）、深度（合作紧密性：个体间关系的紧密程度）以及它们之间的交互项对团队表现（电影成功）有影响。

本文以2009—2015年的中国电影行业为研究背景，使用前三年（如2009—2011年）的合作数据来构建电影明星网络，预测下一年的票房收入，按照这样动态滚动预测方法用2009—2014年的数据分别构建了四个时点的电影明星网络，用来预测2012—2015年的电影票房。通过对电影明星网络的分析，发现选择位置嵌入性高同时合作紧密性适当的明星成员组成电影拍摄团队，这样才能最大化电影票房收入。

2. 理论背景与假设

2.1 电影明星影响力

以往研究发现，消费者更偏好有电影明星的电影（Desai and Basuroy，2005），而对于没有明星（影响力）的电影，消费者会认为电影的质量较低（Desai and Basuroy，2005）。明星的品牌作为一种信号来发挥其启发式价值（heuristic value）时，可以减少其他来源的信息对消费者行为的影响，同时可以降低消费者的搜索成本。因此，有许多研究结论支持明星影响力和电影票房存在正相关（Ainslie et al.，2005；Basuroy and Ravid，2003；Canterbery and Marvasti，2001，Elberse，2007；Elberse and Eliashberg，2003；Neelamegham and Chintagunta，2009；Nelson and Glotfelty，2012；Sawhney and Eliashberg，2006；Sochay，2004）。但是明星只是电影制作中的一个元素，还有其他的因素也会影响电影票房，比如电影类型、剧本、导演、配乐等等，所以明星在影响电影整体质量和票房中所起到的作用是有限的（Desai and Basuroy，2005），也有学者研究表明明星影响力对票房没有影响或者影响很小（Hennig-Thurau et al.，2007；Liu，2006；Ravid，2009；Ravid and Basuroy，2004；Derrick et al.，2013）。明星影响力文献梳理见表1。

表1   明星影响力文献梳理

文章	明星影响力定义	变量类型	个人层面	团队层面	明星影响力
（Wallace et al.，1993）	以往票房表现	名义变量	✓	✕	✓
（Ravid，1999）	所获奖项；以往票房表现	名义变量	✓	✕	✕

文章	明星影响力定义	变量类型	个人层面	团队层面	明星影响力
（Basuroy and Ravid，2003）	所获奖项；以往票房表现	名义变量	✓	✗	✓
（Ainslie et al.，2005）	所获奖项	名义变量	✓	✗	✓
（Elberse，2007）	所获奖项；以往票房表现	名义变量	✓	✗	✓
（Nelson and Glotfelty，2012）	明星 IMDB 主页点击率	连续变量	✓	✗	✓
（Treme and Craig，2013）	媒体曝光	连续变量	✓	✗	✓
（Packard et al.，2015）	位置嵌入性	连续变量	✓	✗	✓
本文	位置嵌入性和合作紧密性	连续变量	✓	✓	✓

以往对于明星影响力的度量方法有两类，一类是根据明星的获奖（提名）情况或者累计票房的排名生成虚拟变量（Ravid，2009；Elberse，2007），另一类是根据名人杂志曝光次数（Treme and Craig，2013）、网页搜索率（Karniouchina，2011）、明星主页访问率（Nelson and Glotfelty，2012）或者问卷调查电影相关从业人员（Elberse and Eliashberg，2003；Ainslie et al. 2005）的明星影响力生成连续变量。这些度量都存在问题，第一类虚拟变量中获奖（提名）情况和累计票房的排名都只涉及少数的明星，因此研究涉及的明星范围受到限制，而且艺术上的奖项并不能说明明星的票房号召力，把所有获奖（提名）的明星看作有同样的明星影响力也不恰当（Nelson and Glotfelty，2012）。第二类连续变量虽然扩大了可研究明星范围，但是曝光率、搜索率和业界的认可尽管能够在一定程度上反映明星影响力，然而这种影响力不一定是在电影领域的影响力。

以上几乎所有研究都只把单个的明星作为研究对象来度量。电影是多个演员合作的产品（Caves，2000），但是以前的研究都忽略了明星之间的相关性（Elberse，2007）和多个明星同时出现的影响作用（Nelson and Glotfelty，2012）。实际上，电影作为"复杂的创意产品"是创意团队一起合作完成的，要独立地度量单个明星在电影里的表现是困难的，因此需要考虑明星之间的关系（Caves，2000）。而且明星在合作过程中会产生 1+1>2 的效果（Elberse，2007），因此这就需要从整体来研究明星的影响力，考虑多个明星之间的合作网络。也有学者（Nelson and Glotfelty，2012）研究了多个明星一起出现的影响作用，但只是简单地研究将单个明星的影响力叠加起来的效果，实际上并没有考虑明星网络中明星之间的团队合作关系带来的影响。

实际上电影拍摄是一个以项目为基础，流动性地创建和解散团队的过程，明星之间复杂的合作关系构成了一个完整的合作网络。因此，应当从网络结构和社会网络的角度来看电影拍摄，把电影明星团队看作内部关联的合作团队，而非独立的个体。

2.2　新产品开发

本文从新产品开发的视角来研究电影制作过程中明星影响力的问题，把明星之间的合作看作团队合作，将电影看作短期项目需要开发的产品，因此电影制作过程中明星的选择问题即新产品开发中团队成员的选择和团队组成问题。

当新产品开发团队是基于项目流动性地建立和解散时，团队成员会从之前的合作中获取收益，例如获得信息、声望、知识、技能或者支持，这些都可以应用到未来的项目中（Cattani and Ferriani，2008；Delmestri et al.，2005）。社会网络中的关系反映了人与人之间信息的流动，同时网络位置会随着参与不同的项目而改变，获取信息的能力也会随着流动性地参与和退出项目而改变，因此团队成员在合作网络中的结构位置会对新产品的成功有显著的影响。

2.3 社会资本理论

法国学者 Bourdieu（1986）最早将社会资本引入社会学，认为社会资本不是自然形成的，而是个人通过参与到集体活动中得到的一种资源，这种资源存在于社交网络之中，代表了个体之间的承诺和信任。Coleman（1988）也认为社会资本是个体的一种资源，人与人之间通过交流而产生信息互换，从而在群体中形成共同的目标和期望。不同个体拥有的社会资本是不同的，个体根据自己所拥有的资源去达到更高目标，因此社会资本的差异影响了个体在社会网络中的地位。社会资本理论强调人与人之间"正确"的社会关系会使得资源（比如知识、技术、影响力和能力等等）的利用更加有效。当人们处在正确的网络位置时会给他们带来更及时和有效的资源来解决问题（Burt，2000）。团队社会资本文献梳理见表2。

表2 **团队社会资本文献梳理**

文章	自变量：社会资本			因变量	行业背景
	社会资源深度	社会资源广度	合作紧密性与网络中心性交互项		
	合作紧密性	网络中心性			
（Reagans and Zuckerman，2001）	+	无	无	团队生产率	企业研发团队
（Reagans and Mcevily，2004）	+	无	无	团队表现（完成时间）	企业研发团队
（Oh et al.，2004）	∩	无	无	团队表现	各行业团队（不包括电影行业）
（Obstfeld，2005）	+	无	无	创新投入度	设计创新团队
（Lazer and Friedman，2007）	∩	无	无	团队表现（完成时间）	模拟仿真团队信息分享
（Stam and Elfring，2008）	无	接近中心度（-）	无	产品表现	开源软件开发团队

文章	自变量：社会资本			因变量	行业背景
	社会资源深度	社会资源广度	合作紧密性与网络中心性交互项		
	合作紧密性	网络中心性			
（Balkundi and Harrison，2006）	＋	领导/团队入度中心度（＋）	无	团队表现	各行业团队（不包括电影行业）
（Han et al.，2014）	＋	无	无	团队创意性	MBA 团队
（Packard et al.，2015）	无	明星位置嵌入（＋）	无	电影成功	电影拍摄合作团队
本文	∩	明星位置嵌入（＋）	－	电影成功	电影拍摄合作团队

注："＋"表示正向影响；"－"表法负向影响；"∩"表示呈倒 U 形影响。

其中团队社会资本理论认为团队有自己的社会结构，既要把团队当作一个整体来考虑，又要把团队看作每一个成员组成的总体。从团队结构的角度看，团队内部和外部的社会关系都会对资源的分享、机会和信息的传播这些影响团队表现的因素有影响。在复杂网络的研究中，节点的中心性是考量节点影响力的常用指标。例如，将与指定节点 A 连接的边的数量，定义为节点 A 的度中心性。节点 A 的度中心性越大，则节点 A 的边越多，影响力越大，反映到现实生活中则是，若 A 认识的人越多，A 的影响力越大。但也有研究指出，节点 A 的邻节点的度中心性在一定程度上决定了节点 A 的影响力，即节点 A 的特征向量中心性越大，节点 A 的影响力越大，反映到现实生活中则是，A 认识的名人越多，A 的影响力越大。而在权值网络中，节点 A 的影响力还取决于节点 A 的边的权值大小，反映到生活中则是，B 与 A、C 连接，但 B 与 A 的交互频率大于 B 与 C 的交互频率，那么对 B 而言，节点 A 的影响力大于节点 C 的影响力。

在考虑一个团队的社会资本时，一方面要考虑到团队社会资本的广度（特征向量中心性），即成员在社会网络中与网络中重要的人（度中心性大的节点）建立的关系越多则团队能够获得的资源越多；另一方面要考虑到团队社会资本的深度。在社会网络理论里，对于社会资源深度对团队的影响主要有两方面的研究，一是从团队内部结构来看，认为团队内部的成员合作越紧密（权值越高）团队表现越好，也就是团队内部深度对团队表现有积极的作用；二是从团队在整个网络结构中来看，认为团队深度会使得团队在整个网络中占据更多结构洞，掌握更加多样化的社会资源，也就是说团队外部深度对团队表现有积极的作用。

与以往影响团队表现的研究中以新产品研发为背景不同，在电影行业背景下，明星主要是通过其影响力给电影带来正面的影响（Packard et al.，2015）。而结构洞属性并不一定能给演员带来更多的影响力和声望，也不能提高演员对观众的吸引力，因此电影团队的桥中心性——结构洞属性，对其团队的表现不存在影响（Packard et al.，2015）。从团队社会资本的广度和深度出发，本文选取了两个网络指标来刻画合作团队：位置嵌入性（PE）——节点（个人）和网络中其他关系较多的节点（度中心性大的节点）的关联程度，即节点的特征向量中心性；合作紧密性（CL）——节点（个人）与邻节点（相关联的其他人）的关系紧密程度，即节点的权值。从直觉上看，与关系较多的人合作关系越多说明一个人的声望和形象较高（Packard et al.，2015），高位置嵌入性的明星一方面发出电影高质量的信号，另一方面帮助电影引起更多的关注。除了考虑明星的位置嵌入性，还要考虑明星的合作紧密程度，因为紧密程度过低不利于团队内部交流，过高则可能导致社会资源的同质化。

2.3.1 合作紧密性——社会资源深度

合作紧密性，也就是合作闭包（closure），是个体间关系的紧密程度，即节点边的权值。团队合作闭包是指团队中的成员互相联系紧密，通过这种闭包机制，团队成员可以从这种紧密的社会网络关系中获益更多。在这种互相合作紧密的团队中，每个成员都可以从这种社会关系中获得更多社会支持和信任且互惠（Krackhardt，2009）。虽然团队闭包有这些正面的作用，但是这不代表合作紧密性和团队表现是简单的正向线性关系（Reagans and Zuckerman，2001；Sparrowe et al.，2001）。过度的团队闭包也会对团队社会资本有负向的影响，最终影响团队的表现。过度的团队闭包会提升团队内部的认同感和满意度，这会限制团队获得外部多样化资源和创新性信息，导致可得的资源变得同质化和冗余（Gargiulo and Benassi，2000），此时团队闭包的有效性就会受到限制（Burt，2000）。因此，适当的合作紧密性对团队表现是最优的，过高或者过低都不好（Oh et al.，2004；Lazer and Friedman，2007）。由此，我们提出以下假设。

H1：在电影明星网络中电影的合作紧密性对电影票房收入有倒 U 形影响。

2.3.2 位置嵌入性——社会资源广度

位置嵌入性（positional embeddedness）是指个人和网络中其他关系较多的人的关联程度，即节点的特征向量中心性。这种连接会给电影带来多种好处，一是增强电影宣传的机会。因为电影的票房收入部分会受到明星所能吸引的媒体和公众的影响，而从位置嵌入性的定义来看，位置嵌入性高意味着和网络中其他有影响力、构建关系多的个人相联系。这些关系会给电影带来更高的曝光率，广泛的媒体报道，更强的观众吸引力与更有效的宣传活动。电影制作商都认为有影响力的明星可以给电影带来更多的媒体注意力，尤其是在电影快发行的时候（Albert，2009）。消费者也会偏好有知名明星参演的电影，从而给电影带来更多经济收益（Erdogan，2009）。高位置嵌入性的明星还可以释放出电影质量的信号给融资方和发行商，减轻负面评论的影响（Basuroy and Ravid，2003；Eliashberg and Shugan，2007），因此位置嵌入性对电影票房有正向影响（Packard et al.，2015）。由于过度的团队闭包会限制团队获得外部多样化资源和创新性信息，导致可得的资源变得同质化和冗余。而当团队内部成员和网络中其他关系较多的人的关联程度较高时，合作紧密性会削弱位置嵌入性的正面影响，因为当团队内部成员都是知名明星拥有较高的声望时，团队内部的认同感和满意度会进一步增强，导致团队获取资源的同质化和冗余。由此，我们提出以下假设。

H2：在电影明星网络中电影的合作紧密性会抑制位置嵌入性对电影票房收入正面的影响。

基于以上分析，提出如下概念模型，见图1。

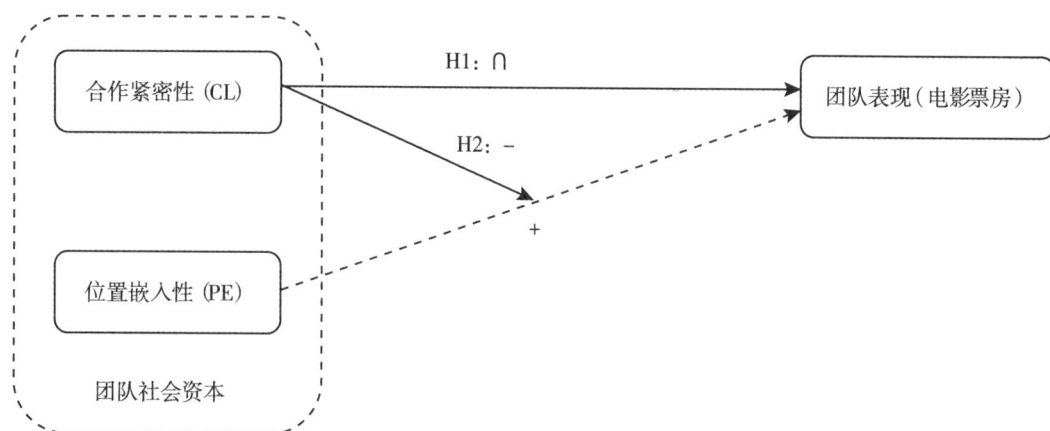

图 1　概念模型

3. 实证分析

3.1　数据背景

电影相关数据来自中国票房网（www.cbooo.cn），包含 2009—2015 年的电影、明星之间的合作关系和电影票房等等相关数据。使用前三年（如 2009—2011 年）的数据来构建电影明星网络，计算电影里每个明星的位置嵌入性和合作紧密性，根据当年电影（如2012 年）明星的合作关系计算得到电影的位置嵌入性和合作紧密性（如图2所示）。使用三年的数据来构建网络，然后预测下一年的票房收入，按照这样的方法用 2009—2014 年的数据分别构建了四个电影明星网络，用于预测 2012—2015 年的电影票房。在本文的数据中，2012—2015 年一共有 768 部电影，共涉及 3184 个电影明星。电影评分的数据来自豆瓣电影（movie.douban.com），包含 2012—2015 年电影的用户总体评分数据，其中有一部分电影因为评分用户太少，没有有效的总体评分。

考虑到电影明星网络中存在很多只拍摄过一部或者两部电影的明星，这些明星参与拍摄的电影少，能产生的网络关系也少，通常这些明星都是处在网络边缘的明星且知名度低，他们对电影的贡献小，为了简化电影明星网络的计算，去掉了参与拍摄电影只有一部或者两部的明星。

表 3 总结了四个网络的统计特征，每个网络涉及 200 部左右的电影和超过 500 个的明星。可以看到在电影明星网络中，明星的关系数均值都在 100 以上，说明网络中明星之间

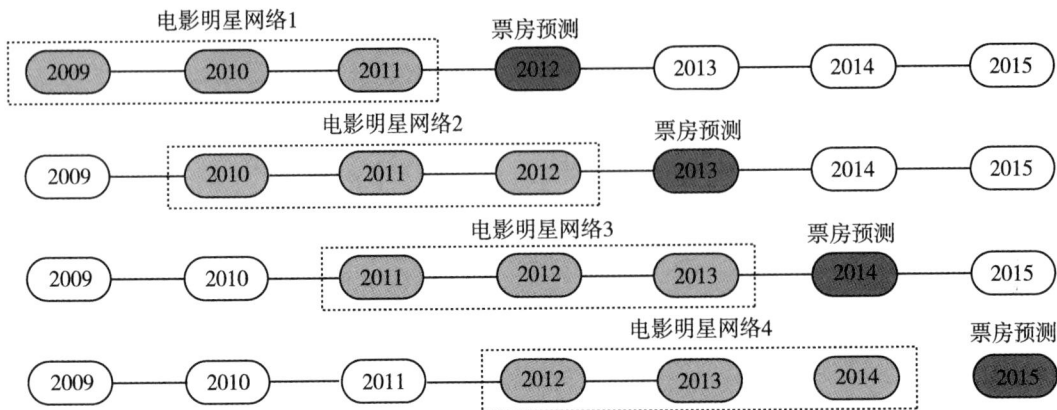

图 2　电影明星网络的构建和预测

的合作关系十分密切。随着时间的变化，总关系数虽然有一定程度的波动，但是变化不大，同时明星的关系数均值骤降，说明在电影明星网络中虽然明星之间的合作很密切，但是这种合作的紧密程度却是在不断下降的。

表 3　　　　　　　　　　　　　　　　电影合作网络的统计特征

电影明星网络	电影发行时间（年）	网络中电影数量	网络中明星数量	关系数均值	总关系数
电影明星网络 1	2009—2011	196	592	200	118400
电影明星网络 2	2010—2012	187	761	174	132414
电影明星网络 3	2011—2013	204	864	160	138240
电影明星网络 4	2012—2014	206	964	122	117608

3.2　因变量

团队表现在电影行业中即电影成功，通过电影的商业表现——票房收入来度量项目的绩效，在一些其他的电影行业相关问题的研究中测量项目绩效也是基于票房收入。本文使用收入而不是利润作为因变量，因为关于电影的预算数据非常有限。

3.3　自变量

3.3.1　位置嵌入性

位置嵌入性用特征向量中心性来度量（Bonacich，1987），即个人和网络中其他关系较多的人的关联程度。位置嵌入性不仅考虑了个人和其他个人直接的关系数量，同时还根据直接合作的个人的关系数量给关系赋予一定的权重（Cattani and Ferriani，2008）。也就是说，当与一个在网络中关系建立良好的个人建立关系，会给这种关系赋予更多的权重。

按照 Bonacich（1987）对位置嵌入性的定义，位置嵌入性PC_i，与明星i过去的合作者i'在其参演的电影中i'的位置嵌入性成比例，根据上映前三年其所有参演过的电影计算网络位置嵌入性。

$$\lambda PC_i = \sum_{i'} PC_{i'}$$

求解之后得到的λ是 0 到 1 之间的数。这个公式的含义是，PC_i是由i过去的合作者i'的$PC_{i'}$决定的，同时i'的$PC_{i'}$也是由他的合作者的位置嵌入性决定的，以此类推。λ和PC_i的值是通过求解以下公式得到：

$$\lambda PC = ePC$$

其中 PC 是一列由网络中每个明星的位置嵌入性组成的n维向量，n是网络中所有的明星数量。e是表示n个明星之间合作关系的$n \times n$邻接矩阵，其对角元素为 1，非对角元素是代表明星i和明星i'在电影中合作关系的名义变量（0 或者 1）。在矩阵代换中，λ是邻接矩阵e所对应的最大的特征值，PC 即相应的特征向量。

3.3.2　合作紧密性

合作紧密性用网络关系的权值大小来衡量，即个体间关系的紧密程度。按照合作紧密性（CL）的定义（Oh et al.，2004），定义演员i的合作紧密性CL_i为与i合作的任意两个演员i'和j'实际存在的合作关系数量总和$\sum_{i'j'} ED_{i'j'}$除以这两个演员i'和j'之间可能存在的合作关系数量$\frac{1}{2}n(n\text{-}1)$。

$$CL_i = \frac{2 \sum_{i'j'} ED_{i'j'}}{n(n\text{-}1)}$$

当i'和j'有过合作关系时，$ED_{i'j'} = 1$，否则为 0。

3.4　控制变量

本文考虑了电影层面的多种控制变量，以排除其他因素对结果的影响。

3.4.1　电影类型

电影的票房收入和电影类型有关系，喜剧，爱情和动作等电影有着更广泛的观众群体，相反，惊悚，纪实和歌舞电影的潜在观影人群会更少。因此根据 14 种不同电影类型生成 13 个名义变量。

3.4.2　电影评分

很多研究表明电影票房收入和电影评分有着正向的关系，为了排除电影评分对票房的影响，在豆瓣网上抓取了电影评分数据作为控制变量。2012—2015 年的所有电影中有一部分电影因为评分用户太少，没有有效的总体评分，为了匹配电影评分数据和电影明星相关的数据，删减了一部分没有电影评分数据的观测值，最后得到 622 部电影完整的网络结构特征和评分数据。

3.4.3　上映时间

电影的上映时间也会对电影票房有影响，在节假日观看电影的人会比平日更多，因此在节假日上映的电影票房收入会更高。根据电影是否在节假日上映，生成节日名义变量

（0 或者 1），如果上映日期为国家法定节假日则为 1。

3.4.4 续集

尽管电影续集的成本会越来越高，而且很多时候会比之前的电影票房收入更低，但是他们仍然会比其他普通电影的票房收入更高。根据电影是否续集，生成续集名义变量（0或者 1），如果是续集则为 1。

3.5 实证结果

利用 R 软件社会网络分析包 igraph 对网络进行描述，得到基本网络属性如表 4 所示：

表 4　　　　　　　　　　　　　　　　描述统计分析

	均值	标准差	最小值	最大值
电影票房（万元）	11057.12	23883.04	0.10	243842.40
PE	0.12	0.17	接近 0	0.98
CL	0.44	0.24	0.00	1.00
评分	5.61	1.77	2.00	9.70
续集	0.09	0.29	0.00	1.00
节日	0.06	0.24	0.00	1.00

表 5 显示了各变量描述统计特征和两两相关系数，结果显示主变量之间具有相关性，需检验模型是否存在多重共线性的问题。根据 R 语言实现多重共线性的检验（基于条件数和特征分析法），利用 kappa 函数，计算自变量矩阵的条件数为 2.273（<100），因此不存在多重共线性。

表 5　　　　　　　　　　　　　　　　皮尔森相关系数

	1	2	3	4	5	6
1. 电影票房	1.00					
2. PE	0.03	1.00				
3. CL	−0.11 **	0.19 ***	1.00			
4. 评分	0.06	0.02	−0.26 ***	1.00		
5. 续集	−0.01	0.00	−0.04	0.18 ***	1.00	
6. 节日	0.07 *	0.01	−0.05	0.02	0.06	1.00

注：* 表示 $p<0.1$ 的显著性水平，** 表示 $p<0.05$ 的显著性水平，*** 表示 $p<0.001$ 的显著性水平。

表6 分层回归模型

变量			新产品流行度			
			模型1	模型2	模型3	模型4
样本量			622	622	622	622
截距			5.989***	6.234***	5.217***	4.474***
控制变量	电影类型	科幻	4.248**	4.260**	4.280**	4.289**
		爱情	0.842	0.851	0.934	0.992
		动画	2.266	2.294	2.451	2.469
		动作	2.192	2.227	2.269	2.313
		纪实	−0.481	−0.56	−0.394	−0.382
		惊悚	0.762	0.845	0.96	1.007
		剧情	−0.012	−0.065	0.08	0.156
		魔幻	4.036**	4.117**	4.015**	4.111**
		青春	2.023	2.182	2.421	2.474
		悬疑	0.864	0.866	1.13	1.177
		喜剧	0.418	0.431	0.496	0.555
		战争	−0.59	−0.593	−0.434	−0.327
		灾难	1.521	1.439	1.323	1.21
		音乐	−0.602	−1.091	−0.112	−0.234
	电影评分		−0.023	−0.023	−0.018	−0.014
	上映时间		−0.157	−0.16	−0.219	−0.233
	续集		0.603*	0.604*	0.532	0.537
预测变量	合作紧密性/ CL			−0.798*	3.659*	5.388**
	合作紧密性^2/ CL^2				−3.851**	−4.744**
	位置嵌入度/ PC			1.350**	1.172**	7.720**
调节效应	PC×CL					−19.803*
	PC×CL^2					11.72
R^2			0.175	0.186	0.193	0.203
调整 R^2			0.151	0.159	0.165	0.173
F			7.128***	6.862***	6.826***	6.633***

模型1（基础模型）包含电影评分、电影类型、电影是否为续集和电影上映日期是否在节日这些变量。模型2在模型1的基础上加入了明星团队位置嵌入性和合作紧密性，模

型 3 在模型 2 的基础上加入了合作紧密性的平方项，模型 4（完整模型）把位置嵌入性和合作紧密性的交互项也考虑在内。从表 6 可以看到位置嵌入度提高了只包含电影产品相关特征的基本模型（模型 1：调整 $R^2 = 0.151$）的模型拟合度（模型 2：调整 $R^2 = 0.159$），合作紧密性提高了只包含电影产品相关特征的基本模型的模型拟合度（模型 3：调整 $R^2 = 0.165$），最后的完整模型把模型的拟合度提高了更多（模型 4：调整 $R^2 = 0.173$）。电影产品相关特征的系数基本符合生活常识，续集、科幻、魔幻等类别的电影票房会更高；相反，悬疑，惊悚等类别的电影票房会较低。如果电影在节日上映，票房收入反而会低，这可能是在节日上映的电影较多，竞争激烈导致的。

模型 2 验证了位置嵌入性和电影票房之间的关系，控制电影评分、电影类型、电影是否为续集和电影上映日期是否在节日这些变量之后，位置嵌入性的系数是正的（1.350^{**}），合作紧密性的系数是负的（-0.798^{*}）。说明两者的主效应都存在，其中位置嵌入性越高，即这部电影所包含明星的平均位置嵌入性越高，说明这些明星获取资源和信息的能力越强，和关系建立良好的明星合作关系越多，也说明这些明星越有影响力，这就会使得电影的质量更高同时受到的关注越广泛，最终使得电影票房收入越高。合作紧密性越高，这使得团队社会资本同质化，团队表现缺乏创意，从而导致电影票房收入越低。

模型 3 验证了合作紧密性的二次项和电影票房之间的关系，控制电影评分、电影类型、电影是否为续集和电影上映日期是否在节日这些变量之后，合作紧密性二次项的系数是负的（-3.851^{**}）。这和假设 1 一致，合作紧密性过高或者过低，即这部电影所包含明星的平均合作紧密性过高或者过低，都会使得团队社会资本同质化，团队表现缺乏创意，从而导致电影票房收入过低。

模型 4 验证了假设 2，合作紧密性和位置嵌入性的交互项对电影票房收入有负向的作用。当团队内部成员位置嵌入性都较高时，会增强团队内部的认同感，在合作紧密性高的时候使得团队社会资本进一步同化，削弱了团队表现，也就是说此时电影票房收入会受到负向的影响。完整模型 4 和基本模型 1 相比，模型的拟合度提高了 0.022。

模型拟合结果证明了电影明星网络中明星之间的合作紧密性对电影票房收入有倒 U 形的影响（H1），位置嵌入性对电影票房收入有显著正向的影响，且位置嵌入度的影响受到明星之间合作紧密程度的调节，两者交互作用对电影票房是负向的影响（H2）。

3.6 电影明星团队的最优合作紧密性的模拟计算

根据模型 4 的结果，当只考虑合作紧密性的影响时，可以发现团队最优的合作紧密性为 0.44。由此根据不同的团队明星个数，计算团队合适的合作关系数，结果如表 7 所示。例如，当电影拍摄邀请的明星个数为 4 个（a，b，c，d）时，这 4 个电影明星之间适度的合作关系数为 3 个。在电影 1，2，3 的合作中，明星之间可能产生的合作关系为 a-b，a-c，a-d，b-c，b-d，c-d，为了达到适度的合作紧密性，应该选择 4 个明星之间的关系只存在以上 6 个关系中 3 个的明星组合（如图 3 所示）。

表 7 　　　　　　　　　　　**团队适度合作紧密性（合作关系数）**

团队明星个数	合作关系数	团队明星个数	合作关系数
1	0	11	24
2	0	12	29
3	1	13	34
4	3	14	40
5	4	15	46
6	7	16	53
7	9	17	60
8	12	18	67
9	16	19	75
10	20	20	84

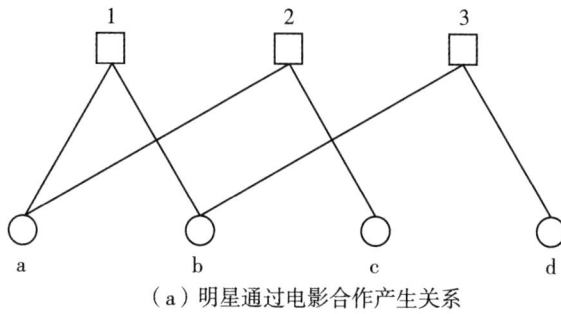

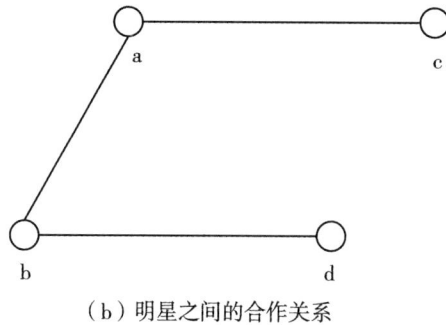

（a）明星通过电影合作产生关系

（b）明星之间的合作关系

图 3

4. 理论贡献与管理启示

4.1 理论贡献

首先，丰富了对明星影响力的认识。通过梳理明星影响力相关的文献发现以往对于明星影响力的定义存在缺陷而且忽略了明星之间的合作关系。本文从新产品开发的视角，研究明星团队而非单个明星的影响力，将明星之间复杂的合作关系构成一个完整的合作网络——明星之间通过合作拍摄电影形成的关系网络结构。基于团队社会资本理论，本文发现明星团队对电影成功有显著的影响。也就是说明星影响力是存在的，而且这种影响力不是每个明星影响力简单的叠加，而是应该从团队的层面研究明星在电影成功中所起到的作用。研究发现明星团队的位置嵌入性对电影成功存在正向的影响，合作紧密性对电影成功存在倒 U 形影响，同时两者的交互作用对电影成功有负向的影响。

其次，深化了对新产品开发团队建设的理解。新产品开发的团队建设时，不仅要选择在社会网络中有影响力的成员，组建一个合作紧密性合适且占据更多网络结构洞位置的团队，同时要考虑到当团队中成员社会网络中影响力高，且成员之间合作过于紧密可能会导致团队资源过于同质化，阻碍团队创新，最终影响团队表现。

4.2 管理启示

电影行业一直以来都被视为高风险行业，为了提高投资回报率，电影生产商可以通过选择适当的明星成员来组成明星团队以提高电影成功的可能性。首先，选择在电影明星网络中位置嵌入度高的明星，这会给电影带来更高的曝光率、广泛的媒体报道，更强的观众吸引力与更有效的宣传活动。其次，在选择位置嵌入度高的同时还要考虑明星团队的合作紧密性，选择适当的合作紧密性明星团队可以避免团队内部的资源同质化，从而影响电影的创新性和吸引力。因此，电影生产商可以通过选择位置嵌入度高同时合作紧密性适当的明星来组成明星团队以提高电影成功的可能性。关于适度合作紧密性，本文还给出了不同明星团队规模下的最优合作紧密性的参考标准（如图 3（a）；图 3（b）所示）。

◎ 参考文献

[1] Ahuja, M. K., Carley, K. M. Individual centrality and performance in virtual R&D groups: An empirical study [J]. *Management Science Journal of the Institute for Operations Research & the Management Sciences*, 2003, 49（1）.

[2] Ainslie, A., Ze, X., Zufryden, F. Modeling movie life cycles and market share [J]. *Marketing Science*, 2005, 24（3）.

[3] Albert, S. Moviestars and the distribution of financially successful films in the motion picture industry [J]. *Journal of Cultural Economics*, 2009, 22（23）.

[4] Balkundi, P., Harrison, D. A. Ties, Leaders, and time in teams: Strong inference about network structures effects on team viability and performance [J]. *Academy of Management Journal*, 2006, 49（1）.

[5] Basuroy, S., Ravid, S. A. How critical are critical reviews? The box office effects of film critics, star power, and budgets [J]. *Journal of Marketing*, 2003, 67（4）.

[6] Bonacich, P. Power andcentrality: A family of measures [J]. *American Journal of Sociology*, 1987, 92（5）.

[7] Bourdieu, P. The forms of capital [J]. *Handbook of Theory & Research for the Sociology of Education*, 1986, 42 (6).

[8] Burt, R. S. The network structure of social capital [J]. *Research in Organizational Behavior*, 2000, 22 (2).

[9] Canterbery, E. R. , Marvasti, A. The U. S. motion pictures industry: An empirical approach [J]. *Review of Industrial Organization*, 2001, 19 (1).

[10] Cattani, G. , Ferriani, S. A Core/Periphery perspective on individual creative performance: Social networks and cinematic achievements in the hollywood film industry [J]. *Organization Science*, 2008, 19 (6).

[11] Coleman, J. S. Social capital in the creation of human capital. [J]. *American Journal of Sociology*, 1988, 94 (1).

[12] Delmestri, G. , Montanari, F. , Usai, A. Reputation and strength of ties in predicting commercial success and artistic merit of independents in the italian feature film industry [J]. *Journal of Management Studies*, 2005, 42 (5).

[13] Derrick, F. W. , Williams, N. A. , Scott, C. E. A two-stage proxy variable approach to estimating movie box office receipts [J]. *Journal of Cultural Economics*, 2013, 38 (2).

[14] Desai, K. K. , Basuroy, S. Interactive influence of genre familiarity, star power, and critics reviews in the cultural goods industry: The case of motion pictures [J]. *Psychology & Marketing*, 2005, 22 (3).

[15] Elberse, A. The power of stars: Do star actors drive the success of movies? [J]. *Journal of Marketing*, 2007, 71 (4).

[16] Elberse, A. , Eliashberg, J. Demand and supply dynamics for sequentially released products in international markets: The case of motion pictures [J]. *Marketing Science*, 2003, 22 (3).

[17] Eliashberg, J. , Shugan, S. M. Film critics: Influencers or predictors? [J]. *Journal of Marketing*, 2007, 61 (2).

[18] Eliashberg, J. , Elberse, A. , Leenders, M. The motion picture industry: Critical issues in practice, current research, and new research directions [J]. *Marketing Science*, 2006, 25 (6).

[19] Erdogan, B. Z. Celebrity endorsement: A literature review [J]. *Journal of Marketing Management*, 2009, 15 (4).

[20] Gargiulo, M. , Benassi, M. Trapped in your own net? Network cohesion, Structural holes, and the adaptation of social capital [J]. *Organization Science*, 2000, 11 (2).

[21] Guimerà, R. , Amaral, L. Team assembly mechanisms determine collaboration network structure and team performance [J]. *Science*, 2005, 30 (5).

[22] Han, J. , Brass, D. J. Human capital diversity in the creation of social capital for team creativity [J]. *Journal of Organizational Behavior*, 2014, 35 (1).

[23] Hennig-Thurau, T. , Houston, M. B. , Walsh, G. Determinants of motion picture box

office and profitability: An interrelationship approach [J]. *Review of Managerial Science*, 2007, 1 (1).

[24] Karniouchina, E. V. Impact of star and movie buzz on motion picture distribution and box office revenue [J]. *International Journal of Research in Marketing*, 2011, 28 (1).

[25] Krackhardt, D. The ties that torture: Simmelian tie analysis in organizations [J]. *Research in the Sociology of Organizations*, 2009, 16 (1).

[26] Lazer, D. , Friedman, A. The network structure of exploration and exploitation [J]. *Administrative Science Quarterly*, 2007, 52 (4).

[27] Liu, Y. Word of mouth for movies: Its dynamics and impact on box office revenue [J]. *Journal of Marketing*, 2006, 70 (3).

[28] Neelamegham, R. , Chintagunta, P. A bayesian model to forecast new product performance in domestic and international markets. Marketing Science 115 – 136 [J]. *Marketing Science*, 2009, 18 (2).

[29] Nelson, R. A. , Glotfelty, R. Movie stars and box office revenues: An empirical analysis [J]. *Journal of Cultural Economics*, 2012, 36 (2).

[30] Obstfeld, D. Social networks, the tertius iungens orientation, and involvement in innovation [J]. *Administrative Science Quarterly*, 2005, 50 (1).

[31] Oh, H. , Chung, M. H. , Labianca, G. Group social capital and group effectiveness: The role of informal socializing ties [J]. *Academy of Management Journal*, 2004, 47 (6).

[32] Oh, H. , Chung, M. H. , Labianca, G. Group social capital and group effectiveness: The role of informal socializing ties [J]. *Academy of Management Journal*, 2004, 47 (6).

[33] Packard, G. , Aribarg, A. , Eliashberg, J. , Foutz, N. Z. The role of network embeddedness in film success [J]. *International Journal of Research in Marketing*, 2015, 33 (2).

[34] Ravid, S. A. Information, blockbusters and stars? A study of the film industry [J]. *Journal of Business*, 2009, 72 (4).

[35] Ravid, S. A. , Basuroy, S. Managerial objectives, the R-Rating puzzle, and the production of violent films [J]. *Journal of Business*, 2004, 77 (2).

[36] Reagans, R. , Mcevily, B. How to make the team: Social networks vs. demography as criteria for designing effective teams [J]. *Administrative Science Quarterly*, 2004, 49 (1).

[37] Reagans, R. , Zuckerman, E. W. Networks, diversity, and productivity: The social capital of corporate r&d teams [J]. *Organization Science*, 2001, 12 (4).

[38] Sawhney, M. S. , Eliashberg, J. A parsimonious model for forecasting gross box-office revenues of motion pictures [J]. *Marketing Science*, 2006, 15 (2).

[39] Sparrowe, R. T. , Liden, R. C. , Wayne, S. J. Social networks and the performance of individuals and groups [J]. *Academy of Management Journal*, 2001, 44 (2).

[40] Stam, W. , Elfring, T. Entrepreneurial orientation and new venture performance: The moderating role of intra- and extraindustry social capital [J]. *Academy of Management*

Journal, 2008, 51 (1).

[41] Treme, J., Craig, L. A. Celebrity star power: Do age and gender effects influence box office performance? [J]. *Applied Economics Letters*, 2013, 20 (5).

Which Kind of Star Team Contributes to Film Success?
The Research of Moderate Team Clustering

Huang Minxue[1]   Diao Tingting[2]   Zheng Shiyong[3]   Hu Qinfang[4]

(1, 2, 3 Wuhan University, Research Center for Marketing Engineering and Innovation of China, Wuhan, 430072;

4. Business School of Hunan University of Technology, Zhuzhou, 412007)

Abstract: Regarding film shooting as new product development (NPD), the author investigate the star power in film success. In the context of NPD, the author treat star team as NPD team, then study a team's social capital's (star power) influence on team performance (film success). From the two perspectives of social capital theory, extent (measured by positional embedability, PE) and depth (clustering, CL) of resource, the author demonstrate that PE is positive related to film success, CL has an inverted U shape impact on film box-office and the interaction of PE with CL is negative related to film box-office. In conclusion, it is advisable to choose stars with high PE and construct a team with moderate clustering.

Key words: Star power; Film success; ; New product development; Team's social capital

专业主编：曾伏娥

价值型品牌危机响应策略对品牌资产的影响[*]

● 田 虹[1] 王 琰[2]

（1，2 吉林大学商学院 长春 130012）

【摘 要】已有关于品牌危机的研究多专注于功能型危机下企业的应对策略，却鲜有考虑面对与产品功能无关的价值型品牌危机时企业应该如何应对危机的问题。本文在价值型品牌危机的背景下，从消费者品牌认知的视角出发，利用企业声誉和顾客承诺探讨了否认、辩解、纠正三种危机响应策略对品牌资产的影响及其内在作用机制并通过实验法对研究假设进行了验证。研究结果显示，否认策略对品牌资产的修复作用最差，辩解策略和纠正策略的效果不存在显著差异，其中顾客承诺和企业声誉在危机响应策略和品牌资产之间起调节作用。本文的研究结论有助于企业在经历价值型品牌危机时选取合适的响应策略，保护品牌资产，维护良好的顾客关系。

【关键词】价值型品牌危机 危机响应策略 品牌资产 企业声誉 顾客承诺

中图分类号：F272.3 文献标识码：A

1. 引言

近年来，宜家"逼婚"广告、奥迪"二手车女性"广告、绝味鸭脖"恶俗营销"等价值型品牌危机事件频发，在造成恶劣社会影响的同时也严重损害了品牌资产。新浪微博调查显示，绝味鸭脖"双十一"恶俗文案风波过后，有 75.1% 的网友表示不会再购买绝味鸭脖食品。在面临品牌危机时企业通常采取一系列的响应策略来试图转移视线或掩盖负面影响，以达到挽回声誉维护企业利益的目的 （Guo et al.，2015）。以往大量关于品牌危机的研究大多聚焦在产品功能本身，较少考虑到价值观危机。但是当品牌危机的诱因并非产品质量问题时，传统的应对策略是否依然有效则不得而知。根据品牌危机是涉及产品功

* 基金项目：国家社会科学基金项目"基于质量安全的农产品伤害危机修复策略研究"（项目批准号：15BGL086）；吉林省科技厅软科学研究项目"创新驱动下吉林省绿色农业产业发展协调机制研究"（项目批准号：20170418077FG）阶段性成果。

通讯作者：王琰，E-mail：wangamelieyan@163.com。

能的实现还是价值观的传递，本文将品牌危机划分为功能型品牌危机和价值型品牌危机。在社会文化整体进步的今天，媒体和消费者对价值型品牌危机事件愈加敏感，由此带来的负面效应也愈发严重。价值型品牌危机的响应策略研究具有重要意义。

在面对品牌危机时，企业应对策略的选择和执行最终决定了消费者对危机所涉及的品牌和企业的信心恢复程度，是影响消费者形成品牌资产信念的决定性因素（Aaker，1991；Keller，1993；徐小龙和苏勇，2015）。现有品牌危机的研究通过大量的实际案例分析表明企业承担危机责任并承诺采取补救措施是唯一的最佳策略（Dean，2004；Toklu & Kucuk，2017）。然而，有学者进一步发现危机响应的有效性可能还取决于其他因素，这些因素包括消费者对企业的期望（Dawar & Pillutla，2000）、危机归因（Coombs，2007；王汉瑛和田虹，2016）、消费者对品牌的信任（Keh & Xie，2009）等。但上述研究囿于功能型品牌危机的基本前提假设，忽视了价值型品牌危机的情景，有关后者的研究更是凤毛麟角。在面对价值型品牌危机时，企业是否存在其他的选择依然有待进一步验证。

来自心理学和营销学的诸多研究表明产品的核心功能和附加功能对消费者的心理状态（如归因过程、购买意向）和行为表现（如重复购买、口碑传播、退货行为）具有重要影响（Raghubir & Celly，2011；Laran & Tsiros，2016；Lee & Yi，2017）。Liu 等（2011）的研究发现，相比于附加赠品，核心产品本身受到的关注更多，即使赠品出现质量问题消费者也不会过多的计较，更加倾向于外部归因。Edgar 和 Lockwood（2010）证实，企业的核心业务能力对消费者是否重复购买起到决定性作用。可见，产品功能的实现与否很可能引起消费者的认知差异。由此推测，对于并不涉及产品核心功能的价值型品牌危机很可能会存在与以往聚焦于产品功能的品牌危机不同的研究结论。

因此，本文以价值型品牌危机为切入点，试图探讨消费者感知企业响应策略的心理机制与影响因素，探索企业声誉和顾客承诺对危机响应策略与品牌资产之间关系的调节作用。本研究不仅有助于进一步完善现有危机修复理论，同时也对企业传递符合时代特征的价值追求，增强应对危机的能力，保护品牌资产具有重要意义。在精神文明建设蓬勃发展的当代社会，特别是对面对消费者审美情趣和文化水平不断提升的中国企业来说，对于价值型品牌危机如何做出正确的响应更具有理论价值和实践指导意义。

2. 文献回顾

2.1 价值型品牌危机及其负面影响

"危机" 概念是由 Herman（1969）最先提出，由 Kleppinger（1993）将其引入品牌管理领域。国内外的学者们主要从危机造成的负面影响来定义品牌危机。品牌危机是指那些威胁品牌提供预期效益的能力从而削弱品牌资产的意想不到的事件（Ahluwalia et al.，2000；Dawar & Pillutla，2000；Pullig et al.，2006；Toklu & Kucuk，2017），这一定义也被众多学者所采纳。Dawar 等（2009）将品牌危机定义为虚假的品牌主张在被曝光和广为宣传后对品牌造成的伤害。国内学者中，王汉瑛和田虹（2016）认为品牌危机是由于企业外部环境突变、品牌运营或营销管理失常，从而对品牌整体形象造成不良影响，并且在短时间内波及公众，使企业品牌乃至企业本身信誉大为减损，甚至危及企业生命的窘困状态。本研究从顾客对品牌认知的角度出发，认为品牌危机的本质是品牌关系的冲突和瓦解，是顾客心理属性改变而给品牌资产带来的不稳定状态。

品牌危机类型的划分一直是该领域研究的核心问题之一。根据对危机产生的责任承担的程度，Coombs（2007）将品牌危机分为受害者类型、事故类型和故意犯错类型三种。其中，受害者类型的危机是由外部引起的，例如，关于企业所从事产业的谣言或其他企业的危机造成的溢出效应；事故类型的危机并非企业主观上故意为之，而是由失误所引起的意外；故意犯错类型的危机顾名思义，是由于企业主观上的有意为之而导致的负面事故。根据Pullig（2006）的研究，本文将品牌危机划分为为两种类型：功能型品牌危机和和价值型品牌危机。功能型品牌危机通常涉及产品质量问题，该类型的危机主要是降低了品牌传达功能效益的能力（Dawar & Pillutla，2000；Pullig et al.，2006；Roehm & Brady，2007）。而价值型的品牌危机并不直接涉及产品，而是涉及品牌所代表的价值观念或社会伦理道德问题。这种危机类型不涉及特定的产品属性，但质疑了品牌提供象征意义的能力（Pullig et al.，2006）。

品牌危机发生后往往会对品牌资产造成负面影响（Rea et al.，2014）。目前关于品牌资产的研究主要是从认知心理学和消费者-品牌关系两大视角展开。消费者认知视角的品牌资产认为品牌存在于消费者的心智之中，强调消费者对品牌的差异化反应（Keller，1993）。而消费者-品牌关系视角近年来则受到越来越多的关注，该视角强调消费者和品牌的双向互动。品牌资产是品牌的整体价值，反映了消费者对品牌实现预期效益的能力的信心以及与竞争品牌相比对品牌的偏好（Aaker，1996；Keller，2003；Netemeyer et al.，2004）。信息经济学家认为，强大的品牌资产可以传递可信赖的产品信号，并将价格溢价作为品牌投资回报的一种形式（Baltas，2010）。消费者可以从品牌中获得功能上和符号上的效益（Keller，1993）。价值型品牌危机在很大程度上影响了品牌符号效应的传递，同时也影响了品牌态度或品牌选择等消费者行为（Pullig et al.，2006）。

2.2　品牌危机的响应策略

品牌危机发生后的修复问题一直是该领域研究的重点问题。学者们在不同的层次上对品牌危机的响应策略进行过划分。Dawar和Phillutla（2000）按照对危机事件承认的程度将反应策略分为明确否认、模棱两可和明确承认三种。Brandford（1995）将危机响应策略划分为五种类型，分别是置之不理、否认、寻找借口、提供理由和让步。其中，借口策略指的是虽然承认此次事件，但由于一些不可控因素限制了组织的管理，组织不应对此事负责。提供理由策略指的是，虽然组织对此事表示负责但是指控者在指责组织时所使用的标准是有失公正的。Benoit（1997）的分类方式则十分具有管理上的实践意义，将应对策略分为否认、逃避责任、降低事件攻击性、纠正和屈从五种，每一种类型又分为数个亚型，给出了十分具体的边界条件和操作特点，适合管理者从中进行选择。方正等（2011）根据相似性将企业应对策略划分为攻击策略、辩解策略、缄默策略和和解策略四种。

基于文献梳理，本文认为在信息高速传播的今天，对品牌危机置之不理任由事态发酵是不现实的。本文主要借鉴Benoit（1997）和方正等（2011）的分类方式和对有关概念的理解，将危机的响应策略分为三种：否认、辩解和纠正。其中，否认指的是直接否定对于组织或者品牌负面事件的指控。辩解策略指的是虽然承认负面事件的存在，但并不认为自己应该对此事负责，通过模糊重点、避重就轻、寻找借口、找他人代为受过等弱化问题严重性的处理方式来减少危机的负面效应，采取这种策略的企业通常持有的观点是，虽然有更好的产品或服务可以被提供，但本企业并不予以考虑。纠正策略指的是企业承担责任并且做出承诺采取补救措施，以阻止类似事件再次发生。

3. 研究假设

本研究以价值型品牌危机下企业的应对策略作为自变量，将品牌资产作为因变量。探讨不同的应对策略对品牌资产的影响及其内在反应机制。先前的研究通常从认知心理学、信息经济学、消费者-品牌关系来定义品牌资产。在品牌危机的情境下，有学者认为品牌资产是品牌有关信念的综合体（Drawar & Pillutla，2000），具体包括品牌态度、品牌信任、感知质量和购买意愿四个维度（Keller，1993）。而本文从消费者-品牌关系的角度出发，认为品牌资产是品牌的整体价值，反映了消费者对品牌实现预期效益的能力的信心以及与竞争品牌相比对品牌的偏好（Aaker，1996；Keller，2003；Netemeyer et al.，2004）。

3.1 企业响应策略的影响

从响应策略所包含的信息内容的角度看，不同类型的品牌危机响应策略主要存在两点差异：（1）对危机的解释水平，（2）是否预防危机再次发生。消费者相信企业的解释并对后续应对措施表示满意就会对企业产生积极的评价（Guo et al.，2015）。本文选取的三种响应策略在这两个维度上均有所不同。否认策略，提供的解释力最低，不能保证危机不会再次发生。辩解策略，提供了对于危机的解释，但不能保证危机不会再次发生。纠正策略，解释了危机并提供详细的预防计划。

为危机提供的解释水平是响应策略是否有效的关键因素。消费者如果对危机有疑问，就会寻求信息去解除内心的疑惑。Coombs（2007）认为对危机进行解释比置之不理更有效，简单的否认并不能恢复消费者对于品牌的信心。消费者-品牌关系理论证实简单的否认在重塑消费者信任方面的效力是低于道歉的，即使与简单否认相比，简单道歉也没有提供关于危机的解释并且都没有提出预防措施（Bottom et al.，2002）。否认策略留下了未解决的问题，利益相关者无法预测危机是否会再次发生，消费者对于危机处理的满意度最低（Kim et al.，2006）。因此，本文认为否认策略在应对危机时效果最差。

企业是否应该对危机会不会再次发生作出承诺很大程度上是取决于危机的类型。对于功能型品牌危机来讲，因为涉及产品可能对消费者的实用性体验和安全健康等造成影响，提供有关预防危机的详细计划可能会对恢复消费者信任等方面产生积极影响（Guo et al.，2015）。而对于并不涉及产品本身的价值型品牌危机来讲，本研究认为保证危机不会再次发生是没有必要的。现有相关研究也表明，在品牌危机的背景下，品牌所代表的象征意义和心理上的好处可能会增加品牌偏好而并不会对是否选择品牌起到决定性的作用，品牌更需要的是功能上的优势。事实上，消费者在搜寻象征意义上的信息时所用的时间要少于搜寻产品质量相关信息的时间（Dholakia，2001）。对于价值型品牌危机，消费者可能会接受任何提供解释的回应。有研究表明与内部原因导致的产品竞争力问题相比，企业在面对外部归因导致的道德问题时道歉这种解决方式可以使消费者信任得到更为有效的恢复（Kim et al，2006）。本研究认为对于价值型品牌危机，企业采用纠正策略以提供额外的担保和承诺并不是必须的，我们推测辩解和纠正同样有效。而拒绝策略由于解释力较低则被认为是效果最差的响应策略。综上，提出假设 H1：

H1：在价值型品牌危机中，就保护品牌资产而言，纠正和辩解的效果不存在显著差异，否认的效果最差。

3.2　企业声誉的调节作用

企业良好的声誉水平会使消费者产生晕轮效应。晕轮效应这一概念属于心理学范畴，指人们对某人、某物的认知首先根据某一方面的印象，然后再从这个印象推论出认知对象的其他特质。这种效应由认知偏见引发（Wu & Petroshius，1987）。换言之，人们对人或物的认知和判断往往只从局部出发，扩散而得出整体印象，即常常以既定印象概全。企业社会责任水平高的企业在面临危机时处于更有利的位置，消费者更倾向于将危机进行外部归因并且对消费者感知的品牌形象影响要小于社会责任水平低的企业（Dean，2004）。

此外，由于声誉水平高的企业在消费者心中的评价较高，消费者会采取选择性信息处理的方式最小化由品牌危机带来的认知失调的感觉，来尽量保证自己对品牌的态度与危机前保持一致（Kiesler et al，1996；Zavyalova，2016）。声誉水平高的企业通常也承载了更多的期望，在发生危机时，消费者更关注于企业的应对措施而不是危机所带来的负面信息（龚金红等，2014）。良好的企业声誉会使消费者更相信其处理危机的能力，在行动时被认为更具有利他倾向，而声誉差的企业反之（Dawar & Pillutla，2000）。本研究认为，由于否认策略提供的信息量最少，导致无论企业声誉水平如何消费者从企业响应策略中得到的信息量都最少，而辩解和纠正这两种策略中企业提供了相对较多的信息，由于晕轮效应和选择性的信息处理，高声誉水平的企业会收到更好的反馈。综上，提出假设 H2：

H2：在价值型品牌危机中，企业声誉在响应策略和品牌资产之间起正向调节作用。具体而言，企业采用否认策略时，企业声誉水平高或低对品牌资产的影响不存在显著差异；企业采用辩解和纠正策略时，与低声誉水平企业相比，它们对高声誉水平的企业品牌资产的影响更显著，对品牌资产的保护效果更好。

3.3　顾客承诺的调节作用

顾客承诺指的是顾客通过对服务提供者的经济成本感知和情感认同的衡量，而产生的维系这种商业关系的意愿（Gustafsson et al.，2005）。已有研究表明，顾客承诺与重复购买、向他人推荐、交叉购买等行为也存在正相关（Garbarino & Johnson，1999；Gustafsson & Johnson，2005；Jones & Taylor，2010）。价值型品牌危机可看作一种对顾客-品牌关系的威胁。自我认同理论认为当个体面对与自身已有价值观或认知相矛盾或有威胁的信息时，会承受较少的压力并进行相应的防御性措施（Cohen & Sherman，2014）。顾客承诺是建立和维护品牌关系的重要因素（孙乃娟和郭国庆，2016），可激励顾客对公司的产品或品牌形成黏性，即使当顾客满意度相对较低时，这种黏性仍然可以发挥作用（Fullerton，2014）。顾客承诺与偏好稳定性、防御性动机的形成相关，会导致消费者进行自我调节以支持自己预期的结论（Bartikowski & Walsh，2011）。

本研究认为，当消费者对品牌的顾客承诺水平较低时，消费者对负面信息更敏感并有望以相对客观的方式处理这些信息。反之，高承诺的消费者由于对品牌的高度依赖和自我认同，对正面信息更敏感，并且会自发抗辩负面信息和拒绝态度上的转变（Ahluwalia et al.，2000）。综上，提出假设 H3：

H3：在价值型品牌危机中，顾客承诺在响应策略和品牌资产之间起负向调节作用。具体而言，企业采用否认策略时，顾客承诺水平对品牌资产的影响显著，高顾客承诺水平下对于品牌资产的保护作用更好；企业采用辩解和纠正策略时，顾客承诺水平对品牌资产的影响不存在显著差异。

4. 实证研究

本文的研究方法为实验法，选取这种研究方法的原因是基于以下两点的考量。首先，研究中涉及很多顾客心理感知的探索，这一领域的研究很难通过问卷调研等方式来实现，而在心理学领域的研究中多使用控制干扰变量、设置测试场景的实验法来取得研究数据；其次，实验法可以较好地控制混淆变量，排除其他因素的干扰，记录不同实验环境下被试的反应，相较于其他研究方法，实验法比较符合本研究的设想。

4.1 实验一

4.1.1 实验设计

实验一主要探究价值型品牌危机中，企业的响应策略与品牌资产的关系。87 名大学生参加了本实验，其中男性占比为 37.9%，被试平均年龄为 23.51 岁（SD = 2.53）。本实验采用单因素完全随机组间实验设计，所有被试被随机分配到否认、辩解和纠正三种响应策略的三个实验组中。其中，否认组 28 人，辩解组 29 人，纠正组 30 人。

参与者到达实验室后，在工作人员的指示下被要求完成若干不相关的任务。之后，参与者首先阅读一段材料，描述"运动鞋品牌 A 在东南亚的工厂存在血汗工厂的问题，包括限制工人上厕所时间、高强度工作负荷和恶劣的工作环境等"。在"否认"组，企业否认对于自己的负面报道，声称自己从未剥削过工厂工人；在"辩解"组，企业声称自己是与代工厂签订合同，具体的管理由代工厂负责，对工人只造成了微小的伤害，并且企业在当地的经营管理活动符合当地法律要求；在"纠正"组，企业承认自己管理存在失误，承诺加强对工厂的监管，与人权组织合作整顿供应链。然后，参与者回答有关企业类型的问题来验证是否有认真阅读材料，要求被试判断品牌所从事的领域是哪一种"（1）运动鞋（2）电子产品（3）服装制造（4）食品"。接下来参与者要回答关于响应策略的操控检验题项，要求被试判断企业的危机响应策略是哪一种"（1）否认企业拥有血汗工厂（2）对企业血汗工厂的问题进行辩解（3）承认企业存在血汗工厂的问题，并承诺做出改进（4）其他"。完成操控响应策略的实验之后，参与者被要求对消费者感知品牌资产情况进行评估。在这一部分，参与者被要求在 7 点李克特量表上回答几个有关品牌资产的题项，这里我们借鉴 Aaker（1991），Keller（1993）以及 Dawar（2000）等人在研究中使用过的品牌态度、品牌信任、感知质量、购买意愿和品牌吸引力五个维度来进行测量，其中品牌态度三个题项："这个品牌是讨人喜欢的（1 = 非常不同意，7 = 非常同意）""这个品牌是积极的（1 = 非常不同意，7 = 非常同意）""这个品牌是好的（1 = 非常不同意，7 = 非常同意）"；品牌信任三个题项："这个品牌值得信赖（1 = 非常不同意，7 = 非常同意）""这个品牌是可靠的（1 = 非常不同意，7 = 非常同意）""这个品牌是可信的（1 = 非常不同意，7 = 非常同意）"；感知质量两个题项："这个企业品牌是高质量的（1 = 非常不同意，7 = 非常同意）""这个企业生产的产品是高质量的（1 = 非常不同意，7 = 非常同意）"；购买意愿一个题项"你购买这个品牌的可能性有多少（1 = 很低，7 = 很高）"；品牌吸引力一个题项"你觉得这个品牌的吸引力有多少（1 = 很低，7 = 很高）"。最后，参与者填写了被试的年龄、性别等个人信息，并领取了相应的实验报酬。

4.1.2 实验结果与分析

首先，本研究检验该实验操纵是否成功地使被试感受到应对策略的差异。结果表明，共邀请被试 87 人，剔除误判企业类型、响应策略类型的样本，否认、辩解、纠正三个水平上剩余有效样本数分别为 27、26 和 28。其次，通过对品牌资产进行单因素方差分析，结果表明，价值型品牌危机响应策略的主效应显著（$F_{(2, 78)} = 4.015$，$p = 0.02$）。具体而言，辩解组对品牌资产评价的均值（$M = 4.23$，$SD = 1.32$），纠正组对品牌资产评价的均值（$M = 5.12$，$SD = 1.08$）显著高于否认组对品牌资产评价均值为（$M = 2.14$，$SD = 0.75$）。方差分析显示，辩解策略显著优于否认策略（$F_{(1, 51)} = 14.485$，$p < 0.001$），纠正策略显著优于否认策略（$F_{(1, 53)} = 12.51$，$p < 0.001$），而纠正策略并不显著优于辩解策略（$F_{(1, 52)} = 2.98$，ns）。具体如图 1 所示，H1 得到支持。

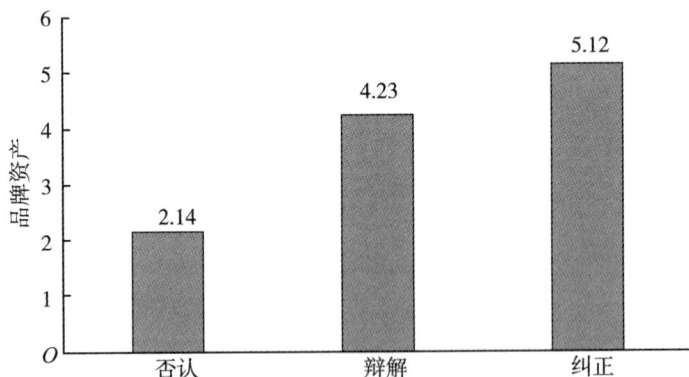

图 1　价值型品牌危机下响应策略对品牌资产的影响

实验一的结果表明，在价值型品牌危机中，就保护品牌资产而言，纠正和辩解的效果不存在显著差异，而否认的效果最差。实验一中我们采用了运动鞋品牌的有关内容作为刺激材料，在接下来的实验中我们更换了产品和价值型品牌危机以及应对策略的内容来避免刺激材料单一的问题，并进一步探究企业声誉水平的调节作用。

4.2 实验二

4.2.1 实验设计

本研究的目的是验证企业声誉的调节作用，采用 2（企业声誉：高、低）×3（响应策略：否认、辩解、纠正）的组间设计。210 名在校大学生参与了本次实验，其中男性占比 40.5%平均年龄为 21.88 岁（SD＝2.41）。所有被试被随机分配到 6 个不同的组中，每组 35 人。

本研究对企业声誉进行了操控。具体流程是，高企业声誉组参与者阅读的主题是"日化品牌 B 是一家国际知名企业，一直拥有良好的口碑，并热心慈善事业捐助多所希望小学，本着务实、创新的精神开创性地提出了新的公益模式……信誉机构评级在 A+级别……"而低企业声誉组被试阅读的主题是"日化品牌 B 是一家国内企业，近些年来经营不善，出售旗下资产，削减产品线，业绩下滑，市场口碑不佳，平时鲜少参与慈善事业……信誉机构下调其评级"，以操控参与者对企业声誉的感知，两个不同的主题下对应着字数相当但内容不同的描述，以增强操控的真实性。完成以上阅读任务后，参与者需要在 7 点李克特量表上完成有关企业声誉水平的题项："我认为该企业声誉水平（1＝低，7＝高）"。之后，参与者首先阅读一段材料，描述"日化品牌 B 最新发布的洗衣液广告中涉嫌种族歧视，并且内容与另一国外厂商广告极其相似，涉嫌抄袭，甚至在西方媒体的转载下引发大量关于种族歧视和抄袭的指控"。在"否认"组，企业否认对于自己的负面报道，声称自己并未抄袭也没有种族歧视；在"辩解"组，企业声称公司将广告外包给广告公司负责，自己并不知情；在"纠正"组，企业将各大视频网站上的该广告全面撤下，并发布道歉声明企业承认管理失误，责任部门已对事件过程展开全面调查，确保今后不再发生类似事件。然后，参与者回答有关企业类型的问题来验证被试是否有认真阅读材料，要求被试判断品牌所从事的领域是哪一种："（1）运动鞋；（2）电子产品；（3）服装制造；（4）日化。"接下来参与者要回答关于响应策略的操控检验题项，要求被试判断企业的危机响应策略是哪一种："（1）否认企业广告涉嫌种族歧视和抄袭；（2）对企业广告涉嫌种族歧视和抄袭问题进行辩解；（3）承认企业广告存在种族歧视和抄袭的问题，并承诺做出改进；（4）其他。"完成操控响应策略的实验之后，参与者被要求对消费者感知品牌资产情况进行评估。参与者被要求在 7 点里克特量表上回答几个有关品牌资产的品牌态度、品牌信任、感知质量、购买意愿和品牌吸引力五个维度的题项，在这一部分，我们的操作与实验一一致。最后，参与者填写了被试的年龄、性别等个人信息，并领取了相应的实验报酬。

4.2.2 实验结果与分析

首先，本研究检验该实验操纵是否成功地使被试感受到应对策略的差异。结果表明，共邀请被试 210 人，剔除误判企业类型、响应策略类型的样本，剩余有效样本数为 205 份，其中高声誉否认组 35 份，高声誉辩解组 34 份，高声誉纠正组 35 份，低声誉否认组 35 份，低声誉辩解组 33 份，低声誉纠正组 33 份。接下来本研究对企业声誉的操控效果进行操控检验。单因素 ANOVA 结果表明，高声誉组均值为 4.57（SD＝0.94），低声誉组均值为 2.62（SD = 1.46），两者具有显著差异 F（1，203）= 11.98，$p < 0.001$），说明企业声誉操纵成功。

接下来检验在不同企业声誉水平下面对价值型品牌危机企业的响应策略对品牌资产的影响是否存在差异。双因素方差分析结果显示企业的声誉水平和价值型品牌危机响应策略的交互效应显著（F（2，199）= 8.23，$p < 0.001$）。当采取否认策略时，无论企业声誉水平高或低，品牌资产的价值不存在显著差异（$M_{声誉水平低}$ = 2.47，SD = 0.92，$M_{声誉水平高}$ = 2.54，SD = 1.22，F（1，68）= 3.47，ns）；但是，当采取辩解策略时，企业声誉高的企业的品牌资产价值显著高于声誉水平低的企业（$M_{声誉水平低}$ = 4.51，SD = 1.43，$M_{声誉水平高}$ = 5.63，SD = 0.96，F（1，65）= 4.303，$p = 0.042$）。当采取纠正策略时，企业声誉高的企业的品牌资产也同样显著高于声誉水平低的企业（$M_{声誉水平低}$ = 4.66，SD = 1.25，$M_{声誉水平高}$ = 5.79，SD = 0.48，F（1，66）= 4.73，$p = 0.033$）。具体如图 2 所示，H2 得到支持。

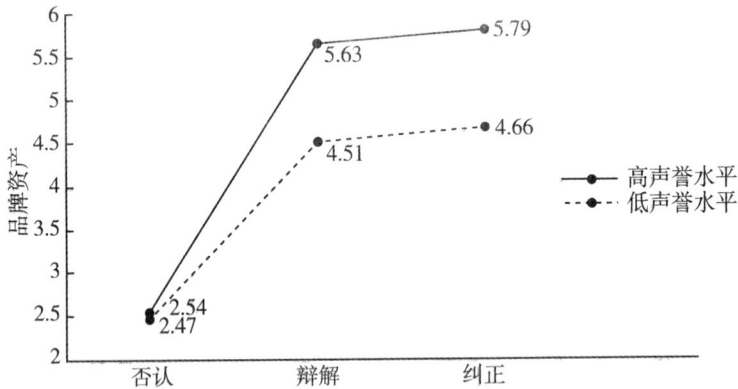

图 2　企业声誉水平的调节作用

实验二的研究结果表明企业采用否认策略时，企业声誉水平高或低对品牌资产的影响不存在显著差异。企业采用辩解和纠正策略时，与低声誉水平企业相比，高声誉水平的企业品牌资产的影响更显著。实验一和实验二中我们均使用虚拟品牌，为进一步增强研究结果的稳健型，实验三中我们将使用现实品牌对本研究提出的假设进行进一步验证。

4.3　实验三

4.3.1　实验设计

本研究的目的是验证顾客承诺的调节作用，采用顾客承诺（连续测量变量）×3（响应策略：否认、辩解、纠正）的两因素混合实验设计。200 名大学生参与了本次实验，其中男性占比 34.3%，平均年龄为 22.7 岁（SD = 1.93）。

在本实验中，我们使用在两性平权方面鲜有危机发生的真实品牌——IBM。被试对目标品牌的承诺使用由 Beatty，Kahle 和 Homer（1988）提出的 7 点李克特量表进行测量。量表中所使用的题项为："相对于其他品牌，我更偏好于该品牌（1 = 非常不同意，7 = 非常同意）""我认为自己忠于该品牌（1＝非常不同意，7＝非常同意）""当有其他品牌的产品在售时，我通常不会购买其他品牌的产品。（1＝非常不同意，7＝非常同意）"。之后，被试被随机分配到实验组中。参与者首先阅读一段材料，描述"IBM 一直标榜自己企业中女性员工比例与男性相当，是贯彻落实男女平等的企业，但有媒体披露在员工招聘时筛掉女性应聘者已经成为潜规则，并且在公司内部同样的岗位和级别女性员工得到的薪水少于男性等"。在"否认"组，企业否认对于自己的负面报道，声称自己并未对女性应聘者和女性员工差别对待；在"辩解"组，企业声称这是人力资源部门员工的工作失误，并声称公司将招聘流程外包给其他公司负责，而同工不同酬的现象则是每个人的加班时间和绩效水平不一样导致的，并不涉及性别歧视；在"纠正"组，企业承认这种事情的发生不符合公司价值观，责任部门已对事件过程展开全面调查，确保今后不再发生类似事件。然后，参与者回答有关企业类型的问题来验证被试是否有认真阅读材料，要求被试判断品牌所从事的领域是哪一种："（1）运动鞋；（2）电子产品；（3）服装制造；（4）食品。"接下来参与者要回答关于响应策略的操控检验题项，要求被试判断企业的危机响应策略是哪一种："（1）否认企业性别歧视；（2）对企业性别歧视的问题进行辩解；（3）承认企业存在性别歧视的问题，并承诺做出改进；（4）其他。"完成操控响应策略的实验之后，参与者被要求对消费者感知品牌资产情况进行评估。参与者被要求在 7 点李克特量表上回答几个有关品牌资产的品牌态度、品牌信任、感知质量、购买意愿和品牌吸引力五个维度的题项，在这一部分，我们的操作与实验一一致。最后，参与者填写了被试的年龄、性别等个人信息，并领取了相应的实验报酬。

4.3.2 实验结果与分析

首先，本研究检验该实验操纵是否成功地使被试感受到应对策略的差异。结果表明，共邀请被试 155 人，剔除误判企业类型、响应策略类型的样本，剩余有效样本数为 150。

接下来检验在不同承诺水平下面对价值型品牌危机企业的响应策略对品牌资产的影响是否存在差异。由于顾客承诺是连续变量，响应策略是分类变量，因此本研究参照（Irwin & McCleland，2001；Spiller，Fitzsimons，Lynch，& Macclelland，2013）的建议，使用 spotlight 方法对数据进行分析，检验顾客承诺和响应策略对品牌资产的交互影响：将响应策略设为虚拟变量，标准化的顾客承诺和二者的交互项为自变量对品牌资产的影响进行线性回归。数据分析结果显示，响应策略和顾客承诺对品牌资产的交互影响显著（$\beta = -0.632$，$t(142) = 2.37$，$p = 0.016$，Cohen's $d = 0.50$），见图 3（其中高低承诺水平取正负一个标准差）。具体而言，承诺水平高并不影响不同策略下对于品牌资产的感知（$\beta = 0.255$，$t(142) < 1$，$p = 0.42$，Cohen's $d = 0.18$）。而承诺水平低的情况下，不同响应策略对品牌资产存在正向影响（$\beta = 1.48$，$t(142) = 2.48$，$p = 0.042$，Cohen's $d = 0.35$）。

5. 研究结论与讨论

5.1 研究结论

本文通过三个实验研究验证价值型品牌危机响应策略对品牌资产的影响及其内在机制

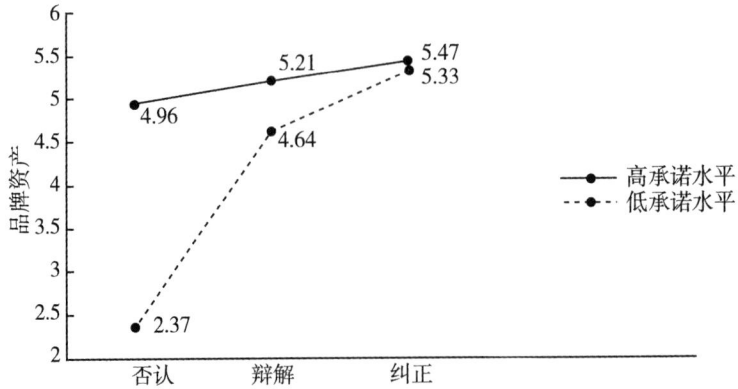

图 3　顾客承诺水平的调节作用

和边界条件。三个实验研究从不同方面验证了前文提出的三个假设，其中实验一验证了
H1，即在价值型品牌危机中，就保护品牌资产的效果而言，纠正策略和辩解策略不存在
显著差异，而否认策略的效果最差。实验二在实验一的基础上通过改变自变量刺激材料的
内容进一步验证了 H2，在价值型品牌危机中，企业声誉在响应策略和品牌资产之间起调
节作用，无论企业声誉水平高还是低，否认策略的效果都一样差，但是辩解和纠正策略的
效果对于不同的企业声誉水平则存在显著差异。具体而言，企业采用否认策略时，企业声
誉水平高或低对品牌资产的影响不存在显著差异。企业采用辩解和纠正策略时，与低声誉
水平企业相比，高声誉水平的企业品牌资产的保护效果更显著。实验三主要验证了 H3，
验证了顾客承诺的调节作用，我们发现对于实验一所得出的结论主要适用于承诺水平较低
的消费者，而对于承诺水平高的消费者来说，无论企业采取否认、辩解和纠正这三种策略
中的哪一种都对品牌资产的影响不存在显著差异。

5.2　理论贡献

　　首先，丰富了品牌危机的研究视角。尽管品牌危机一直是热门研究领域，但多数是关
于功能型品牌危机的研究，忽视了与产品功能无关的危机类型，消费者对价值型品牌危机
企业响应策略的评估仍然有待探索。本研究将品牌危机的研究视角从功能型延伸到价值
型，并发现了与功能型研究不同的结论，有利于进一步丰富品牌危机的相关研究。

　　其次，推进了有关品牌危机应对策略的研究。已有的关于品牌危机的研究普遍认为纠
正策略对品牌资产的保护效果最好（Dean，2004；Toklu & Kucuk，2017），还没有深入讨
论过其他响应策略的可能性。本研究侧重于否认和辩解这两种策略的积极影响，深入揭示
了价值型品牌危机响应策略对于品牌资产的影响及其中间机制，丰富了关于危机应对策略
的已有理论及研究成果。

　　最后，探索了企业声誉作为保护机制的边界条件。已有研究认为，企业声誉缓解了品
牌危机给企业带来的负面影响（Coombs，2007；Zavyalova et al.，2016），这可能导致高
声誉的企业无论采取何种响应策略其效果都要好于低声誉水平的企业。本研究发现高声誉

124

并不是万能的，声誉高的企业在采取否认策略时对品牌危机的保护作用并没有更好，从而在一定程度上对现有研究进行了补充。

5.3 管理启示

首先，本研究为有效应对价值型品牌危机提供了参考依据。企业必须考虑危机本身的性质和特点来选择不同的策略，在价值型品牌危机的情境下，辩解策略可以和纠正策略一样有效，而企业采取纠正策略的成本可能是高昂的，作为替代选择的辩解策略在此时就显得尤为重要。虽然企业在选择相应策略时要考虑到经济上的因素，但无论何时，否认策略都是不可取的。因此，企业应该建立健全信息沟通机制来保证在危机发生时能够从容应对。

其次，本研究认为在面对价值型品牌危机的时候，企业可以考虑采取更有针对性的应对方法。当企业旨在维系高承诺水平的消费者时，可以付出更少的努力来应对价值型品牌危机，因为面对企业的负面信息时，高承诺的消费者可能已经自发地对危机产生了必要的反驳。相比之下，在面对低承诺的消费者时，企业可能要做出更多的努力才能将品牌资产的损失降到最低。

最后，本研究结论体现了企业声誉水平的重要性，企业建立良好的声誉是具有长期战略意义的举措。高声誉水平的企业在发生价值型品牌危机的时候更容易得到消费者的谅解，与低声誉企业相比，即使采取同样的应对策略对于品牌资产的保护也更有效。因此，企业应该在日常经营管理中注重对声誉的培养与维护，通过履行企业社会责任行为来提升自身形象，塑造高水平的企业声誉。

5.4 局限性和未来研究展望

首先，本研究中实验所采取的样本均来自于在读大学生，并且实验均在实验室中进行，外部效度有待提高。未来研究可以采取更加多样的研究方法来验证变量之间的关系是否成立。其次，本文按照功能型和价值型对危机进行分类，而危机的划分角度并不是唯一的，例如，可辩解型和不可辩解型。未来研究可以探索其他分类方式下不同类型的危机的响应方式的有效性。再次，在信息高度传播的现代社会，品牌危机大多数情况下是由媒体曝光而引发的，媒体的报道以及舆论导向对消费者行为有哪些影响都值得我们进一步研究。除此之外，本研究分别验证企业声誉水平和顾客承诺对价值型品牌危机响应策略有效性的影响，而二者之间的交互作用还有待进一步考查。最后，除企业声誉水平和顾客承诺之外，还可能有很多其他因素影响危机响应策略与品牌资产的关系，例如，公司所在的行业、危机的归因、是否有专家辟谣、不同地区的文化差异等等，这些因素的影响都有待我们进一步探索。

◎ 参考文献

[1] 方正，杨洋，江明华，等. 可辩解型产品伤害危机应对策略对品牌资产的影响研究：调节变量和中介变量的作用 [J]. 南开管理评论，2011，14（4）.

［2］ 龚金红，谢礼珊，彭家敏．旅行社服务不诚信行为如何影响顾客信任——心理契约违背与企业声誉的作用 ［J］．旅游学刊，2014，29（4）．

［3］ 孙乃娟，郭国庆．顾客承诺、自我提升与顾客公民行为：社会交换理论视角下的驱动机制与调节作用 ［J］．管理评论，2016，28（12）．

［4］ 王汉瑛，田虹．产品伤害危机后企业社会责任的选择：商业型还是慈善型 ［J］．上海财经大学学报，2016，18（3）．

［5］ 徐小龙，苏勇．产品伤害危机下消费者-品牌关系再续——一个投入模型视角 ［J］．经济管理，2015（5）．

［6］ 张楠，彭泗清．品牌本真性概念探析：内涵、维度与测量 ［J］．商业经济与管理，2016（9）．

［7］ Aaker, D. A. Measuring brand equity across products and markets ［J］. *California Management Review*, 1996, 38（3）.

［8］ Aaker, D. *Managing brand equity*: *Capitalizing on the value of a brand name* ［M］. New York: Free Pres, 1991

［9］ Ahluwalia, R., Burnkrant, R. E., Unnava, H. R. Consumer response to negative publicity: The moderating role of commitment ［J］. *Journal of Marketing Research*, 2000, 37（2）.

［10］ Baltas, G., Saridakis, C. Measuring brand equity in the car market: A hedonic price analysis ［J］. *Journal of the Operational Research Society*, 2010, 61（2）.

［11］ Bartikowski, B., Walsh, G. Investigating mediators between corporate reputation and customer citizenship behaviors ［J］. *Journal of Business Research*, 2011, 64（1）.

［12］ Beatty, S. E., Homer, P., Kahle, L. R. The involvement—commitment model: Theory and implications ［J］. *Journal of Business Research*, 1988, 16（2）.

［13］ Benoit, W. L. Image repair discourse and crisis communication ［J］. *Public Relations Review*, 1997, 23（2）.

［14］ Bottom, W. P., Gibson, K., Daniels, S. E. When talk is not cheap: Substantive penance and expressions of intent in rebuilding cooperation ［J］. *Organization Science*, 2002, 13（5）.

［15］ Bradford, J. L., Garrett, D. E. The effectiveness of corporate communicative responses to accusations of unethical behavior ［J］. *Journal of Business Ethics*, 1995, 14（11）.

［16］ Cohen, G. L., Sherman, D. K. The psychology of change: Self-affirmation and social psychological intervention ［J］. *Annual Review of Psychology*, 2014, 65（1）.

［17］ Coombs, W. T. Protecting organization reputations during a crisis: The development and application of situational crisis communication theory ［J］. *Corporate Reputation Review*, 2007, 10（3）.

［18］ Dawar, N., Lei, J. Brand crises: The roles of brand familiarity and crisis relevance in determining the impact on brand evaluations ［J］. *Journal of Business Research*, 2009, 62（4）.

[19] Dawar, N., Pillutla, M. M. Impact of product-harm crises on brand equity: The moderating role of consumer expectations [J]. *Journal of Marketing Research*, 2000, 37 (2).

[20] Dean, D. H. Consumer reaction to negative publicity effects of corporate reputation, response, and responsibility for a crisis event [J]. *Journal of Business Communication*, 2004, 41 (2).

[21] Dholakia, U. M. A motivational process model of product involvement and consumer risk perception [J]. *European Journal of Marketing*, 2001, 35 (11).

[22] Edgar, W. B., Lockwood, C. A. Understanding, finding, and applying core competencies: A framework, guide, and description for corporate managers and research professionals [J]. *Academy of Strategic Management Journal*, 2011, 10 (2).

[23] Fullerton, G. The moderating effect of normative commitment on the service quality-customer retention relationship [J]. *European Journal of Marketing*, 2014, 48 (3).

[24] Garbarino, E., Johnson, M. S. The different roles of satisfaction, trust, and commitment in customer relationships [J]. *Journal of Marketing*, 1999, 63 (2).

[25] Guo, R., Tao, L., Li, C. B. A path analysis of greenwashing in a trust crisis among Chinese energy companies: The role of brand legitimacy and brand loyalty [J]. *Journal of Business Ethics*, 2015, 140 (3).

[26] Gustafsson, A., Johnson, M. D., Roos, I. The effects of customer satisfaction, relationship commitment dimensions, and triggers on customer retention [J]. *Journal of Marketing*, 2005, 69 (4).

[27] Herman, V. D. International business finance and monetary policy in western Europe 1384-1410 [J]. *Business History Review*, 1969, 43 (3).

[28] Irwin, J. R., McCleland, G. H. Misleading heuristics and moderated multiple regression models [J]. *Journal of Marketing Research*, 2001, 38 (1).

[29] Keh, H. T., Xie, Y. Corporate reputation and customer behavioral intentions: The roles of trust, identification and commitment [J]. *Industrial Marketing Management*, 2009, 38 (7).

[30] Keller, K. L. Brand synthesis: The multidimensionality of brand knowledge [J]. *Journal of Consumer Research*, 2003, 29 (4).

[31] Keller, K. L. Conceptualizing, measuring and managing customer based brand equity [J]. *Journal of Marketing*, 1993, 57 (1).

[32] Kiesler, C. A., Nisbett, R. E., Zanna, M. P. On inferring one's beliefs from one's behavior [J]. *Journal of Personality & Social Psychology*, 1969, 11 (4).

[33] Kim, P. H., Dirks, K. T., Cooper, C. D. When more blame is better than less: The implications of internal v. s. external attributions for the repair of trust after a competence vs. integrity-based trust violation [J]. *Organizational Behavior & Human Decision Processes*, 2006, 99 (1).

[34] Kleppinger, E. W. The collapse of sensemaking in organizations: The Mann Gulch

disaster [J]. *Administrative Science Quarterly*, 1993, 38 (4).

[35] Laran, J., Tsiros, M. An investigation of the effectiveness of uncertainty in marketing promotions involving free gifts [J]. *Journal of Marketing*, 2016, 77 (2).

[36] Lee, S., Yi, Y. Seize the deal, or return it losing your free gift: The effect of a gift - with - purchase promotion on product return intention [J]. *Psychology & Marketing*, 2017, 34 (3).

[37] Liu, T. C., Cheng, T., Ni, F. Y. How consumers respond to the behavior of missing a free gift promotion: Inaction inertia effect on products offered as free gifts [J]. *Journal of Social Psychology*, 2011, 151 (3).

[38] Netemeyer, R. G., Krishnan, B., Pullig, C. Developing and validating measures of facets of customer-based brand equity [J]. *Journal of Business Research*, 2004, 57 (2).

[39] Pullig, C., Netemeyer, R. G., Biswas, A. Attitude basis, certainty, and challenge alignment: A case of negative brand publicity [J]. *Journal of the Academy of Marketing Science*, 2006, 34 (4).

[40] Raghubir, P., Celly, K. S. Promoting promotions: Does showcasing free gifts backfire? [J]. *Journal of Business Research*, 2011, 64 (1).

[41] Rea, B., Wang, Y. J., Stoner, J. When a brand caught fire: The role of brand equity in product-harm crisis [J]. *Journal of Product & Brand Management*, 2014, 23 (7).

[42] Roehm, M. L., Brady, M. K. Consumer responses to performance failures by high-equity brands [J]. *Journal of Consumer Research*, 2007, 34 (4).

[43] Spiller, S. A., Fitzsimons, G. J., Jr, J. G. L., et al. Spotlights, floodlights, and the magic number zero: Simple effects tests in moderated regression [J]. *Journal of Marketing Research*, 2013, 50 (1).

[44] Toklu, I. T., Kucuk, H. O. The impact of brand crisis on consumers' green purchase intention [J]. *International Business Research*, 2017, 10 (1).

[45] Wu, B. T. W., Petroshius, S. M. The halo effect in store image measurement [J]. *Journal of the Academy of Marketing Science*, 1987, 15 (3).

[46] Zavyalova, A., Pfarrer, M. D., Reger, R. K. Reputation as a benefit and a burden? How stakeholders' organizational identification affects the role of reputation following a negative event [J]. *Academy of Management Journal*, 2016, 59 (1).

The Impact of Value-Related Brand Crisis Response Strategy on Brand Equity

Tian Hong[1] Wang Yan [2]

(1, 2 Business School of Jilin University, Changchun, 130012)

Abstract: The ethical issues of enterprises are receiving more and more attention from the society. How to deal with the value-related crisis and reduce the losses caused by it have become one of the most important research topics. In the context of the value-related brand crisis, from the perspective of the consumer-brand relationship, we explore the impact of the three crisis response strategies on brand equity and its intrinsic psychological mechanism. The study found that the denial strategy has the worst effect on brand equity repair, and there is no significant difference between the effects of explanation and correction. Customer commitment and corporate reputation play the moderating role. The conclusion of the study fulfills the existing research on crisis management and consumer response. At the same time, there are some theoretical and practical contributions for enterprises to choose their response strategies based on the nature of the crisis and their own conditions.

Key words: Value-related brand crisis; Brand crisis response strategy; Brand equity; Corporate reputation; Customer commitment

专业主编：曾伏娥

卖方私人信息对消费者在线短租 入住意向的影响研究[*]

● 吴　恒[1]　陈　婷[2]　彭乙真[3]

（1，2，3　武汉大学经济与管理学院　武汉　430072）

【摘　要】以往的研究指出分享住房市场的在线评分趋于同质性，无法有效影响消费者信任。在线短租房东私人信息（面孔照片）的使用推动了本文研究的深入，本文建构了信任倾向和面孔可信度对消费者信任及其入住意向的影响机制模型，运用情境实验法证明了信任倾向和面孔可信度通过影响消费者信任，进而影响其入住意向，且房间价格在信任和入住意向之间起负向调节作用。本文的研究结果为住房分享市场中卖方私人信息（面孔照片）的使用提供了理论指导，在消费者自身信任倾向一定的情况下，消费者会更多地利用外界信息（如卖方的私人信息面孔照片）来做出决策。

【关键词】信任倾向　面孔可信度　在线短租　入住意向

中图分类号：C93　　　　文献标识码：A

1. 引言

新一轮的科技革命和产业变革催生了分享经济这一新业态、新模式（《分享经济发展指南（征求意见稿）》），而分享的前提在于信任的建立。以往涉及网络信任的研究主要基于在线评论视角（Josang et al.，2007；Resnick and Zeckhauser，2002），忽略了从卖方个人特征角度去进行研究。相比早期的网络消费市场，分享经济市场提供了更多的卖方私人信息，如在线短租市场里的房东面孔照片（Ert et al.，2016）。分享经济市场中卖方私人信息（面孔照片）作为验证卖方身份的手段（Liu，2012），传达了社交存在感（Tussyadiah，2015）。近来的研究一致显示，陌生面孔在人面前呈现 100ms 就可让其形成一致且稳定的可信度评价（Willis et al.，2006），这种可信度评价是对陌生人做出信任评价的重要依据。在线短租市场中的房东面孔照片是否也能成为消费者做出信任判断的依据

* 基金项目：国家自然科学基金面上项目"基于多重关系网络演化的用户创造内容机制研究：以社会化购物为背景"（项目批准号：71372127）。

通讯作者：陈婷，E-mail：1353544658@qq.com。

呢？本文将研究在线短租市场中房东（被信方）面孔照片对消费者（施信方）信任的影响。

除了被信方所具有的可信度会影响施信方的信任外，施信方的个人信任倾向也会对其信任产生重要影响。在不可预测的陌生情境下，施信方无法根据以往的经验以及对方的行为进行预期，对被信方的信任更多地受其信任倾向影响（Rotter，1971）。以往都是在现实情境中研究信任倾向和面孔可信度对个体信任及其行为的影响，在网络情境中信任倾向和面孔可信度是如何影响信任及其行为的呢？其各自的影响程度如何呢？本研究通过情境实验法从个体信任的角度，探讨消费者个人（施信方）的信任倾向和在线短租房东（被信方）面孔可信度在网络情境中对消费者信任及其行为的作用机理，试图揭示分享经济市场中卖方私人信息的有效性，充实已有关于网络信任的研究。

为了检验房东面孔可信度对消费者信任及其入住意向的影响，本文以在线短租"小猪短租"为例来验证假设。"小猪短租"是住房分享市场中最具代表性的例子，目前在全国的房源数量约为 15 万套。"小猪短租"致力于打造一套保险机制、信任机制、安全体系，从而能够让消费者进入陌生人家中，而房东也愿意接受陌生人。本研究结果证明了信任倾向和面孔可信度通过影响消费者信任，进而影响其入住意向，而且房间的价格在信任和入住意向之间起负向调节作用。本文的研究结果为住房分享市场中卖方私人信息（面孔照片）的使用提供了理论指导，同时从心理学的角度验证了在线短租平台上的房东面孔照片正向影响消费者入住行为的结论（Ert et al. , 2016）。

2. 文献回顾与研究假设

2.1 文献回顾

当前我国社会信任缺失和网络虚拟环境的高风险性与不确定性，使得网络营销活动中的信任难以建立（李沁芳，2008）。据调查，2016 年遭遇网络安全事件的消费者占网购消费者总体的 70.5%，仅 38.8% 的消费者对网络安全环境持信任态度（第 39 次《中国互联网络发展状况统计报告》，2017）。网络营销活动中的信任危机日趋严重，引起了学者的广泛关注（王玮，陈蕊，2013）。近十年以来，学者们主要在网络信任的特点与概念、网络消费者信任的影响因素以及网络信任的影响作用等方面做了深入研究（王玮，陈蕊，2013）。在研究网络消费者信任的影响因素时，学者们主要从施信方、被信方和两者的相互关系进行探讨（冯炜，2010）。由于消费者是网络信任的主体，因此大多数学者以消费者作为施信方展开研究；被信方的成分比较复杂，主要包括网络零售商、网络推荐中介、网络社区成员等。

网络情境中的匿名性与高复杂性，面对面人际沟通的缺乏、监督保障机制的不足使交易双方的行为更难预测，从而带来更高的风险。当交易双方不能制定有效规则来减少不确定性、降低风险时，信任成为影响消费者行为最重要的因素之一（王玮，陈蕊，2013）。McKnight（2002）首次系统界定了网络信任，认为其能够帮助消费者克服对不确定性和风险的感知，并且参与到网络交易中，如分享个人信息和购买产品。

信任是一个基于情境的社会概念，依赖于信任主体所处的互动环境而存在（王玮，陈蕊，2013）。在网络情境下，McKnight（2002）认为信任倾向对初始信任建立有着非常重要的影响，随着了解加深，交易经验会取代信任倾向对后续信任的形成产生更重要的作用。然而 Koufaris 等（2004）的研究指出信任倾向对网络情境下的初始信任建立并没有显著影响，可见现有研究关于信任倾向对网络信任的影响作用存在分歧。另有学者探讨了信任倾向对网络信任建立的调节作用，Wang 等（2007）认为信任倾向在网络信任建立的过程中起着重要的调节作用，会强化与网络商家可信度相关的信息对消费者信任的影响。Benlian 等（2011）认为与网络商家可信度有关的信息包括网站内容、图形和社交线索等，网站提供的内容质量越高、在确保安全方面做得越好，其提供一个高质量交易环境的能力就越强，就越容易获得消费者的信任。在网络情境下，交易双方缺乏面对面的沟通交流，从而缺乏社交存在感乃至缺乏人际信任（Cyr et al.，2009），而人际信任应该是网络信任的重要组成部分（Benlian et al.，2011；Chen et al.，2009）。在注意到人际信任的重要性后，Choi（2011）提出商家在网站中展示有面部特征的个人照片能够增强社交存在感，从而消费者更容易产生信任。卖方的面孔照片可能会影响潜在的消费者，但直接将这些研究结论运用到住房分享市场中是存在问题的。在住房分享市场中，消费者通过在线短租平台完成交易后入住房东家中，这个过程涉及消费者与房东的现实互动。

在网络情境中，没有证据能够证明消费者的信任倾向和房东的面孔照片对消费者的信任和行为意向有影响以及如何产生影响。因此，本文将结合施信方（消费者）和被信方（房东）两方面因素在网络情境中探讨消费者信任及其入住意向，试图弥补理论的空白，检验信任倾向和基于照片的面孔可信度是否影响在线短租的潜在消费者。

2.2　研究假设

2.2.1　信任倾向与面孔可信度对信任的影响

在信任研究领域，Creed 等（1996）首次提出了个人信任倾向会对信任产生影响。信任倾向（propensity to trust）属于个人的人格特征，是基于以往的生活经验或社会经验而形成的是否愿意相信并信任他人的一般倾向（Gefen et al.，2003）。信任倾向是一种稳定的内部因素，不会因环境的不同而发生改变（Kim et al.，2004）。人们在不同的环境中重复信任他人就是一个极端盲目信任的例子，但有些人在大多数情况下不容易信任他人（Mayer et al.，1995；Jones et al.，1998）。由此可知，信任倾向可以被认为是信任他人的一般性意愿。在网络情境中，消费者在做出信任判断时也会受到其自身的信任倾向的影响。基于此，可以提出如下研究假设：

H1：消费者的信任倾向会影响信任，个人信任倾向与消费者对陌生房东的信任存在正向的影响关系

被信方的特征会对施信方的信任产生影响（Doney et al.，1997；Garbarino，1999）。在线短租平台上的每个房东都被要求上传个人面孔照片，这也是施信方所能获得的关于被信方特征的信息。近来的研究一致表明，个体的外貌特征也会影响个人的信任（Luke et al.，2010），这些由面孔外貌特征所决定的个体值得信任的程度称为面孔可信度（Todorov et al.，2008；Winston et al.，2005）。相比于面孔可信度低的人，面孔可信度高的人更容

易获得信任（Wout et al., 2008）。在心理学研究中，常用面孔照片来研究面孔可信度，说明在线短租平台上的房东照片可传递出房东的面孔可信度。基于此，提出如下假设：

H2：在线短租平台上的房东面孔照片会影响消费者信任，面孔照片传递的面孔可信度与消费者对陌生房东的信任存在正向的影响关系

消费者在陌生环境中与商家进行互动时，会收集商家的各种信息来减少不确定性，从而判断对方是否值得信任，而个人信任倾向会强化或弱化这些信息对信任的评价和作用（Mayer et al, 1995）。蔡维香（2013）在控制被试年龄的情况下，对信任倾向、面孔可信度和初始信任建立回归模型，研究发现信任倾向和面孔可信度具有显著的二阶交互作用。Lee 等（2001）也认为个人信任倾向对被信方特征与网络信任有调节作用，消费者对该事物越不熟悉，其信任倾向的调节作用就越大。在线短租平台如"小猪短租"于近几年发展起来，对于许多消费者来说比较陌生，消费者在对该平台上的陌生房东做出信任判断时，其信任倾向和房东的面孔可信度是否也会对其信任产生交互作用呢？这也是本文要验证的问题。基于此，提出如下假设：

H3：消费者的个人信任倾向和房东的面孔可信度会对消费者信任产生交互作用

2.2.2　信任和价格对入住意向的影响

理性行为理论（theory of reasoned action，TRA）认为个体认知和态度对其行为意向产生决定性影响，从而影响其实际行为。基于此，学者普遍认为网络情境下的信任会影响消费者行为意向乃至实际行为。电子商务的初始研究者指出信任正向影响电子商务的使用意愿（熊焰，李阳，2008），杨翾等（2016）关于感知风险对用户信任及行为的研究也表明信任是影响消费者行为的首要关键因素。消费者在浏览在线短租平台时，表明其已经有了住宿的需求，这时其对房东的信任会影响其入住意向。基于此，提出如下假设：

H4：消费者的信任会影响其入住意向，其对陌生房东的信任与其入住意向存在正向的影响关系

传统决策理论认为，决策成本和决策收益的比较决定了个体行为和决策的效果，因此决策的好与差在于能否用较低的成本获得较高的收益。依据此逻辑，消费者总是希望花费最少的成本来获得最高的收益。对于消费者来说，当购买成本没有差异时，同一产品应该价格一样，否则，价格较高的一方相对于价格较低的一方会处于价格竞争的劣势，从而被市场淘汰（李永强，彭峰，白璇，2008）。本文于 2016 年 12 月在中国在线短租领域的代表——"小猪短租"上设定条件"地区：武汉，户型：一居，设施：淋浴、空调、电视、网络、厨房、独立卫生间"进行搜索，剔除没有订单的房东，最后得到 117 个房东的房间定价和订单量。由于大多数房东有多间房且定价不一样，每个房东的订单量是多间房的总订单量，因此本文选用房东的平均定价和订单量运用 SPSS 软件进行相关分析。分析发现，房间价格和订单量在 0.05 的水平上成相关关系，且相关系数为-0.189。由此本研究推导，在消费者对陌生房东的信任程度相同的情况下，消费者对价格越低的房间有更高的入住意向。即相对于价格低的房间，价格高的房间会抵消部分信任对入住意向的正向作用。基于此，提出如下假设：

H5：房间的价格对信任和入住意向起到负向的调节作用

基于上述对已有的相关文献综述，本文提出了以下的研究模型（见图 1）。

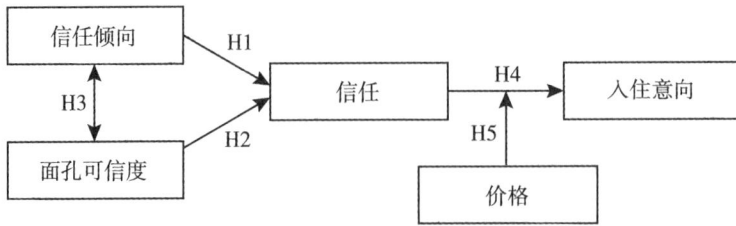

图 1   研究模型图

3. 研究设计

由于本研究涉及消费者在看到面孔照片时的心理反应，为了在数据收集过程中减少干扰变量，提高研究的内部效度，本文采用情境实验法收集数据。为了掩盖实验目的，向被试宣告此次调查是了解大学生出游选择住宿的意愿。

研究采取情境实验法检验信任倾向与面孔可信度对在线短租入住意向的影响。实验开始前，本文随机从"小猪短租"上选取地理位置为武汉的男性房东单人照 20 张、女性房东单人照 20 张、房东多人照 20 张设计了三份问卷，问卷的测量题项采用 Ert 等（2016）测量 Airbnb 上房东面孔可信度的题项——"该张照片的面孔可信度为多少"，由 1~5 分进行打分，分数越高表明该张照片的面孔可信度越高。为了避免"小猪短租"对调查者产生影响以及掩盖研究目的，研究过程中未告诉被调查者这些照片来源于"小猪短租"。问卷于 2016 年 12 月 13 日发放，历时两天共回收 349 份问卷，其中"女性单人照"问卷 139 份，"男性单人照"问卷 99 份，"多人照"问卷 111 份。平均每张照片有 116 人进行评分，Ert 等（2016）通过每张照片由 20 人进行可信度判断就区分了面孔可信度高和低的人，因此本文认为通过每张面孔照片平均由 116 人进行信任评分筛选出来的可信度最高和可信度最低的照片是大家普遍认可的。最终分别获得了男性、女性、多人面孔可信度最高、最低的照片，为接下来的现场准实验做准备。

为保证实验质量和有效操控实验，实验在课堂上开展，并通过以下几个步骤控制实验过程：第一，测量问卷中设计有题项"本题测试您是否有看题目填写，请选择非常同意选项"；第二，禁止被试在实验过程中使用手机以及与周围的人交流；第三，向被试说明实验注意事项，并解答其疑惑。首先，被试填写信任倾向量表后在投影仪上展示 6 张面孔照片，被试根据自己第一感觉填写面孔可信度量表。然后，向被试介绍小猪短租并告知以上 6 张照片选自小猪短租，被试在认真阅读完实验情景材料后，填写相应的测量量表。

3.1   信度检验

信任倾向量表采用 Rotter（1967）编制的人际信任量表（ITS）中测量对陌生人信任的题项进行修订（Cronbach's α = 0. 612）（该量表共有 40 个题项，其中 15 个干扰题项，

25 个有效题项。量表的分半信度为 0.76，间隔 3 个月的重测信度为 0.68），面孔可信度的测量包含两个题项（这个人是值得信任的（马凤玲，汤玉龙，郑婷婷，2014）；这个人是诚实的（Kim et al.，2004；Koenig et al.，2004））（Cronbach's α = 0.934），信任的测量包含四个题项（此在线短租房东值得信任（杨翾，彭迪云，谢菲，2016）；此在线短租房东重视消费者利益（杨翾，彭迪云，谢菲，2016）；此在线短租房东提供的信息可信（Koufaris et al.，2004）；入住此在线短租房是安全、可靠的（Koufari et al.，2004））（Cronbach's α = 0.951）；入住意向包含三个题项（我对入住此在线短租房是感兴趣的（杨翾，彭迪云，谢菲，2016）；我会向亲朋好友推荐这家在线短租房（张初兵，侯如靖，易牧农，2014）；即使有其他选择，我会优先选择这家在线短租房（张初兵，侯如靖，易牧农，2014））（Cronbach's α = 0.911）；总量表包含 17 个题项（Cronbach's α = 0.796），表明此量表具有良好的内部一致性。

3.2 效度检验

本研究通过文献法和专家访谈法检验内容效度。根据已有文献中相关变量的测量题项进行修改，然后与相关领域的专家进行深度访谈，形成原始量表。接下来，在武汉大学的本科生中进行预调查，采纳被调查者的合理意见后进一步修正和完善了量表。因此，本量表符合调查目标，有着较好的内容效度。

本研究通过 SPSS 进行因子分析检验建构效度。建构效度有两个常用的判定指标，即 Bartlett's 球形检验卡方值和 KMO 值（见表 1）。信任倾向、信任、入住意向这 3 项的 KMO 值均超过 0.6，面孔可信度这 1 项的 KMO 值略低。所有 Bartlett's 球形检验的显著性水平为 0.000，因此可以拒绝 Bartlett's 球形检验零假设，认为此量表及各组成部分具有良好的建构效度。此外，AMOS 测量的模型拟合指数为 $\chi^2/df = 5.504$，RMSEA = 0.067，NFI = 0.996，CFI = 0.997，IFI = 0.997，拟合度指标基本达到了可接受水平，表明本研究模型与数据有着较好的拟合优度。武汉大学 179 名本科生参加了实验，剔除填写不完整以及没有通过测试题项的问卷后，一共获得 168 份有效问卷。其中男生被试占 43.5%，女生被试占 56.5%，被试年龄为 19~23 岁。

表 1   模型变量的信度和效度检验

变量		信任倾向	面孔可信度	信任	入住意向
变量题项数		8	2	4	3
Cronbach's α 系数		0.612	0.934	0.951	0.911
KMO 检验		0.628	0.500	0.873	0.752
Bartlett's 球形检验	χ^2统计量	151.981	1468.131	4117.246	2078.216
	自由度	28	1	6	3
	显著性水平	0.000	0.000	0.000	0.000

3.3　面孔可信度的操控性检验

面孔可信度的控制性检验结果表明，通过问卷星进行面孔可信度评分和现场准实验进行评分的 6 张面孔照片（见图 2）的可信度排序是一致的，其可信度排序由高到低为：照片 4>照片 6>照片 1>照片 5>照片 2>照片 3。因此，本文将 6 张照片归为面孔可信度高和面孔可信度低 2 类，即照片 1、照片 4、照片 6 为面孔可信度高的照片，照片 2、照片 3、照片 5 为面孔可信度低的照片。面孔照片类型的操控检验通过计算被试对面孔可信度高照片和面孔可信度低照片的评分进行，结果表明面孔可信度高照片得分（$M_{高} = 3.90$）显著高于面孔可信度低照片得分（$M_{低} = 2.73$，$F_{(1,503)} = 6.602$，$p < 0.001$）。因此，本实验对面孔可信度的操控是有效的。面孔照片平均得分见表 2。

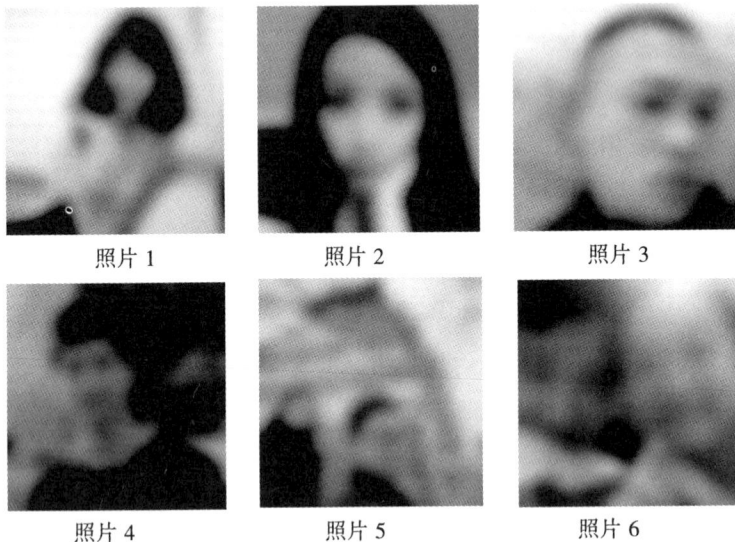

照片 1　　　　　　照片 2　　　　　　照片 3

照片 4　　　　　　照片 5　　　　　　照片 6

图 2　面孔照片

表 2　　　　　　　　　　　　　　面孔照片平均得分

	女性单人照		男性单人照		多人照	
	最低分	最高分	最低分	最高分	最低分	最高分
问卷星	2.3	3.45	2.02	3.96	2.77	3.95
现场准实验	2.68	3.82	2.25	3.99	3.26	3.89

3.4　价格的操控性检验

实验开始前监测了 6 个房东在 2016 年 12 月到 2017 年 1 月的房间定价，计算出这 6 间房在两个月中的均价分别为 183 元/晚、156 元/晚、150 元/晚、195 元/晚、167 元/晚、194 元/晚。本文调查了 56 名武汉大学本科生出行选择酒店的价位，发现有 38 人一般选择价位为 100~200 元/晚的酒店，因此本文选择 100~200 元/晚的中间价 150 元/晚作为满足消费者需求的房间价格。行为意向表 1 测量在房间价格、环境都满足消费者需求的前提下的入住意向；行为意向表 2 测量在 6 间房除了价格分别为 183 元/晚、156 元/晚、150元/晚、195 元/晚、167 元/晚、194 元/晚以外所有条件都满足消费者需求的前提下的入住意向。价格类型的操控性检验通过计算被试的入住意向 1 和入住意向 2 的评分进行。结果表明，入住意向 1（$M_{\text{入住意向}1} = 3.00$）显著高于入住意向 2（$M_{\text{入住意向}2} = 2.82$，$F_{(1,503)} = 5.475$，$p<0.001$）。因此，本文对价格的操控是有效的。

3.5 研究结果

3.5.1 假设 H1、H2 和 H4 的检验

Barron & Kenny（1986）提出中介作用的检验要经过 4 个步骤，本研究采用回归分析对信任的中介作用进行检验，分析结果如表 3 所示。模型 1~模型 4 检验了信任（TR）对信任倾向（TP）和入住意向（AI）的中介作用。首先，模型 1 显示中介变量对因变量具有显著影响（$\beta = 0.766$，$t = 31.919$，$p<0.001$）；其次，模型 2 显示自变量对中介变量具有显著影响（$\beta = 0.168$，$t = 2.315$，$p<0.05$）；第三，模型 3 显示自变量对因变量具有显著影响（$\beta = 0.157$，$t = 2.049$，$p<0.05$）；最后，模型 4 同时检验自变量和中介变量对因变量的影响效应，自变量对因变量不显著（$\beta = 0.028$，$t = 0.531$，$p=0.595$），中介变量对因变量具有显著影响（$\beta = 0.765$，$t = 32.776$，$p<0.001$），由此判定中介变量在自变量对因变量的影响效应中具有完全中介作用。采用同样的方法，表 3 中的模型 1 和模型 5~模型7 检验了信任（TR）对面孔可信度（FT）和入住意向（AI）的中介作用，检验结果表明，信任在面孔可信度对入住意向的影响关系中具有部分中介作用。模型 1 显示信任（0.766***）正向影响入住意向，模型 2 显示信任倾向（0.168*）正向影响信任，模型 5显示面孔可信度（0.663***）正向影响信任，假设 1、假设 2 和假设 4 得到验证。

表 3 中介作用检验

	模型	标准化回归方程	标准差
信任倾向-入住意向	模型 1	ai = 0.766TR	$SE = 0.023$，$t = 31.919$，$p<0.001$，$R^2 = 0.531$
	模型 2	tr = 0.168TP	$SE = 0.073$，$t = 2.315$，$p=0.021$，$R^2 = 0.006$
	模型 3	ai = 0.157TP	$SE = 0.076$，$t = 2.049$，$p=0.041$，$R^2 = 0.004$
	模型 4	ai = 0.028TP +0.765TR	$SE = 0.053$，$t = 0.531$，$p=0.595$，$R^2 = 0.531$ $SE = 0.023$，$t = 32.776$，$p<0.001$，$R^2 = 0.531$
面孔可信度-入住意向	模型 5	tr = 0.663FT	$SE = 0.022$，$t = 30.514$，$p<0.001$，$R^2 = 0.493$
	模型 6	ai = 0.617FT	$SE = 0.025$，$t = 24.520$，$p<0.001$，$R^2 = 0.386$
	模型 7	ai = 0.214FT +0.606TR	$SE = 0.030$，$t = 7.124$，$p<0.001$，$R^2 = 0.554$ $SE = 0.032$，$t = 19.042$，$p<0.001$，$R^2 = 0.554$

注：*** 表示 $p<0.001$；** 表示 $p<0.01$；* 表示 $p<0.05$。

3.5.2 假设 H3 的检验

采用双因素方差分析信任倾向和面孔可信度对信任的影响，结果显示，信任倾向（$M_{信任倾向} = 3.30$，$F_{(1,1008)} = 1.894$，$p = 0.034$）和面孔可信度（$M_{面孔可信度} = 3.32$，$F_{(1,1008)} = 23.534$，$p < 0.001$）的主效应显著，信任倾向和面孔可信度的交互效应不显著（$F_{(1,1008)} = 1.266$，$p = 0.119$）（见图3），假设3被拒绝。

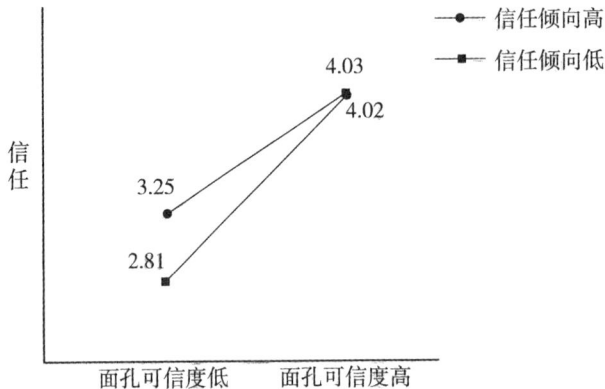

图3　信任倾向与面孔可信度的交互效应

3.5.3 假设 H5 的检验

假设5是价格对信任和入住意向有负向调节作用，采用两个回归模型对假设5进行检验：

模型8：$tr = a + b \times TR + c \times PR + d \times TR \times PR$

表4中基本模型是针对假设5的调节作用所建立的主效应模型，自变量是信任（TR）和价格（PR），因变量是入住意向（AI）。模型8是在基础模型的基础上加入信任与价格的乘积项即交互效应之后的全效应模型。模型8显示，信任与价格的交互项对入住意向存在显著的负向作用关系（$d = -0.006$，$p < 0.05$），由此，假设5得到验证。

表4　　　　　　　　　　　　　　　**价格（PR）的调节效应分析**

	因变量：*BI*	
	基本模型	模型8
信任 TR	0.520	1.584
价格 PR	0.002	0.021
TR×PR	—	−0.006*
R^2	0.150	0.154
Adjusted R^2	0.148	0.152
F-value	88.456***	61.008***

注：*** 表示 $p < 0.001$；* 表示 $p < 0.05$。

3.6 结果分析与启示

实验数据的分析结果表明，研究模型中除了假设 3 外其他假设都得到了验证。假设 1 中消费者的信任倾向正向影响其对陌生房东的信任得到了实验数据的支持，这一结果反映了不同消费者的信任倾向存在个体差异，具有高信任倾向的人越容易相信陌生人，对他人的信任程度也越高。假设 2 中房东面孔照片传递的面孔可信度正向影响消费者对其信任得到了实验数据的支持，这既是对徐芬等（2013）学者研究中得出"面孔可信度的高低会直接影响评价者对其信任程度的高低"的结论，也是该结论在网络情境下的补充，假设 2 的成立说明了在线短租房东提供的面孔照片传递的面孔可信度越高将使消费者对其产生的信任越高，因此，在线短租房东提高其面孔照片的面孔可信度不仅对吸引消费者具有重要作用，对消费者入住在线短租的意向也有明显的正向促进作用。假设 1、假设 2 和假设 4 的检验结果综合表明，消费者对在线短租房东的信任在消费者的信任倾向和房东面孔可信度与消费者在线短租入住意向之间起到中介作用。因此，对于特定信任倾向水平下的消费者，在线短租房东利用各种可行方法增加其自身的可信赖度来提升消费者入住意向是一个重要途径。假设 5 中价格会对消费者的信任和入住意向起负向调节作用也得到了实验数据的支持，这既是对 Ert 等（2016）学者研究中得出"面孔可信度越高从而获得消费者信任越高的房东，其房间定价越高"的结论的补充，也是对该结论在中国情境下的补充，说明对于面孔可信度高的房东，其房间定价可以适当地提高，而对于面孔可信度低的房东，其房间定价应该适当地降低。

假设 3 在本研究中没有得到支持，即信任倾向和面孔可信度对信任的影响没有交互作用，表明高信任倾向和高面孔可信度的匹配没有使消费者对陌生房东产生更高的信任。本研究提供的 6 张面孔照片在多次实验中都得到了一致的面孔可信度评价，即此 6 张面孔照片可信度从低到高的排序是一致的，表明被信方具有明确的可信度特征。Gill 等（2005）研究显示，当被信方有明确的可信特征时，信任的高低仅受被信方可信特征的影响，而信任倾向对信任没有显著影响。本文的实验结果表明房东面孔可信度对信任的影响作用远远大于消费者的信任倾向对信任的影响作用（信任倾向和信任的相关系数 $r = 0.075$，面孔可信度和信任的相关系数 $r = 0.702$），因而施信方的信任倾向和被信方的面孔可信度在此在线短租情境下没有对信任产生交互作用。

4. 结论与展望

4.1 研究结论

通过情境实验法，本文研究了消费者的信任倾向和房东的面孔可信度对消费者信任及其入住意向的影响机制。实验结果验证了本文提出的假设，消费者的信任倾向和房东的面孔可信度分别正向影响消费者对房东的信任；当房东的面孔可信度信息明确时，消费者的信任倾向对信任的影响作用远远小于房东的面孔可信度对信任的影响作用，从而信任倾向和面孔可信度没有对信任产生交互作用；消费者的信任会正向影响其在线短租入住意向，价格在消费者信任和其入住意向之间起负向调节作用。

本文研究发现：在住房分享经济市场中，房东的面孔可信度对消费者信任的影响作用大于消费者自身信任倾向对信任的影响作用。这一结果表明，在消费者自身信任倾向一定的情况下，消费者会更多地利用外界信息（如卖方的私人信息面孔照片）来做出决策。因此，分享经济平台应识别出消费者会利用哪些信息做出决策并力图减少平台的信息不对称，从而促进消费者进行消费。

4.2　理论及实践意义

本研究为信任倾向和面孔可信度在网络情境中对信任的影响理论提供了进一步支持，证明了分享经济市场中卖方私人信息的有效性。本文验证了前人的结论，施信方的信任倾向和被信方的面孔可信度会正向影响施信方的信任，信任会正向影响消费者的行为意向。但是，本研究发现在特定情境中，当被信方有明确的可信特征时，消费者的信任倾向对施信方信任的影响作用非常小，这一点在前人研究中甚少被提及。

本研究在实践方面也具有重要价值：首先，对在线短租房东而言，为其如何提升消费者的入住意向提供了一定的指导作用，在消费者自身信任倾向一定的情况下，在线短租房东提供自身面孔可信度较高的照片并根据自身照片进行合理的房间定价可以提升消费者的入住意向。其次，对在线短租平台而言，房东的面孔照片可以作为一个营销宣传点；平台在筛选房东入驻短租平台时，房东的面孔照片也被纳入筛选条件，力图为在线短租平台营造一个相对令人信任的氛围。

4.3　研究局限及未来研究方向

本研究主要存在以下不足，有待在今后的研究中进一步完善：首先，实验的操控没有借助计算机模拟程序加以实施，只是将房东的面孔照片提取出来作为刺激材料，实验情境的真实性模拟有待提高。其次，通过设置虚拟在线短租情境操控房东的面孔可信度，在某种程度上会降低测量的效度和信度，特别是在真实的网络环境中，消费者的入住意向还会受到网络评论以及房屋情况等因素的影响。最后，在线短租房东可根据自身的面孔可信度对房间进行定价，但是根据面孔可信度可在多大程度上提升或降低房间的价格，还值得在中国情境下做进一步研究。

◎ **参考文献**

［1］蔡维香. 小学儿童初始信任判断的发展：信任倾向和面孔可信度的影响 ［D］. 浙江理工大学硕士学位论文，2013.

［2］冯炜. 消费者网络购物信任影响因素的实证研究 ［D］. 浙江大学博士学位论文，2010.

［3］李沁芳. 电子商务用户信任影响因素建模及实证研究 ［D］. 同济大学博士学位论文，

2008.

［4］ 李永强，彭峰，白璇. 消费者愿意购买零售商自有品牌吗？［J］. 管理世界，2008（10）.

［5］ 马凤玲，汤玉龙，郑婷婷，等.3～5 岁幼儿基于面孔的信任判断的发展［J］. 心理发展与教育，2014（4）.

［6］ 祁京梅.2016 年消费形势分析及 2017 年走势预测［J］. 理论学刊，2017（1）.

［7］ 王玮，陈蕊. 互联网情境下的信任研究评介及展望［J］. 外国经济与管理，2013（35）.

［8］ 熊焰，李阳. 基于技术接受模型的电子商务信任实证研究［J］. 北京工商大学学报（社会科学版），2008（5）.

［9］ 徐芬，蔡维香，马凤玲等. 面孔信任评价及其与信任倾向的关系［J］. 心理与行为研究，2013（4）.

［10］ 杨翾，彭迪云，谢菲. 基于 TAM/TPB 的感知风险认知对用户信任及其行为的影响研究——以支付增值产品余额宝为例［J］. 管理评论，2016（6）.

［11］ 赵家凤，朱韦康. 住房负担抑制了城市居民消费吗？——来自中国的微观证据［J］. 云南财经大学学报，2017（3）.

［12］ 张初兵，侯如靖，易牧农. 网购服务补救后感知公平、情绪与行为意向的关系——基于关系质量的调节中介模型［J］. 山西财经大学学报，2014（1）.

［13］ 张蕴萍，陈言，张明明. 中国货币政策对城乡收入结构的非对称影响［J］. 学习与探索，2017（10）.

［14］ Baron, R. M., Kenny, D. A. The moderator-mediator variable distinction in social psychological research：Conceptual, strategic, and statistical considerations［J］. *Journal of Personality and Social Psychology*, 1986（6）.

［15］ Benlian, A., Hess, T. The signaling role of IT features in influencing trust and participation in online communities［J］. *International Journal of Electronic Commerce*, 2011（4）.

［16］ Chen, J., Zhang, C., Xu, Y. The role of mutual trust in building members' loyalty to a C2C platform provider［J］. *International Journal of Electronic Commerce*, 2009（1）.

［17］ Choi, J., Lee, H. J., Kim, Y. C. The influence of social presence on customer intention to reuse online recommender systems：The roles of personalization and product type［J］. *International Journal of Electronic Commerce*, 2011（1）.

［18］ Cyr, D., Head, M., Larios, H., et al. Exploring human images in websites design：A multi-method approach［J］. *MIS Quarterly*, 2009（3）.

［19］ Doney, P. M., Cannon, J. P. An examination of the nature of trust in buyer-seller relationships［J］. *Journal of Marketing*, 1997.

［20］ Ert, E., Fleischer, A., Magen, N. Trust and reputation in the sharing economy：The role of personal photos in Airbnb [J]. *Tourism Management*, 2016.

[21] Garbarino, E., Johnson, M. S. The different roles of satisfaction, trust, and commitment in customer relationships [J]. *Journal of Marketing*, 1999 (4).

[22] Gefen, D., Karahanna, E., Straub, D. W. Trust and TAM in online shopping: An integrated model [J]. *MIS Quarterly*, 2003 (1).

[23] Gill, H., Boies, K., Finegan, J. E., et al. Antecedents of trust: Establishing a boundary condition for the relation between propensity to trust and intention to trust [J]. *Journal of Business and Psychology*, 2005 (3).

[24] Jones, G. R., George, J. M. The experience and evolution of trust: Implications for cooperation and teamwork [J]. *Academy of Management Review*, 1998 (3).

[25] Josang, A., Ismail, R., Boyd, C. A survey of trust and reputation systems for online service provision [J]. *Decision Support Systems*, 2007 (43).

[26] Kim, K. K., Prabhakar, B. Initial trust as a determinant of the adoption of Internet banking [J]. *The Database for advances in Information Systems*, 2004 (2).

[27] Koenig, M. A., Clement, F., Harris, P. L. Trust in testimony: Children's use of true and face and false statements [J]. *Psychological Science*, 2004 (10).

[28] Koufaris, M., William, H. The development of initial trust in an online company by new customers [J]. *Information & Management*, 2004 (3).

[29] Lee, M. K. O., Turban, E. A trust model for consumer internet shopping [J]. *International Journal of Electronic Commerce*, 2001 (1).

[30] Luke, J., Bradley, B., Mascha, W., et al. Seeing is believing: Trustworthiness as a dynamic belief [J]. *Cognitive Psychology*, 2010 (2).

[31] Liu, C. S. A CouchSurfing ethnography: Traveling and connection in a commodified world [J]. *Student Pulse*, 2012 (4).

[32] Mayer, R. C., Davis, J. H., Schoorman F D. An integrative model of organizational trust [J]. *Academy of Management Review*, 1995 (3).

[33] Mayer, R. D., Zavoina, W. A statistical model for the analysis of organizational trust [J]. *Academy of Management Review*, 1995 (3).

[34] McKnight, D. H., Choudhury, V., Kacmar, C. Developing and validating trust measures for e-commerce: An integrative typology [J]. *Information Systems Research*, 2002 (3).

[35] Resnick, P., Zeckhauser, R. Trust among strangers in Internet transactions: Empirical analysis of eBay's reputation system [J]. *Advances in Applied Microeconomics*, 2002 (11).

[36] Rotter, J. B. A new scale for the measurement of interpersonal trust [J]. *Journal of Personality*, 1967 (4).

[37] Rotter, J. B. Generalized expectancies for interpersonal trust [J]. *American Psychological*

Association, 1971 (5).

[38] Tussadiah, I. P. An exploratory study on drivers and deterrents of collaborative consumption in travel [J]. Information & Communication Technologies in Tourism, 2015 (14).

[39] Wang, W., Benbasat, I. Recommendation agents for electronic commerce: Effects of explanation facilities on trusting beliefs [J]. *Journal of Management Information Systems*, 2007 (4).

[40] Willis, J., Todorov, E. First impressions: Making up your mind after 100 milliseconds exposure to a face [J]. *Psychological Science*, 2006 (7).

[41] Winston, J. S., Strange, B. A., O' Doherty, J., et al. Automatic and intentional brain responses during evaluation of trustworthiness of faces [J]. *Nature Neuroscience*, 2005 (3).

[42] Wout, M., Sanfey, A. G. Friend or foe: The effect of implicit trustworthiness judgments in social decision-making [J]. *Cognition*, 2008 (3).

[43] Yang, Q., Pang, C., Liu, L., Yen, D. C., Tarn, J. M. Exploring consumer perceived risk and trust for online payments: An empirical study in china's younger generation [J]. *Computers in Human Behavior*, 2015.

Effects of Personal Information on the Seller on Consumer's Admitted Intention to Online Short-term Tenancy

Wu Heng[1]   Chen Ting[2]   Peng Yizhen[3]

(1, 2, 3 Economics and Management College of Wuhan University, Wuhan, 430072)

Abstract: The past studies pointed that online score of share housing market tend to be homogeneous, unable to effectively influence consumer trust. The use of online short-term tenancy's host personal information (facial photo) pushed our study into depth. The paper constructed the effect mechanism model of trust propensity and facial trustworthiness on consumer's trust and admitted intention, and the research hypotheses were tested by the situational experiment method.

The empirical analysis produced a number of important findings and conclusions: first, consumer's trust propensity and host's facial trustworthiness have significant positive effect on consumer trust. However, when the host has the unambiguous face characteristics, the effect of trust propensity on trust is far less than facial trustworthiness on trust. So there is no interaction of trust propensity and facial trustworthiness on trust. Second, the trust of consumer to host has positive effect on admitted intention of online short-term tenancy, that is to say the trust plays an intermediary role in trust propensity, facial trustworthiness and admitted intention. Finally, price has the negative regulation effect between consumer trust and admitted intention to online short-term tenancy.

Key words：Trust propensity；Facial trustworthiness；Online short-term tenancy；Admitted intention

专业主编：曾伏娥

营销高管权力、组织营销能力与企业绩效
——基于上市公司数据的实证研究*

● 黎建新[1] 卢 泸[2] 何 昊[3]

（1，2，3 长沙理工大学经济与管理学院 长沙 410114）

【摘 要】营销高管的权力是观察营销（部门）价值与地位的一个重要窗口，而在现有研究中营销高管权力对企业绩效的影响尚无定论。文章选取我国 2011—2015 年部分行业的 A 股上市公司为研究样本，考察了营销高管权力对企业绩效的影响及其作用机制。实证结果显示，营销高管权力与企业绩效呈正向关系，组织营销能力在两者之间具有部分中介效应，行业竞争程度起到了调节作用。文章还讨论了相应的理论贡献和管理启示。

【关键词】营销高管权力 组织营销能力 行业竞争程度 企业绩效

中图分类号：C93　　　　文献标识码：A

1. 引言

知名管理学者德鲁克曾经指出，营销和创新是企业的两项基本职能。作为与顾客相连接的营销部门，一直以来被认为在公司中处于核心地位。但自 20 世纪 90 年代以来，随着市场导向在欧美国家企业中的逐渐确立，营销作为一种整个企业应该奉行的管理哲学获得了重视，而营销作为一种管理职能，其核心地位似乎有动摇和下滑的迹象（Nath & Mahajan，2008；Brown et al.，2005；Malter et al.，2005；Moorman & Rust，1999）。比如，不少公司的营销部门从事的主要是战术性而不是战略性决策；一些公司的营销部门被裁撤或精简，营销的一些职能被组织中的其他部门接管；营销人员似乎正在被边缘化，他们晋升公司高层管理职位的机会在减少；不少公司的 CMO（Chief Marketing Officer，首席营销官）任期较短，平均不到两年，普遍低于 CEO 的任期，等等。这些现象引发了欧美学术界围绕营销职能与营销部门前途的大讨论和研究兴趣。这种讨论和研究，尽管涉及的

---

* 基金项目：国家自然科学基金项目"员工个人品牌创建与公司品牌绩效：基于专业服务领域的系统考察"（项目批准号：71772018）；国家自然科学基金项目"服务共享中顾客兼容性研究：成因、影响与管理策略"（项目批准号：71172001）

通讯作者：卢泸，E-mail：luruqin2012@ 163. com。

议题较多，但其中的焦点问题是营销部门（职能）的权力或影响力及其对公司绩效的影响。

为了证明营销部门（职能）的地位和价值，一些学者通过实证方法研究了营销部门的权力或影响力及其对公司绩效的影响，但是其结论不尽一致。比较典型的如，Verhoef和 Leeflang（2009）以荷兰公司截面数据的研究发现，营销部门的影响力对公司绩效没有直接效应，须通过市场导向的中介起作用，并且认为营销部门正在失去在公司中的基础地位。然而 Feng 等（2015）的研究结论却相反，通过对 1993—2008 年美国公司纵向数据的研究，他们发现：总体来看，营销部门的权力是逐步上升的，而且更重要的是，营销部门的权力大小对公司绩效尽管有间接的正向影响（通过营销能力的中介），但也存在正向的直接影响。营销部门的核心地位是否丧失了？从现有欧美学者的研究来看，显然不能得出明确和一致的结论。这种结论的不一致性除了研究方法的差异，比如对公司绩效的测量方法（采用客观测量还是主观测量）、研究范围（营销部门是否涵盖销售），国情包括文化差异也可能是一个重要原因，因此，对这一问题进一步开展多国研究和跨文化研究，也是有必要的（Wirtz et al.，2014；Verhoef et al.，2011）。基于此，本文将利用中国企业样本，考察营销的作用与价值。

本文拟从营销高管角度来考察营销部门的地位和价值。营销高管是指公司高层管理中行使营销相关职能的人员，包括但不限于 CMO。营销高管的存在及其权力大小对公司战略决策具有重要影响，是衡量营销地位或影响力的重要指标（Nath & Mahajan，2008；2011），而营销高管的存在及权力对公司绩效的影响则表明了营销的价值。

关于 CMO 的存在效应，即 CMO 岗位的存在对公司绩效的正向影响，现有研究的结论截然不同。美国学者 Nath 和 Mahajan（2008）通过对美国公司 2000—2004 年的数据进行研究发现，在公司高管中 CMO 的存在对公司绩效既没有负影响也没有正联系。但是，在他们的基础上，Germann 等（2015）以美国 155 家上市公司 2000—2012 年的数据证实，公司绩效能够从 CMO 岗位获益，设立 CMO 的公司比没有设立 CMO 的公司，其绩效大约高出 15%。至于 CMO 权力对公司绩效的影响，Nath 和 Mahajan（2011）的研究发现，CMO 的权力大小对公司绩效不存在主效应，其关系受公司特征的调节。他们的研究还发现了 CMO 权力的来源，但没有进一步研究 CMO 权力对公司绩效的影响机制。

由于研究结论的矛盾性，营销（高管）的价值备受争议。在最近一项针对 CMO 的全球范围调查中，66% 的受访 CMO 表示，他们受到董事会或 CEO 的压力以证明营销的价值（Germann et al.，2015）。因此，对这一问题进一步开展研究对企业组织建设无疑具有重要意义。本文将利用我国上市公司数据，研究以下几个问题：（1）考察我国企业高管团队中营销高管权力水平现状及其对企业绩效影响；（2）考察企业营销能力在营销高管权力效应中的作用机制；（3）探讨行业竞争程度对营销高管权力效应的调节作用。

2. 文献回顾与研究假设

2.1 营销高管权力与企业绩效

有关企业高管团队的研究在 Hambrick 和 Mason 学者于 1984 年提出"高阶梯队理论"

后成为学术界一大热点。国内外有关文献研究中，虽然对高管团队的界定各有差异，但一般是指由 CEO（首席执行官）、CFO（首席财务官）、各职能总监（如营销、采购）等高级管理人员组成的一个团体。按照 Hambrick 和 Mason（1984）的分类，高管团队可分为三种类型的高级管理人员，即生产型高管（会计、管理等）、产出型高管（营销、研发等）和支持型高管（法律、融资等）。产出型高管是指营销、研发等相关工作岗位的高级管理人员，本文所研究的营销高管属于产出型高管。相较于其他类型的高管，营销高管更关心市场的变化，也具有更多的外部资源（王雪莉等，2013）。高管作为企业的大脑，控制着整个企业资源的分配。因此，本文拟从营销高管的角度来考察营销部门（职能）的价值。

权力作为高管团队运作过程的核心要素被学者们重点关注。对于高管权力，也称管理层权力，是指高管在组织中发挥其意志的能力，即管理层对公司其他人或组织的影响力，通过这种影响力能够对公司的决策及其执行有更大的权威和控制（Feng et al.，2015）。在国内外研究高管权力的文献中，对权力的衡量方法存在差异，没有统一的测量框架，大多是基于 Finkelstein（1992）根据权力的来源提出的四个测量维度，分别为结构（组织）权力、所有权权力、专家权力和声誉权力（声望权力）。具体而言，结构（组织）权力的测量指标主要有高管是否为董事、高管的薪酬水平；所有权权力的测量指标主要有高管持有股份所占比例、高管是否为企业创始人或亲戚；专家权力的测量指标主要有高管关键的专业能力、任职时间；声誉权力的测量指标主要有高管的教育水平、在本企业之外的兼职情况。

一方面，若从衡量的指标上来讲，由代理理论可知，对营销高管实施股权激励能够降低企业的代理成本。由于营销高管的经济利益与股票价值（企业市值）相关，营销高管持股比例越高，就越致力于提升企业业绩（Drakos & Bekiris，2010）。基于高阶梯队理论与社会资本理论，高管的教育或职称背景会影响其认知、社会资源。通常来说，其教育或职称水平越高，代表其专业知识、实践经验及社会资本越丰富，他人对其相应能力的判断也会越高，从而高管在团体中的影响力随着声望变高而增大。高学历或高职称的营销高管由于拥有较多的市场信息和专业知识，有利于做出顺应时势的决策，以此提升企业的绩效（Tihany et al.，2000）。此外，管理层的任期越长，其在高管团队中相对于其他成员的声望和地位较高（谭庆美和景孟颖，2014），企业的董事会对其控制也会相对降低，且其对企业情况会随着任期年限的增长而更加熟悉，营销高管由于对市场的关注从而能对市场出现的突发状况做出及时的决策，也有利于企业业绩的提高。另一方面，以往一些研究文献表明营销高管（CMO）对企业绩效的积极作用。Weinzimmer 等（2003）使用 20 个季度（5 年）的客观数据，基于营销和战略管理研究的概念模型对 47 个行业的 173 家公司进行了测试，分析表明高管团队中拥有营销专长的成员有助于实现销售增长；Germann 等（2015）以上市公司 12 年的数据证实，设立 CMO 公司的绩效（托宾 Q 值）要比未设立 CMO 公司的绩效高出 15%，且 CMO 的存在对超额股票收益也有积极影响；Homburg 等（2015）研究了营销、销售、研发、运营和财务部门对企业绩效的影响，发现有影响力的营销部门对企业绩效做出了最大的贡献。综上所述，提出假设 1：

假设 1：营销高管权力对企业绩效有正向影响。

2.2 行业竞争程度的调节效应

对于不同行业的企业，企业之间的外部环境存在差异性，而企业高管在决策时也依赖于环境所提供的信息（Daft & Weick, 1984）。一般来说，若企业处于竞争性行业，即行业竞争程度较高，企业所面临的市场环境较复杂，竞争对手较多，由此企业在运营过程中所遇到的不确定性也随之增大。营销高管由于其职能背景，他们对市场的反应最为灵敏，能够对市场的变化快速做出合适的决策，应变能力强（黄登仕和祝晓斐，2016）。另外也有研究表明，对处于竞争激烈行业中的企业，市场竞争能降低经营者与股东之间出现信息不对称现象的程度，可以抑制高管权力的过度膨胀，降低高管的道德风险，促使高管更加努力地工作，从而有利于企业的发展（王昌荣，2017）。基于此逻辑，提出假设2a：

假设2a：处于竞争性行业中的企业，其营销高管权力对企业绩效的正向影响更大。

然而，还有些研究却指出，处于竞争程度较高行业的企业，会因为其所要面对各方面因素的不确定性程度逐渐变高，一方面环境快速变化，要求高管快速做出决策应对市场状况，导致高管的压力随之增大，最终促使其决策与行业标准保持一致的可能性变大；另一方面，高管考虑到自身利益，也更加愿意倾听高管团队中其他高管人员的意见，从而降低了该高管的权力对企业绩效的影响（陈收等，2014）。属于高管团队中的营销高管，即使其具有专业的职能背景，也有可能受到各方面因素的干扰，从而弱化其对企业绩效的影响。与此相反，行业竞争程度越低，企业所面临的环境波动小，市场变化也少，营销高管权力对企业绩效的作用可能会更加直接。基于此逻辑，提出与之前相对立的假设2b：

假设2b：处于非竞争性行业中的企业，其营销高管权力对企业绩效的正向影响更大。

2.3 组织营销能力与企业绩效

基于资源基础理论，由于企业之间掌握资源和能力的差异性，各企业具有不同的核心竞争优势。营销能力作为企业核心能力的重要组成部分，受到学者的广泛关注。有研究指出，营销能力的发展是企业获取竞争优势的核心基础和主要手段（汤清和陈海燕，2015）。但营销能力的定义基于学者的理解各有不同。国内对营销能力的概念有"技能说"、"竞争能力说"、"促销能力说"等，凸显出一种"丛林"现象。国外文献大量引用的是Day（1994）的定义，指出营销能力是企业为赢得产品和服务从而运用资源、技术等来满足市场需求的一个整合过程。具体来说，可分为三种能力：市场判断能力、顾客关系管理能力及渠道控制能力。

从定义不难看出，营销能力可从两个方面解释。第一，营销能力有助于企业对整个市场的分析预测，从而为战略决策的制定提供更准确的信息，保证企业不走错路。第二，顾客关系管理和渠道控制的过程其实是企业价值创造的一个过程。企业将其有形和无形资源的投入转化为一定的收入，其为企业带来稳定的现金流，维持企业的正常运营，保证企业走好路。Krasnikov和Jayachandran（2008）运用混合效应模型对企业能力与绩效的关系进行了元分析，结果表明营销能力相较于研发能力和营运能力对企业绩效有更强的影响。基于此，提出假设3：

假设3：组织营销能力对企业绩效有正向影响。

2.4 组织营销能力的中介作用

从前文的文献回顾和分析可以看出，营销高管权力会影响到企业绩效，而营销能力也对企业业绩起到积极作用。营销能力是企业资源的投入与利润的产出的内在驱动因素，在转化过程中，资源的投入涉及企业战略决策。高管作为企业决策的制定者，可见其在这一过程中扮演的重要角色。而权力在团队决策过程中起到了至关重要的作用，可见其推动了企业能力的提升。有关文献中，学者认为主要有两个原因可以解释权力对能力有积极影响（Feng et al.，2015）。一是在资源募集方面，高管权力越大，其能调配的内部资源越多且质量更好，如资金、人才；二是在企业内部协调和沟通上，高管权力越大，资源调配越顺利且决策效率更高。

由于营销高管具有市场、营销等相关工作经历，其在决策时会更加关注营销。因此，本文认为营销高管权力越大，根据市场分析使得企业资源得到更好的整合，进而提升企业的营销能力，最终体现在企业绩效上。综上所述，提出假设4：

假设4：组织营销能力在营销高管权力与企业绩效之间起到中介作用。

3. 研究设计

3.1 研究对象的确定

在国内外有关高管权力的研究文献中，对企业高管团队的界定范围各有差异，本文从狭义角度界定高管团队，指由公司总经理、副总经理、财务总监、市场总监等高级管理人员组成的一个团体。在研究对象上，基于高管团队中高管成员的职务（岗位名称），同时结合高管的职业背景，严格选择其中的营销高管作为研究对象。根据上市公司年报中披露的高管简历及数据库中收录的高管职务、职业背景等资料，其中职业背景以其最初的职能背景为标准进行鉴别（王雪莉等，2013），选择的营销高管应是职务为营销总监（或销售经理等），最初工作经历与市场、营销、销售相关的高管成员。

3.2 样本选择与数据来源

本研究选取我国2011—2015年部分行业的A股上市公司为研究样本。为保证结果的准确性，尽可能减小一些干扰因素，对数据初步整理的步骤如下：一是剔除ST及*ST的企业；二是剔除在2011年及其以后上市的公司；三是剔除数据缺失或数据明显异常的企业。整理后，总共得到1780个样本，其中批发和零售贸易545个，食品、饮料制造业370个，纺织、服装、皮毛制造业245个，电力、煤气及水的生产和供应业295个，交通运输、仓储业190个，传播与文化产业135个。本文所需要的数据来源于国泰安数据库和企业年报，涉及的数据处理分析软件有Excel和SPSS。

3.3 变量选取

（1）因变量。企业绩效分为财务绩效和非财务绩效，由于非财务绩效很难客观计量，财务绩效由于分析角度的不同而存在多个衡量指标，本研究采用托宾 Q 值衡量企业绩效，该值兼顾了企业的市场价值和账面价值，更能全面地体现公司发展的状况；且我国的资本市场日益成熟，市场价值指标能较好地反映企业管理层的经营成果和效果。

（2）自变量。高管团队中 CMO 的存在一定程度上体现了营销职能（部门）的价值，但是与以往文献不同的是，本文不仅仅限于将 CMO 的存在作为唯一的衡量指标，同时参考文献回顾中关于 Finkelstein 使用客观数据测量高管权力的方法，并结合我国国内研究 CEO 权力的文献中所采用的指标和我国企业的实际情况，更加具体、准确地描述营销高管权力的大小（权小锋和吴世农，2010）。由此，本文主要选取 6 个指标（虚拟变量）综合衡量营销高管权力，具体为：高管团队中是否有营销高管、其是否为公司董事、其是否持股、其是否具有高职称、其是否具有高学历及营销高管任期的长短。将原始资料进行手工整理后，最终构建一个权力综合指标 Power，该指标由以上 6 个指标相加求平均值所得，其值在 0 与 1 之间，详见表 1。

表 1 变 量 定 义

变量类别	变量名称		变量代码	变 量 描 述
因变量	托宾 Q 值		Tobinq	市场价值/总资产
自变量	营销高管权力	是否有营销高管	Output	若高管团队中有营销高管则取值为 1；否则取值为 0
		是否为公司董事	Direcct	若营销高管为公司董事则取值为 1；否则取值为 0
		是否持股	Share	若营销高管持有本公司股份则取值为 1；否则取值为 0
		是否具有高职称	Title	若营销高管具有高职称（高级经济师/工程师、教授等）则取值为 1；否则取值为 0
		是否具有高学历	Edu	若营销高管具有高学历（硕士及其以上）则取值为 1；否则取值为 0
		任期	Tenure	若营销高管任期（统计年份-任职开始年份）高于样本均值则取值为 1；否则取值为 0
		权力综合变量	Power	Power＝（Output+Direcct+Share+Title+Edu+Tenure）／6
中介变量	组织营销能力		Cap	销售费用／营业收入
调节变量	行业竞争程度		Com	若企业处于竞争性行业，即行业竞争程度高，取值为 1；否则取值为 0
控制变量	高管团队规模		$Size_1$	以国泰安治理数据库中的数据为准
	公司规模		$Size_2$	总资产的自然对数
	资产负债率		Lev	负债总额/资产总额
	营业收入增长率		Grow	（本年营业收入-上年营业收入）／上年营业收入

变量类别	变量名称	变量代码	变 量 描 述
控制变量	企业性质	Nature	按企业实际控制人性质分为国有企业、民营企业及其他类型企业三类
	年份	Year	年份虚拟变量，属于某一年则取值为1；否则取值为0
	行业	Ind	行业虚拟变量，属于某一行业则取值为1；否则取值为0

（3）中介变量。如前文所述，营销能力是企业资源的投入与利润的产出的内在驱动因素，本文基于灰色关联模型，借鉴汤清与陈海燕（2015）的研究选取销售费用和营业收入的比来测算企业的营销能力，反映了企业在这方面的投入程度。

（4）调节变量。关于行业竞争程度的高低，以往的文献多是依据行业集中度、CR指数等指标，或是根据竞争性行业的相关特点及证监会对行业的分类进行筛选。不同的衡量标准具有不同的优缺点，目前采用的一些通用指标在计算时会因样本范围、时间、处理方式等因素的影响，由此划分的竞争性行业与非竞争性行业也会出现差别。本文参照吴国鼎（2015）的研究，划分竞争性和非竞争性行业的标准为国有企业在行业中所占的比重大小，超过90%则为非竞争性行业，该标准简单、直接，也更稳妥。因此，本文根据其研究结果选择电力、煤气及水的生产和供应业、交通运输、仓储业及传播与文化产业这三个行业作为非竞争性行业，其余行业中选择批发和零售贸易、制造业中的食品、饮料及纺织、服装、皮毛作为竞争性行业。

除了四个主要变量以外，综合相关文献，本文还选取了高管团队规模、企业规模、资产负债率、营业收入增长率、企业性质、年份及行业作为控制变量。

各个变量的定义具体见表1。

3.4 模型构建

为验证假设 H1、H2a、H2b、H3 和 H4，本文拟建立线性回归模型，将采用层次回归法和分组回归法对相应的假设进行检验，基本的回归模型设计如下：

$$\text{Tobinq} = \partial_0 + \partial_1 \text{Power} + \partial_2 \text{Cap} + \partial_3 \text{Size}_1 + \partial_4 \text{Size}_2 + \partial_5 \text{Lev} + \partial_6 \text{Grow} + \text{Nature-dummy} + \text{Year-dummy} + \text{Ind-dummy} + \varepsilon$$

其中，∂_0 为常数项，$\partial_1 \sim \partial_6$ 为回归系数，ε 为随机误差项。在具体的数据分析过程中，本文会根据研究需要对基本模型进行适当的变换。

4. 数据分析与假设验证

4.1 描述性统计和相关性分析

本文首先对主要变量进行了描述性统计分析，具体可见表2。高管团队是否有营销高管（Output）的平均值分别为 0.710，表明大部分企业高管团队中有营销高管。但是其他几个指标的平均值均小于 0.500，说明企业营销高管较少为董事会成员、持股比例少、职称、学历较低且任职期限短。权力综合指标（Power）的最大值和最小值为 1 和 0，均值为 0.345，表明目前我国企业整体上营销高管权力偏小。组织营销能力（Cap）的最大值和最小值差距较大，可以看出样本中不同企业的营销费用与营业收入的比例存在差异，因此在回归分析前需对其进行标准化处理。

表 2　　　　　　　　　　　　　　　　变量的描述性统计

变量	样本数	最小值	最大值	平均值	标准差
Output	1780	0.000	1.000	0.710	0.452
Direct	1780	0.000	1.000	0.400	0.489
Share	1780	0.000	1.000	0.280	0.448
Title	1780	0.000	1.000	0.140	0.349
Edu	1780	0.000	1.000	0.230	0.419
Tenure	1780	0.000	1.000	0.310	0.464
Power	1780	0.000	1.000	0.345	0.285
Cap	1780	0.000	0.800	0.077	0.086
Tobinq	1780	0.116	22.333	1.736	1.661
$Size_1$	1780	1.000	24.000	6.630	2.572
$Size_2$	1780	18.702	26.438	22.255	1.232
Lev	1780	0.020	1.019	0.469	0.212
Grow	1780	−0.882	251.211	0.389	6.746

此外，在文章进行回归分析之前，通常需对假设中的主要变量进行皮尔逊（Pearson）相关分析，本文的具体结果可见表 3。相关性分析的结果与假设 1、假设 3 预期的结果一致，即营销高管权力与企业绩效、营销能力与企业绩效呈正相关关系，初步验证了一些假设的可行性，但还需要进一步的多元回归分析来得出准确的结果。总体来看，各变量之间相关系数也较低（均小于 0.8），说明不存在严重的多重共线性问题，适合进行多元回归分析。

表 3　　　　　　　　　　　　　　　　相关性分析

变量	Tobinq	Power	Cap	Com	$Size_1$	$Size_2$	Lev	Grow
Tobinq	1							
Power	0.131***	1						

变量	Tobinq	Power	Cap	Com	Size$_1$	Size$_2$	Lev	Grow
Cap	0.262 ***	0.182 ***	1					
Com	0.117 ***	0.164 ***	0.332 ***	1				
Size$_1$	−0.151 ***	0.149 ***	−0.035	−0.049 **	1			
Size$_2$	−0.421 ***	0.056 **	−0.169 ***	−0.257 ***	0.308 ***	1		
Lev	−0.453 ***	−0.062 ***	−0.277 ***	−0.063 ***	0.113 ***	0.420 ***	1	
Grow	−0.002	0.010	−0.024	0.009	0.037	0.057 **	0.043 *	1

注：***、**、*分别表示在1%、5%、10%的统计水平上显著。

4.2 回归结果分析

（1）层次回归结果分析。本文采取层次回归方法研究营销高管权力、营销能力对企业绩效的影响，分三层进行，选择输入（Enter）方式，第一层只加入控制变量进入模型；第二层加入自变量（Power）进入模型；第三层加入中介变量（Cap）进入模型。回归分析具体结果如表4所示。整体上看，三个模型的 R^2 都达到0.397以上，模型的解释程度较好；DW检验为1.311，表明残差间独立；各层次模型的显著性水平为0.000，说明模型整体上成立；且VIF最大值为2.533（表4中未列示），进一步说明变量之间不存在多重共线性问题。控制变量在三个模型中方向、显著性水平一致，结果中可以看出企业规模和资产负债率在1%的水平上与企业绩效呈负相关关系。

表4　　　　　　　　　　　　　　　　层次回归结果分析

变量		因变量：Tobinq		
		模型1	模型2	模型3
常量		11.190 *** （17.897）	11.280 *** （18.102）	11.262 *** （18.138）
控制变量	Size$_1$	−0.012 （−0.927）	−0.020 （−1.541）	−0.019 （−1.467）
	Size$_2$	−0.410 *** （−13.522）	−0.419 *** （−13.830）	−0.421 *** （−13.962）
	Lev	−2.004 *** （−11.370）	−1.973 *** （−11.226）	−1.876 *** （−10.595）
	Grow	0.005 （1.134）	0.005 （1.133）	0.005 （1.196）
	Nature	控制		
	Year	控制		
	Ind	控制		
自变量	Power		0.452 *** （3.943）	0.411 *** （3.583）
中介变量	Cap			0.131 *** （3.731）

153

变量	因变量：Tobinq		
	模型1	模型2	模型3
F	77.536	74.260	71.223
Sig	0.000	0.000	0.000
R^2	0.397	0.403	0.407
DW			1.311

注：括号内数值为 T 统计量，*** 表示回归系数在1%的统计水平上显著。

在模型2中，权力综合指标（Power）被纳入模型，模型的解释程度提高（39.7%＜40.3%）。结果显示权力综合指标对企业绩效在1%的水平上具有正向作用，假设1得到验证，表明企业营销高管权力越大，对企业的绩效越好。如前文所述，可能面对市场的竞争，营销高管由于其经历、职业背景能帮助企业做出更加科学的决策，其权力越大，越能保证正确的决策得以实施，以此提升企业绩效。

在模型3中，中介变量（Cap）的回归系数为0.131，在1%的水平上显著，因此组织营销能力与企业绩效具有正相关关系，验证了假设3，即企业的营销能力越强，企业绩效越好。企业拥有较强的营销能力，可能让企业更好地把握市场，使企业将投入的资源转化为一定的收入，这将有助于企业绩效的提升。此外，组织营销能力进入模型后，模型的解释程度从40.3%提高到40.7%，而权力综合指标的回归系数有所下降（0.411＜0.452），但还是在1%的水平上显著，这说明组织营销能力在营销高管权力与企业绩效之间存在部分中介作用，假设4得到验证。因此我们可以推断，营销高管权力越大，会促进组织营销能力的提高，从而推动企业的发展。

（2）分组回归结果分析。本文采用分组回归方法分析行业竞争程度对营销高管权力与企业绩效关系的调节作用。借鉴温忠麟等（2005）的研究，若自变量和调节变量的类型不同，检验调节效应的方法随之不同。本研究自变量（营销高管权力）是连续型变量，而调节变量（行业竞争程度）是类别型变量，应采取分组回归的方法，将全部样本分为竞争性行业与非竞争性行业两组样本进行回归分析，检验每一组样本中营销高管权力对企业绩效的影响。每一组回归分析中又采用层次回归的方法，第一层只将控制变量纳入模型；第二层将自变量（Power）纳入模型，具体回归分析结果见表5。

表5　　　　　　　　　　　　　分组回归结果分析

变量	因变量：托宾Q			
	竞争性行业（Com=1）		非竞争性行业（Com=0）	
	模型1	模型2	模型1	模型2
常量	12.841*** （13.471）	13.042*** （13.679）	9.472*** （12.639）	9.568*** （12.872）

变量		因变量：托宾 Q			
		竞争性行业（Com=1）		非竞争性行业（Com=0）	
		模型 1	模型 2	模型 1	模型 2
控制变量	$Size_1$	−0.0005 （−0.030）	−0.007 （−0.404）	−0.024 （−1.239）	−0.036* （−1.855）
	$Size_2$	−0.490*** （−10.500）	−0.505*** （−10.774）	−0.336*** （−9.665）	−0.339*** （−9.815）
	Lev	−2.119*** （−9.247）	−2.071*** （−9.037）	−1.584*** （−6.039）	−1.586*** （−6.101）
	Grow	0.005 （0.971）	0.005 （0.984）	0.010 （0.809）	0.010 （0.785）
	Nature	控制			
	Year	控制			
	Ind	控制			
自变量	Power		0.431*** （2.742）		0.525*** （3.458）
F		52.625	49.431	52.481	50.238
Sig		0.000	0.000	0.000	0.000
R^2		0.355	0.359	0.509	0.519
DW			1.325		1.223

注：括号内数值为 T 统计量，*、***分别表示回归系数在 10%、1% 的统计水平上显著。

整体上看，模型的 R^2 都达到 0.355 以上，模型的解释程度好；模型的显著性水平为 0.000，说明模型整体上成立。无论是在竞争性行业样本组中还是在非竞争性行业样本组中，营销高管权力（Power）的回归系数都在 1% 的水平上显著，且回归系数为正，这进一步证明了假设 1，说明营销高管权力对企业绩效具有正向的影响。在这两组样本回归分析中，从模型 1 到模型 2 的 R^2 均显著增加，表明该模型的效果理想。但是在非竞争性行业中，营销高管权力的方差解释能力（51.9%）大于竞争性行业样本组（35.9%），假设 2b 得到支持，拒绝了假设 2a。这可能由于企业处于竞争性行业中，随着竞争程度越高，所要面对的不确定性因素更多，从而使得营销高管决策与行业标准保持一致的可能性加大；另外，营销高管也有可能更加倾向于采纳其他高管成员的意见，从而使得营销高管权力对企业绩效的影响也相应降低。

（3）稳健性检验。为进一步证明结论的可靠性，同时考察营销高管权力对企业未来绩效的影响（营销高管权力效应的滞后性），本文将因变量替换为企业下一年的托宾 Q 值，进行了稳健性检验。数据分析之后发现，模型的整体效果以及各个变量之间关系的显著性未发生较大变化，营销高管权力对企业绩效的影响存在一定的滞后效应，这也进一步验证了之前的分析结果。

5. 结论与展望

5.1 主要发现

基于高阶梯队理论，本文选择我国 2011—2015 年部分行业的 A 股上市公司为研究样本，考察了营销高管权力对公司绩效的影响及其作用机制。通过实证检验，本文得到以下主要结论：

（1）在我国企业高管团队中营销高管的权力偏小（权力综合值为 0.345），但营销高管权力对企业绩效具有正向影响。国外的一些研究如 Feng 等（2015）通过纵向数据的实证研究发现，营销部门的权力与企业长期绩效（股东总回报）和短期绩效（资产报酬率）正相关；Mcgovern 等（2004）认为 CMO 的存在提高了营销在高管层的重要性，进而使企业高层（或董事会）更加了解客户的需求及如何推动营销策略，从而提高公司绩效。本文的研究结论与此相类似。

（2）组织营销能力对企业绩效具有正向影响，且在营销高管权力与企业绩效之间起到部分中介作用。这也部分验证了 Feng 等（2015）学者的研究结论，他们的研究发现企业层面的营销能力在营销部门权力与公司短期绩效之间具有完全中介效应，而在营销部门权力与公司长期绩效之间是部分中介效应。

（3）行业竞争程度对营销高管权力效应存在调节作用。具体而言，在非竞争性行业，营销高管权力对企业绩效的正向影响更大，而处于竞争性行业的企业，营销高管权力对企业绩效的正向影响较小。

5.2 理论意义

本文的理论意义主要体现在以下三个方面：

第一，基于中国企业背景，从营销高管权力的视角，考察了营销部门（职能）的地位和价值。近年来，营销在公司中的地位和价值一直是国际营销学者和实际工作者关注的焦点之一，而从现有研究结论来看，营销部门（包括营销高管）对公司绩效的影响尚存在争议、未有定论。本文基于中国上市公司的经验数据，验证了营销高管的权力效应，从一个侧面证实了营销部门的价值，丰富了相关研究结论。

第二，揭示了营销高管权力对企业绩效的影响机制。已有研究主要探讨内部治理机制、高管薪酬等因素影响高管权力与企业绩效之间关系的敏感性（谭庆美和景孟颖，2014）。而本文基于资源基础理论，将营销能力引入营销高管权力和企业绩效之间的关系中，证实了营销能力在其中的中介效应，发现了营销高管对公司绩效影响的新途径和机制。

第三，研究了营销高管权力效应的情境影响因素。现有文献在研究营销高管权力对公司绩效的影响时，识别了公司特征的调节效应（Verhoef & Leeflang，2009；曹晶等，2015），本研究进一步验证了行业竞争程度对营销高管权力与企业绩效关系的调节作用，拓展了这一领域的相关研究。

5.3 管理意义

根据本文的研究结论，企业可考虑以下建议：

第一，重视和发挥营销高管的作用。本文实证表明营销高管权力不仅对企业绩效有直接的正向影响，还可以通过组织营销能力对企业绩效发挥间接的正面作用，而本文研究同时发现企业现阶段营销高管权力偏小，可见，利用营销高管以提升企业绩效，还有较大的空间。国内一些研究表明，企业高管团队中具备会计、管理等相关工作经历的高管人数居多，生产型高管更容易进入企业高层（王雪莉等，2013；黄登仕和祝晓斐，2016）。因此，企业高管团队的建设应更多关注营销高管的配置问题。根据 Nath 和 Mahajan（2011）的研究，在以下几种情况下还应该赋予营销高管更大的权力：公司经营环境不稳定；公司创新水平较高；高管团队营销经验不足；营销高管负有销售责任。

第二，提升组织营销能力以充分发挥营销高管的作用。本文研究发现组织营销能力在营销高管权力和企业绩效之间存在中介效应。这表明，营销高管不是一个人在战斗，也不能一个人战斗，公司和营销高管的决策需要营销团队及其营销能力来实现。此外，本文还发现在行业竞争较激烈的企业，由于市场的不确定性增加，营销高管的价值并不能充分体现。在这种情况下，一支能力较强的营销（销售）团队就更为可贵和重要。因此，创建优秀营销团队，提升组织营销能力就是一项很重要的工作。

5.4 研究局限与未来研究方向

本研究仍存在一些局限，这也为未来的研究提供了可能的研究方向，主要有以下几点：第一，未进行纵向比较。本研究考察的时间段较短（5 年），只能说明营销高管权力的水平现状而不能很好地反映我国企业营销高管权力的变化。未来研究可以使用 10 年或者更长时间段的数据来观察营销高管权力变化的趋势，以进一步反映权力变化前后对绩效的影响。第二，未进行跨部门的比较。本文只探讨了产出型高管中营销高管权力对企业绩效的影响，未考虑其他两种类型（生产型、外围型）高管权力对企业绩效的影响。未来研究可全面研究高管团队中各类型高管的地位和价值，并进行比较分析，以期为公司的组织建设提供更好的建议。

◎ **参考文献**

［1］曹晶，杨斌，杨百寅 . 高管团队权力分布与企业绩效探究——来自上海和深圳证券交易所上市公司的实证研究［J］. 科学学与科学技术管理，2015，36（7）.

［2］陈收，肖咸星，杨艳等．CEO 权力、战略差异与企业绩效——基于环境动态性的调节效应［J］．财贸研究，2014，25（1）．

［3］代彬，刘怡，彭程．高管性别、权力配置与企业税收激进行为［J］．云南财经大学学报，2017（3）．

［4］何昊，黎建新，汪涛．合理性视角下企业的环境责任行为与消费者响应：解释水平的调节效应［J］．商业经济与管理，2017（1）．

［5］黄登仕，祝晓斐．高管团队任职背景与企业经营绩效的影响研究——基于民营企业上市公司经验数据［J］．经济体制改革，2016（1）．

［6］权小锋，吴世农．CEO 权力强度、信息披露质量与公司业绩的波动性——基于深交所上市公司的实证研究［J］．南开管理评论，2010，13（4）．

［7］孙路平，王兴元．善因营销广告诉求目标框架效应对消费者购买意愿的影响［J］．东岳论丛，2016（12）．

［8］汤清，陈海燕．技术创新、营销能力对企业绩效的影响研究［J］．科技管理研究，2015，35（9）．

［9］谭庆美，景孟颖．管理层权力对企业绩效的影响研究——基于企业内部治理机制视角［J］．财经理论与实践，2014，35（1）．

［10］王昌荣．高管权力与薪酬契约：基于市场竞争的实证研究［J］．山东社会科学，2017（3）．

［11］王雪莉，马琳，王艳丽．高管团队职能背景对企业绩效的影响：以中国信息技术行业上市公司为例［J］．南开管理评论，2013，16（4）．

［12］温忠麟，侯杰泰，张雷．调节效应与中介效应的比较和应用［J］．心理学报，2005，37（2）．

［13］吴国鼎．实际控制人持股水平、行业竞争性与企业绩效［J］．当代经济科学，2015，37（4）．

［14］Brown, S. W., Jr, F. E. W., Steenkamp, J. B. E. M., et al. Marketing Renaissance：Opportunities and Imperatives for Improving Marketing Thought, Practice, and Infrastructure［J］. *Journal of Marketing*, 2005, 69（4）.

［15］Daft, R. L., Weick, K. E. Toward a model of organizations as interpretation systems ［J］. *Academy of Management Review*, 1984, 9（2）.

［16］Day, G. S. The capabilities of market-driven organizations［J］. *Journal of Marketing*, 1994, 58（4）.

［17］Drakos, A. A., Bekiris, F. V. Corporate performance, managerial ownership and endogeneity：A simultaneous equations analysis for the Athens stock exchange［J］. *Research in International Business and Finance*, 2010, 24（1）.

［18］Feng, H., Morgan, N. A., Rego, L. L. Marketing department power and firm performance［J］. *Journal of Marketing*, 2015, 79（5）.

［19］Finkelstein, S. Power in Top Management Teams：Dimensions, Measurement, and

Validation [J]. *Academy of Management Journal*, 1992, 35 (3).

[20] Germann, F. , Ebbes, P. , Grewal, R. The chief marketing officer matters [J]. *Journal of Marketing A Quarterly Publication of the American Marketing Association*, 2015, 79 (3).

[21] Hambrick, D. C. , Mason, P. A. Upper echelons: The organization as a reflection of its top managers [J]. *Academy of Management Review*, 1984, 9 (2).

[22] Homburg, C. , Vomberg, A. , Enke, M. , et al. The loss of the marketing department's influence: Is it really happening? And why worry [J]. *Journal of the Academy of Marketing Science*, 2015, 43 (1).

[23] Krasnikov, A. , Jayachandran, S. The relative impact of marketing, research-and-development, and operations capabilities on firm performance [J]. *Journal of Marketing*, 2008, 72 (4).

[24] Malter, A. J. , Webster, F. E. , Ganesan, S. The decline and dispersion of marketing competence [J]. *Mit Sloan Management Review*, 2005, 46 (4).

[25] Mcgovern, G. J. , Court, D. , Quelch, J. A. , et al. Bringing customers into the boardroom [J]. *Harvard Business Review*, 2004, 82 (11).

[26] Moorman, C. , Rust, R. T. The role of marketing [J]. *Journal of Marketing*, 1999, 63 (1).

[27] Nath, P. , Mahajan, V. Chief marketing officers: A study of their presence in firms' top management teams [J]. *Journal of Marketing*, 2008, 72 (1).

[28] Nath, P. , Mahajan, V. Marketing in the c-suite: A study of chief marketing officer power in firms' top management teams [J]. *Journal of Marketing A Quarterly Publication of the American Marketing Association*, 2011, 75 (1).

[29] Tihany, L. , Ellstrand, A. E. , Daily, C. M. , et al. Composition of the top management team and firm international diversification [J]. *Journal of Management*, 2000, 26 (6).

[30] Verhoef,P. C. , Leeflang, P. S. H. , Reiner, J. , et al. A cross-national investigation into the marketing department's influence within the firm: Toward Initial Empirical Generalizations [J]. *Journal of International Marketing*, 2011, 19 (3).

[31] Verhoef,P. C. , Leeflang, P. S. H. Understanding the marketing department's influence within the firm [J]. *Journal of Marketing*, 2009, 73 (2).

[32] Weinzimmer, L. G. , Iii, E. U. B. , Houston, M. B. , et al. Relating marketing expertise on the top management team and strategic market aggressiveness to financial performance and shareholder value [J]. *Journal of Strategic Marketing*, 2003, 11 (2).

[33] Wirtz, J. , Tuzovic, S. , Kuppelwieser, V. G. The role of marketing in today's enterprises [J]. *Journal of Service Management*, 2014, 25 (2).

Marketing Executive Power, Organizational Marketing Capabilities and Firm Performance

— An Empirical Study Based on the Data of Listed Companies

Li Jianxin[1]   Lu Lu[2]   He Hao[3]

(1, 2, 3 School of Economics and Management Changsha University of Science and Technology, Changsha, 410114)

Abstract: The power of marketing executives is an important window to observe the value and status of marketing (department), however, the influence of marketing executive power on firm performance remains inconclusive. This paper selects Chinese a-share listed companies in some industries from 2011 to 2015 as the research sample to examine the impact of marketing executive power on firm performance and its mechanism. The empirical results show that there is a positive relationship between marketing executive power and corporate performance, organizational marketing capability has a partial mediating effect between the two, and the degree of industry competition plays a moderating role. The corresponding theoretical contributions and managerial implications are also discussed.

Key words: Marketing executive power; Organizational marketing capability; Industry competition degree; Firm performance

专业主编：曾伏娥

2006—2016 年管理科学与工程研究热点主题研究
——基于 LDA 概率主题模型分析*

● 陈植元　杨海霞[2]　王先甲[3]

（1，2，3　武汉大学经济与管理学院　武汉　430072）

【摘　要】 文章旨在通过对管理科学与工程领域的科技文献（限中文文献）进行统计，运用数据挖掘方法，探讨该领域近十年研究主题的变化规律，从而揭示我国管理科学与工程学科研究发展趋势。以 2006—2016 年管理科学与工程领域 12 本期刊中 21267 篇中文科技文献为样本库，运用概率主题模型 LDA 对科技文献进行文本挖掘，生成得到 20 个研究主题，并将样本文献按照主题概率进行分类分析。得到主要结论：5 个主题呈现上升趋势，其中主题"运营管理"、"调度交通"、"公司治理"类别下的文献数量占比较大；3 个主题呈现下降趋势。文章初步挖掘并分析了管理科学与工程领域的研究主题，有助于管理科学与工程领域的研究者了解该领域的主题热点及变化趋势。

【关键词】 LDA　文本挖掘　热点主题　文档聚类

中图分类号：G350　　　文献标识码：A

1. 引言

管理科学与工程是一门综合自然科学、工程科学与社会科学的交叉学科，其研究成果对社会、经济、工程等方面的管理问题提供理论与实践上的指导，对社会与经济发展起到重要作用。在管理理念和技术发展迅速的当今社会，管理科学与工程已经成为我国自然科学领域和社会科学领域不可或缺的核心学科。而科研文献作为研究成果的重要载体，不但承担了学术思想交流和传播的功能，也体现了每个阶段的研究主题和热点。因此，对管理科学与工程类文献进行主题研究，可以加深对该学科研究主题的理解和研究热点的追踪，

* 基金项目：国家自然科学基金"集中与分散决策模式下的随机动态双边匹配策略研究"（项目批准号：71871166）和"复杂网络上演化博弈合作形成机理与控制策略（项目批准号：71871171）。本文为武汉大学自主科研项目（人文社会科学）研究成果，得到"中央高校基本科研业务费专项资金"资助。

通讯作者：王先甲，E-mail：wangxj@ whu. edu. cn。

为科研工作者提供一个俯瞰管理科学与工程领域的视角。

文章以国家自然科学基金委员会管理学部网站上公布的《管理科学重要学术期刊表》中与管理科学与工程相关的 12 个期刊在 2006—2016 年期间刊载的 21267 篇论文为样本，首先对文献的分布情况进行描述性统计，其次借助概率主题模型 LDA（Latent Dirichlet Allocation）（Blei et al.，2003；Blei，2012）对文献的内容进行文本建模，结合困惑度和专家判断选定主题模型的最优主题数量，获得 20 个研究主题；并根据 LDA 模型的输出结果进行主题的趋势分析和文献的聚类分析。文章的结果可以帮助科研人员初步了解我国管理科学与工程研究领域近 10 年研究主题的分布情况；分析研究主题的趋势变化，可以对研究热点的选择提供进一步指导。

2. 相关研究现状

为了更好地把握管理科学领域的发展状态，国内已有许多学者进行相关研究。刘作仪和徐贤浩（2009）统计了 2003—2008 年国家自然科学基金资助的管理科学与工程学科项目资助情况及发表 SCI 论文情况，并提供了政策建议。张玲玲等（2005）使用文献计量的方法研究了 1994—2004 年 SCI、SSCI 收录的 117 种期刊、国内的 1994—2004 年 77 种中文期刊，及国际会议的论文，获得了管理科学与工程在此时间段内的研究热点。缪园等（2007）以管理科学与工程学科代码为基础，收集国家自然科学基金资助的项目作为样本数据，构造评价模型，对管理科学与工程的研究热点进行非线性评价，并对发展趋势进行预测。刘作仪等（2012）使用 2001—2010 年 Web of Science 数据库收集的 4262 篇论文，运用文献计量的方法，分析了管理与运筹学领域的研究势态和热点。陈传明和刘海建（2009）分析了 2005—2006 年间 CSSCI 中管理学论文的关键词，分析研究热点与趋势。李华峰和袁勤俭（2017）研究了 2006—2015 年国家自然科学基金对管理科学的资助情况。国内也有学者对管理科学与工程领域的一些新兴的主题及研究热点进行分析，如行为运作管理（刘作仪和查勇，2009）、港口管理与运营（王帆等，2017），医疗运作管理（杜少甫等 2013）。上述研究主要是通过国家自然科学基金立项数据，或者是通过关键词，或者是通过文献数量统计的方法，少有研究使用基于文本挖掘技术的主题模型方法来分析科技文献。随着时间跨度的增加和期刊数量的增加，手工统计文献数量和关键词聚类分析的方法已然无法胜任。

本文使用的 LDA 模型由 Blei 等人在 2003 年提出，是一种概率主题模型。它可以将文档集合中每篇文档的主题按照概率分布的形式给出。LDA 模型也是一种无监督机器学习算法，在训练的时候不需要手工标注训练集，仅仅是文档集合与指定主题的数量即可。而 LDA 的最大优点，就是对于每个主题均可找出一些词语来描述它。2004 年 Griffiths 和 Steyvers（2004）应用 LDA 方法分析 PNAS（Proceedings of the National Academy of Sciences）期刊文献摘要的主题及主题变化趋势。随后，LDA 模型帮助多个领域的研究工作者提取领域内主题或进行主题分析，如计算机语言学领域（Hall et al.，2008；杨海霞等 2016）、文献计量学领域（Wu et al.，2010）、图书情报管理领域（关鹏等，2016；王曰芬等，2016）、会计学领域（Fang et al.，2018）、经济学领域（Piepenbrink &

Nurmammadov，2015）等。

以上研究均表明，LDA 模型在挖掘文献主题方面效果较好。故笔者借用概率主题模型 LDA，对我国 2006—2016 年管理科学与工程领域 12 本期刊刊载的 21267 论文进行分析，从而掌握近十年来该领域的研究热点及其变化趋势。

3. 数据与实验

3.1 数据来源

文章根据国家自然科学基金委员会管理学部网站上公布的《管理科学重要学术期刊表》为基准，选取 A 类期刊中与管理科学与工程领域紧密相关的 12 个期刊（其中排名不分先后）：《系统工程理论与实践》、《管理世界》、《中国管理科学》、《系统工程学报》、《管理评论》、《管理工程学报》、《南开管理评论》、《管理科学》、《预测》、《管理科学学报》、《系统科学学报》和《运筹与管理》，获取期刊文献。所有数据均来源于中国知网的文献输出功能，时间跨度为 2006—2016 年共计 11 年。对收集到的文献集合进行整理：首先删除新闻、征文通知等非科技文献，其次删除标题、关键词、摘要不完整的文献，最后获得 21267 条文献记录。经过数据整理后，最后选取的期刊及篇数按年份统计如表 1 所示。

表 1   论文数据按年份综述表

年份 期刊	2006	2007	2008	2009	2010	2011	2012	2013	2014	2015	2016
《系统工程理论与实践》	256	304	292	286	301	354	349	401	412	356	321
《管理世界》	198	310	316	326	288	275	266	254	250	257	223
《中国管理科学》	147	136	300	156	157	146	291	265	345	379	239
《系统工程学报》	115	111	122	121	130	115	104	96	87	85	82
《管理评论》	123	113	112	197	193	227	247	217	222	249	276
《管理工程学报》	127	124	124	150	126	138	105	113	111	110	114
《南开管理评论》	101	99	92	119	106	101	98	97	97	92	103
《管理科学》	82	76	86	79	77	73	69	64	73	69	74
《预测》	91	85	82	82	82	86	82	85	81	78	72
《管理科学学报》	71	64	97	91	122	105	106	94	99	99	114
《运筹与管理》	190	186	174	172	173	185	219	214	212	223	231
《系统管理学报》	110	149	122	124	111	110	115	133	121	118	138

根据表 1，我们可以对数据进行描述性统计：首先进行发文量的统计。2006—2016 年

时间段，样本库中各个期刊的管理科学与工程类文献占比如图1所示。占比较大的依次是《系统工程理论与实践》（17%）、《管理世界》（15%）、中国管理科学（12%）、管理评论（10%）、运筹与管理（10%）。这五个期刊的发文数量相对其他期刊较大。而其他期刊发文量相对较少的部分原因是双月刊（如《管理科学》和《预测》）或单期刊文量较少（如《管理科学学报》）的缘故。

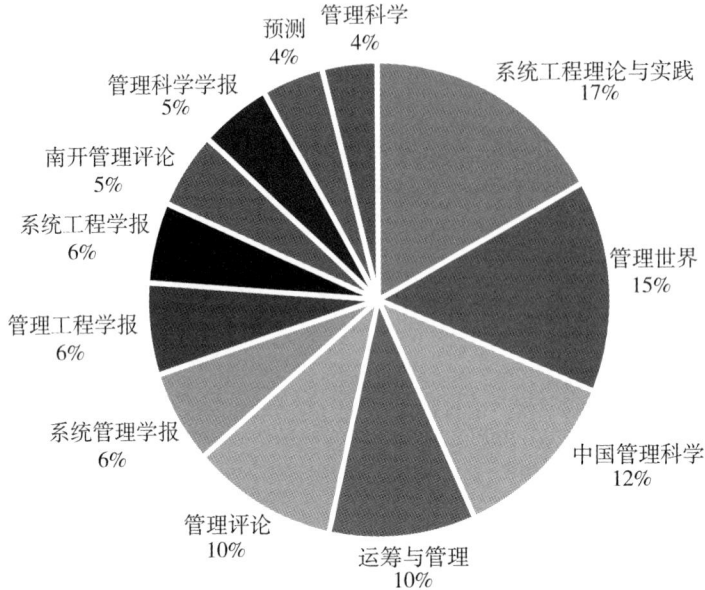

图1　2006—2016年各个期刊的发文总量占比

其次，我们按照年度发文数量统计出于2006—2016年的变化情况如图2所示。我们可以看到，发文总量的趋势是逐年上涨，2008年和2012年达到局域性峰值，而2010年总发文量有所回落。2016年发文数量有所下降是因为截止论文撰写之时，有些期刊论文还未被知网检索导致。

3.2　文献数据预处理与 LDA 的参数设置

此处对 LDA 模型进行简单介绍。LDA 模型的原理即：一篇文档中的每个词出现的原因，都是作者通过概率选择了主题，并从该主题中以概率选择了该词。因此在某文档中出现该词的概率为：

$$\Pr(\text{词语} \mid \text{文档}) = \sum_{\text{主题}} \Pr(\text{词语} \mid \text{主题}) \cdot \Pr(\text{主题} \mid \text{文档}) \tag{1}$$

其中最左边的概率是使用每个词语出现的频数进行估计，而右边 $\Pr(\text{主题} \mid \text{文档})$ 矩阵将是下文的表2；而表3将展示估计出的 $\Pr(\text{词语} \mid \text{主题})$ 矩阵。LDA 模型就是估计出公式（1）右侧的两个矩阵，接下来我们阐述具体的实现步骤。

首先将每篇文献的中文标题、中文关键词和中文摘要分别合并，从而得到21267个文档。我们将此21267篇文档定义为研究样本库。由于研究样本是中文文献，故首先需要将

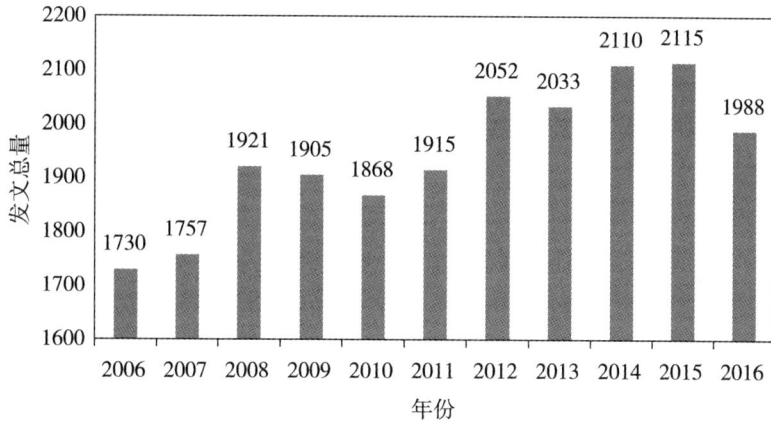

图 2 2006—2016 年所列 12 本期刊年度发文总量变化趋势

中文文献的文本进行分词，如将 "资本市场的暴涨暴跌挑动投资者的敏感神经，造成市场极端波动和危机传染" 进行中文分词后，得到 "资本市场-的-暴涨-暴跌-挑动-投资者-的-敏感神经-, -造成-市场-极端-波动-和-危机-传染"。而在中文文本中，一段话的不同分割将会产生不同的词语含义，故让机器能自动识别语义并进行分割也是本文的困难所在。为了得到较好的分词效果，笔者借助 R 语言中的 RWord seg 包，通过人工补充词库的方法进行循环调整，从而构建了管科科学与工程领域的文献专业术语词库。

具体步骤为：（1）建立专家词库，共 3072 个词（供应链、纳什均衡，等等）；（2）在基础停顿词 1208 个词的基础上，增加文献分析特有的停顿词，形成一个共 5621 个词的停顿词库（本文，文中，文章，表明，等等）；（3）借助 R 语言的 Rwordseg 包，对文本进行分词，并去除停用词，得到 21267 行分词后的文档；（4）借助 R 语言的 tm 包将文本语料化，形成 21267 个文档词矩阵。

在得到文档-词矩阵后，借助 R 软件自带的 topicmodels 包，运行 LDA 模型。在使用该模型前，我们需要确定模型的最优主题数。根据 topicmodels 包中推荐参数，设置文档-主题分布 θ 的参数 $\alpha = 0.1$，主题-词分布 ϕ 的参数设置为 $\beta = 0.1$，迭代次数为 2000 次，并且选择 Gibbs 采样的方法估计模型的后验参数。我们将主题数 K 从 5~50 依次进行试验，发现 K 在 15~25 之间，主题的可识别度较高。最后结合专家判断，发现主题数为 20 的主题模型，能较好地涵盖管理科学与工程领域的研究内容。

LDA 模型的运行结果主要会输出两个矩阵：首先是 26217 篇文献的主题分布 θ_{ij} 和 20 个主题的词项分布 $\varphi_{j,v}$。其中，θ_{ij} 表示文献 i 中主题 j 的概率，$\varphi_{j,v}$ 表示主题 j 中词 v 的概率。

3.3 实验结果与分析

3.3.1 文献-主题分布与主题-词分布

根据 LDA 模型的实验结果，得到了 21267 篇文献的主题分布 θ_{ij} 和 20 个主题的词项分布 $\varphi_{j,v}$，如表 2 和表 3 所示。例如 $\theta_{1,2} = 0.0242$ 表示文献 1 属于主题 2 的概率是 0.0242。根据表 1 的结果，我们可以进行主题强度分析，也可以对文档进行分类；根据表 3 的高概率主题词，我们可以给每个主题进行命名，同时进行分析。

表2 管理科学与工程类文献的主题分布

θ_{ij}	1	2	3	4	...	16	17	18	19	20
1	0.0242	0.0242	0.0825	0.0339	...	0.0242	0.1116	0.0242	0.0242	0.0242
2	0.0263	0.0263	0.0263	0.0473	...	0.0578	0.0789	0.0263	0.0578	0.0263
3	0.0268	0.0376	0.0483	0.0268	...	0.0268	0.2741	0.0376	0.0268	0.0483
...	...	...	...	...	...	...	...	...	...	...
21265	0.0925	0.0259	0.0185	0.0185	...	0.0185	0.0259	0.0555	0.0259	0.0185
21266	0.0324	0.0324	0.0324	0.0324	...	0.1103	0.0454	0.0454	0.0324	0.0324
21267	0.0294	0.0294	0.0294	0.0294	...	0.0529	0.0294	0.0294	0.0294	0.1235

表3 管理科学与工程类文献主题的高频词

主题名称	主题相关的8个高频词							
组织行为	绩效	组织	关系	员工	团队	领导	公平	实证
管理案例	管理	案例	中国	文化	持续	发展	借鉴	国际
网络分析	网络	结构	演化	仿真	集群	特征	复杂	节点
宏观经济	中国	区域	地区	城市	经济增长	收入	差异	农村
战略管理	企业	投资	战略	创业	企业绩效	制造	家族	关系
公司治理	公司	上市	显著	股权	公司治理	控制	样本	并购
数理统计	模型	随机	参数	分布	概率	线性	数值	贝叶斯
投资交易	交易	市场	波动	投资者	资产	股票	回归	基金
市场营销	服务	质量	顾客	价值	品牌	购买	营销	意愿
应急对策	动态	模型	应急	安全	政策	突发事件	周期	危机
运营管理	供应链	需求	零售商	决策	供应商	契约	协调	库存
知识管理	能力	知识	关系	协同	联盟	整合	外包	生态
公共政策	环境	社会	政府	治理	公共政策	污染	监管	保护
调度交通	算法	优化	规划	约束	路径	调度	遗传算法	运输
系统仿真	系统	预测	控制	数据	交通	仿真	建模	可靠性
决策理论	评价	决策	指标	模糊	属性	聚类	排序	偏好
金融风险	风险	银行	信用	金融	Var	资金	贷款	Copula

主题名称	主题相关的 8 个高频词							
数据包络	技术	效率	产业	投入	要素	DEA	能源	行业
博弈论	策略	市场	博弈	竞争	价格	均衡	定价	纳什均衡
机制设计	信息	机制	激励	拍卖	效用	委托	契约	谈判

表 3 列出了各个主题的前 8 个高概率主题词。观察主题的此项分布情况，发现主题内部的词高度相关。例如，主题"运营管理"中高频词：供应链、需求、零售商、决策、供应商、契约和库存，均与"运营管理"紧密相关。而"供应链"的频率排序在"库存"之前，也体现了如今对供应链管理的研究已经逐渐从库存管理转入供应链管理的趋势。当然这些词之间的概率差异也非常小，排序也仅仅起一种参考价值。但这也从一方面表明 LDA 模型在提取管理科学与工程类文献的潜在主题方面是有效的。

3.3.2 主题强度分析

主题强度是描述主题在某一段时间内的热门程度，本文用 θ 表示。在某一时间段内某个主题的文献数量越多，说明该主题的强度越高，即可以认为是热点主题。本文以时间"年份"作为变量，将文档-主题分布 θ 按年计算，得出各个主题的主题强度分布情况。根据主题每年的强度大小，构建自回归模型，找出主题强度上升的研究主题及主题强度下降的研究主题。发现在 99% 的置信水平下，20 个主题中有 5 个研究主题呈现上升趋势（见图 3），3 个研究主题呈现下降趋势（见图 4）；其余的 12 个研究主题的趋势变化不明显。

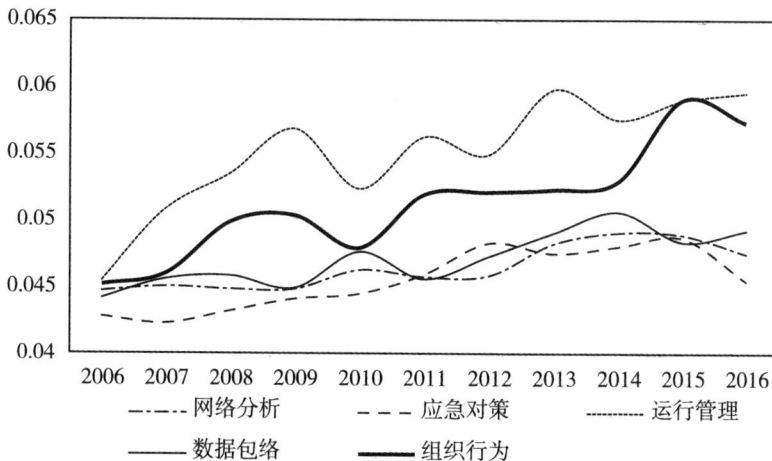

图 3 呈上升趋势的主题

根据观察上升的研究主题，可以解释为管理科学随着时间的推移，人们越来越注重量化模型在实际背景中的应用。主题"数理统计"热度下降的原因是管理科学领域越来越注重实践，而纯粹的统计优化和运筹理论研究热度降低；系统仿真的热度降低，可以被认

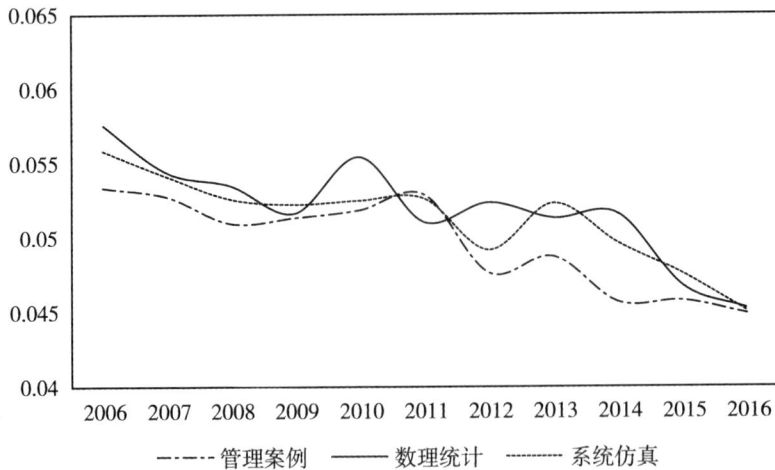

图 4　呈下降趋势的主题

为是这些期刊对量化理论的结果需求量在增加；而"管理案例"的发文数量降低，本文对此的解释是，由于此类文章对内容的理论与实践结合要求非常高，其稿件数量也有下降的趋势，而这方面的稿件数量的降低也被各期刊的编辑所洞察。此处需要注意，主题强度的下降并不表明该主题被研究者所忽视，而只是在统计意义上，主题文献出现的热度相比较而言，有下降的趋势。为了更进一步细化观察不同时期的研究主题强度差异，我们将2006—2016 年划分为两个时间窗口：2006—2010 年与 2011—2016 年。表 4 是不同时间窗口期下的热点主题及其强度。

表 4　　　　　　　　　　　　　不同时期的高强度主题

2006—2016		2006—2010		2011—2015	
主题	强度	主题	强度	主题	强度
调度交通	0.0582	调度交通	0.0593	运营管理	0.0578
运营管理	0.0550	决策理论	0.0548	调度交通	0.0574
决策理论	0.0538	数理统计	0.0545	组织行为	0.0542
公司治理	0.0530	公司治理	0.0541	决策理论	0.0529
宏观经济	0.0524	宏观经济	0.0531	公司治理	0.0520

其中，我们可以看到研究主题"调度交通"在 2006—2016 年一直是管理科学与工程领域研究较为热门的主题，依次为"运营管理"、"决策理论"、"公司治理"、"宏观经济"。可以看到随着时间的推移组织行为的研究也逐渐成为管理类期刊中的热点。

3.3.3　主题论文数量统计

对每篇文档的主题概率进行排序，按照每篇文档的最大概率进行主题归类，即：若文献 i 中主题 j 的概率最大，那么将该文献归类为主题 j 的类别下。按照此规则，每篇文章都可以找到最接近的主题。表 5 是统计结果，我们可以看到"运营管理"、"调度交通"、"公司治理"是占比前三的文献。

表 5　　　　　　　　　　　　　主题论文数量统计

主题	文献篇数	百分比
组织行为	1142	5.37
管理案例	821	3.86
网络分析	771	3.63
宏观经济	1373	6.46
战略管理	913	4.29
公司治理	1506	7.08
数理统计	878	4.13
投资交易	1331	6.26
市场营销	1093	5.14
应急对策	609	2.86
运营管理	1760	8.28
知识管理	759	3.57
公共政策	728	3.42
调度交通	1683	7.91
系统仿真	1178	5.54
决策理论	1276	6.00
金融风险	972	4.57
数据包络	978	4.60
博弈论	780	3.66
机制设计	716	3.37
合计	21267	100

其中，"运营管理"占比 8.28%；"调度交通"占比 7.91%；"公司治理"占比 7.08%。而占比最少的是"应急对策"（占比 2.86%）。可见"运营管理"发文数量是"应急对策"发文数量的将近 3 倍。表 5 从数量角度展示了研究主题之间的热度关系。

4. 结语

文章结合描述性统计分析和文本挖掘方法对管理科学与工程领域的发文分布和研究主

题及研究趋势进行相应分析，结合模型困惑度和专家经验判断确定 LDA 模型的最优主题数目；针对从中国知网下载的 21267 篇管理科学与工程文献挖掘识别出 20 个主题，通过自回归模型分析，得到 5 个趋势上升的研究主题和 3 个趋势下降的研究主题；对每篇文献，根据文献的主题概率值，找出各个文档的最高概率主题，对文档进行类别划分，了解每个主题的发文数量的占比。

结果表明，管理科学与工程类期刊的发文趋势可以归纳为以下三点：首先，研究主题的热点朝着量化理论分析及应用背景紧密结合的方向发展；其次，组织行为的研究成为热点；最后，数据包络分析、网络分析和应急对策分析三个主题是十年来上升趋势较快的新兴主题。

当然，本文的研究依然存在不足之处：（1）本文所选取的期刊仅是国家自然科学基金委列举的重点期刊，并没有考虑国内管理科学与工程领域学者在其他相关类别的优秀期刊及国外优秀期刊上发表的论文文献。对此，我们只是为该研究提供了一种思路，未来的研究可以进一步扩充样本容量，进行主题分析，从而更准确地了解我国国内管理科学与工程领域的发展状态；（2）LDA 文本挖掘模型对中文分词识别能力的缺陷无法完全去除，中文分词的准确性影响文本建模的效果。（3）本文仅仅从时间角度对文献的热度和趋势进行分析，而实际可以将论文中的作者数量、作者单位、作者受资助情况、作者地域等更多的外部信息融入研究中，或许可以得到更丰富、有趣的结论。

◎ **参考文献**

[1] 陈传明，刘海建. 2005—2006 年我国管理学的研究热点——基于 CSSCI 关键词的分析 [J]. 管理学报，2009（2）.

[2] 杜少甫，谢金贵，刘作仪. 医疗运作管理：新兴研究热点及其进展 [J]. 管理科学学报，2013（8）.

[3] 关鹏，王曰芬，傅柱. 不同语料下基于 LDA 主题模型的科学文献主题抽取效果分析 [J]. 图书情报工作，2016，60（2）.

[4] 李华锋，袁勤俭. 基于 2006—2015 年 NSFC 立项数据的管理科学资助分析 [J]. 科技管理研究，2017（6）.

[5] 刘作仪，吴登生，李建平. 2001—2010 年我国管理与运筹学研究态势的计量分析——基于 Web of Science 数据. 北京理工大学学报：社会科学版，2012，14（1）.

[6] 刘作仪，徐贤浩. 管理科学与工程学科基金项目资助和 SCI 论文发表情况分析 [J]. 管理学报，2009（8）.

[7] 刘作仪，查勇. 行为运作管理：一个正在显现的研究领域 [J]. 管理科学学报，2009（4）.

[8] 缪园，张伟倩，李媛. 国内管理科学与工程研究热点以及发展趋势——近年国家自然科学基金资助项目的非线性分析 [J]. 科学学与科学技术管理，2007（10）.

[9] 王帆，黄锦佳，刘作仪. 港口管理与运营：新兴研究热点及其进展 [J]. 管理科学学报，2017（5）.

[10] 王曰芬，傅柱，陈必坤．采用LDA主题模型的国内知识流研究结构探讨：以学科分类主题抽取为视角 [J]．现代图书情报技术，2016（4）.

[11] 杨海霞，高宝俊，孙含林．基于LDA挖掘计算机科学文献的研究主题 [J]．现代图书情报技术，2016，32（11）.

[12] 张玲玲，房勇，杨涛，张超，李若筠，刘作仪，杨晓光，汪寿阳．管理科学与工程热点研究领域的文献计量分析 [J]．管理学报，2005，2（4）.

[13] Blei, D. M., Ng, A. Y., Jordan, M. I. Latent direichlet allocation [J]. *Journal of Machine Learning Research*, 2003 (3).

[14] Blei, D. M. Probabilitistic topic models [J]. *Communications of the ACM*, 2012, 55 (4).

[15] Griffiths, T. L., Steyvers, M. Finding scientific topics [J]. *Proceedings of the National Academy of Sciences*, 2004, 101 (1).

[16] Piepenbrink, A., Nurmammadov, E. Topics in the literarture of transition economies and emerging markets [J]. *Scientometrics*, 2015, 2012 (3).

[17] Fang, D., Yang, H., Gao, B., et al. Discovering research topics from library electronic references using latent Dirichlet allocation [J]. *Library Hi Tech*, 2018, 36 (3).

[18] Wu, H, Wang, M, Feng, J. et al. Research topic evolution in "bioinformatics" [C]. In: Proceedings of the 4th international conference on bioinformatics and biomedical engineering (ICBBE). IEEE, 2010.

Research Topic Evolution of Management Science and Engineering over 2006—2016 with LDA Probabilistic Topic Model

Chen Zhiyuan[1]   Yang Haixia[2]   Wang Xianjia[3]

(1, 2, 3 Economics and Management School of Wuhan University, Wuhan, 430072)

Abstract: This paper uses Probabilistic Latent Direichlet Allocation (LDA) topic model to show the research topic evolution in the field of management science and engineering over the last 11 years. The data consists of 21267 papers from 12 top journals in the area of management science and engineering. The main results of LDA topic model are as follows. First, we find 20 topics is an appropriate number of topics to cover this research field. Second, we find 5 topics have increasing trend and 3 topics have decreasing trend. We hope our findings could help the scholars to overview the field of management science and engineering in a bird's view.

Key words: Latent Direichlet Allocation (LDA); Text mining; Hot topic; Document cluster

专业主编：许明辉

网络外部性对直播平台激励策略选择的影响分析[*]

● 李　军[1]　程中月[2]　聂佳佳[3]

（1，2，3　西南交通大学经济管理学院　成都　610031）

【摘　要】本文将直播平台对主播的工资绩效分为按主播努力激励与按打赏数量激励，考虑网络外部性因素构建消费者效用函数，研究了平台与主播在两种激励方式下的行为决策问题。根据激励方式与网络外部性构建了 N1 模型、N2 模型、Y1 模型以及 Y2 模型，探讨了网络外部性对主播努力水平、打赏数量、平台定价以及平台与主播的利润的影响。研究发现：（1）按打赏数量激励下，网络外部性对主播努力程度、平台定价、打赏数量与主播和平台收入都呈正相关；（2）按主播努力激励下，网络外部性会使打赏数量与平台收入增加，但对主播努力程度、平台定价与主播收益无影响。

【关键词】网络外部性　网络直播　行为策略　努力因素
中图分类号：F270. 5　　　　文献标识码：A

1. 引言

　　近两年来，网络直播迅速发展成为一种新的互联网文化业态，行业在经济收入、用户人数、影响力等方面都呈现极高的增长趋势。2015 年，国内网络直播的市场规模约为 90 亿，网络直播平台数量接近 200 家，网络直播平台用户数量已经达到 2 亿，大型直播平台每日高峰时段同时在线人数接近 400 万，同时进行直播的房间数量超过 3000 个（中投顾问产业与政策研究中心，2016）。关于网络主播的盈利模式也引起了关注，一般有以下几种方式：用户打赏、与公司或平台签约获得底薪工资、时薪（平台根据主播小时的直播人气支付薪水）、广告代言费、开淘宝店而通过电商变现（游久网，2016；中国青年网，2017）。

　　关于直播平台的相关研究，汤莉萍、殷俊（2007）从融资方式、营销方式、定位策

────────────

　　* 基金项目：国家自然科学基金面上项目"服务水平敏感需求下排队系统的合作决策研究"（项目批准号：71671146），国家自然科学基金重大项目"大数据环境下的顾客洞察与市场营销策略研究"（项目批准号：71490722）。

　　通讯作者：程中月，E-mail：501281514@qq. com。

略、内容提供和广告模式等方面分析了 YouTube 网站的经营特点；金侠飞（2016）分析了网络直播平台兴起的影响因素；张旻（2016）主要介绍了直播平台的运行特征和传播特点；丁文佳（2016）和蔡磊（2014）分别以我国电竞直播和体育赛事直播为例，分析了直播平台的发展模式和优劣势；黄艺（2016）认为网络直播平台被过度消费，既有网络主播追名逐利的驱动，也跟大众的互联网娱乐消费习惯密切相关；陈洁（2016）为直播平台的发展提供了建议。Armstrong（2006）建立了双边市场的一般性研究框架；Godes，Ofek 和 Sarvary（2009）建立模型分析平台之间的竞争怎样影响降价动机；Kind，Nilssen 和 Sogard（2009）讨论产品差异化程度与参与竞争的媒体平台数量对于媒体盈利的影响。这些研究主要集中在直播平台的发展模式等问题，缺乏对运营机制的探讨，特别是平台对主播的激励研究还未见到。网络直播行业具有极强的网络外部性，观众对主播的打赏很容易产生跟随效应，消费者效用受到观看直播的用户规模的影响，具有典型的网络外部性。本文考虑网络外部性，研究平台对主播的激励策略。

关于网络外部性的研究，Katz（1985）最早于 1985 年提出了相关概念；随后国内外学者开展了广泛研究，主要集中在带有网络外部性的商品最优定价策略（Zhang & Seidmann，2010；Hajji et al.，2012；Bayer & Chan，2010；孙武军，陆璐，2013）、最优研发策略（Molina，Munuera & Calanton，2011；Mak & Zwick，2010）、最优技术兼容性决策（张晓娟，张盛浩，2015）等几方面；曲振涛（2010）在 Armstrong（2006）基准模型的基础上引入了直接网络外部性参数对电子商务市场进行分析。关于激励的研究，李海（2016）通过差异激励模型探讨了多样化知识员工的激励模式；孟凡生（2014）研究了双重成本控制标准下的员工激励模型；梁阜（2013）运用激励理论提出了薪酬体系设计的新理念。

目前直播平台对主播采取底薪+奖励的模式比较常见。本文考虑网络外部性，分别对按主播努力激励和按打赏数量激励两种激励方式进行分析，通过研究两种激励方式下主播和平台的行为策略，分析主播基本工资、努力程度、激励系数和网络外部性系数等因素对平台策略的影响，对平台发展提出策略建议以及政策规范。

2. 基本模型

考虑直播市场中存在三个行为主体：平台、主播和消费者，平台确定虚拟道具（打赏产品）的价格，主播通过自身努力吸引消费者观看直播并打赏，消费者在平台购买打赏产品支持自己喜欢的主播，平台根据主播的表现给予基本工资和奖励工资。主播收益等于工资水平减去自身的努力成本，而平台收益取决于消费者的打赏数量，同时要扣除给主播的薪酬。为了简化研究，本文考虑直播平台中只存在一种打赏产品，产品价格是唯一的。

2.1 模型假设

假设主播的努力水平集合为 A，$e \in A$ 表示主播的一个特定努力水平，为简单起见，假设 e 是一维连续变量，e 越大主播越努力，主播的表现函数为：$a + be$，其中 $b \in (0, 1)$

表示主播努力对其表现效果的影响程度，$a \in (0, 1)$ 表示与个人努力无关、影响主播表现效果的其他因素，如直播的类型、平台等。同时假设主播的努力负效用等价于货币成本，并进一步假定努力成本 $C = \frac{1}{2}ke^2$，其中 $k > 0$ 为努力成本系数，k 越大同样的努力水平带来的负效用越大，同时努力成本的二阶导数大于 0，说明当努力程度越高，主播努力成本的增长速度越快，会影响其收益，因此主播会对其努力程度进行策略选择。

假设观众观看直播并发生打赏行为后获得的效用函数为：$u = \theta - p + \beta(a + be)$，其中 $\theta \in (0, 1)$ 是观众观看直播并对主播进行打赏的行为中获得的满足程度的货币化，p 表示观众打赏时支付的产品价格（这里假设直播平台只有一种打赏产品，其价格相同），$\beta \in (0, 1)$ 是观众从主播表现中获得的满足程度的货币化，一定程度反映了观众对主播的偏好。

假设平台以底薪+激励的方式给主播支付工资，f 表示平台给予主播的底薪即基本工资，激励有两种方式：第一种是按主播的努力程度激励，表现为 $m = m_0 e + f$，其中 $m_0 \in (0, 1)$ 表示努力激励系数；第二种是按给主播打赏的人数激励，表现为 $m = l_0 Q + f$，其中 $l_0 \in (0, 1)$ 表示数量激励系数，Q 表示给主播打赏的观众数量。

2.2　效用函数

根据模型假设，消费者观看直播获得的产品效用表达式为 $u = \theta - p + \beta(a + be)$。本文借鉴 Chiang 等（2003）的建模思路对观众市场进行分析，该模型假设消费者连续分布在一个单位间距内，因此我们假设观众对观看网络直播的偏好 θ 连续分布在 $[0, 1]$ 区间，对主播进行打赏与不打赏分别位于该区间的起点和终点，如图 1 所示。令 $u = 0$ 可以求得观众打赏与不打赏的效用无差异点 $\theta^* = p - \beta(a + be)$。那么，观众的打赏人数即打赏的市场需求表达式为 $Q = 1 - \theta^* = 1 - p + \beta(a + be)$，可知打赏数量与产品定价和主播努力相关。

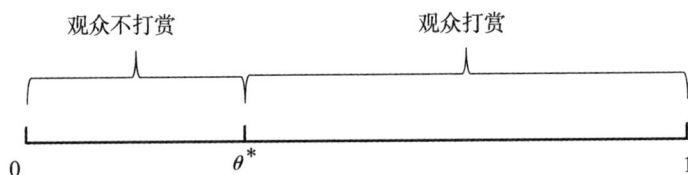

图 1　消费者市场

当按照主播努力激励来计算主播薪酬时，主播和平台的利润函数分别为

$$V = m - C = m_0 e + f - \frac{1}{2}ke^2, \quad W = pQ - m = pQ - m_0 e - f。$$

当按照打赏数量激励来计算主播薪酬时，主播和平台的利润函数分别为

$$V = m - C = l_0 Q + f - \frac{1}{2}ke^2, \quad W = pQ - m = pQ - l_0 Q - f = (p - l_0)Q - f。$$

2.3 模型均衡及分析

根据逆向求解的思路，先求得主播的最优努力水平和利润函数，再将主播最优努力水平代入平台的利润函数，从而求得平台对打赏产品的最优定价、均衡需求和平台利润。根据两种激励方式将模型分解为 2 个子模型：按主播努力激励模型（N1 模型）和按打赏数量激励模型（N2 模型）。两个模型决策变量的均衡解、最优需求量、最优利润如表 1 所示。

表 1　　　　　　　　　无网络外部性下决策变量均衡解、需求量与利润

	N1	N2
e^*	$\dfrac{m_0}{k}$	$\dfrac{\beta b l_0}{k}$
p^*	$\dfrac{b\beta m_0}{2k} + \dfrac{a\beta}{2} + \dfrac{1}{2}$	$\left(\dfrac{b^2\beta^2}{2k} + \dfrac{1}{2}\right)l_0 + \dfrac{a\beta}{2} + \dfrac{1}{2}$
Q^*	$\dfrac{b\beta m_0}{2k} + \dfrac{a\beta}{2} + \dfrac{1}{2}$	$\left(\dfrac{b^2\beta^2}{2k} - \dfrac{1}{2}\right)l_0 + \dfrac{a\beta}{2} + \dfrac{1}{2}$
V	$\dfrac{1}{2k}m_0^2 + f$	$-\dfrac{1}{2}l_0^2 + \dfrac{1}{2}l_0(a\beta + 1) + f$
W	$\left[\dfrac{1}{2} + \dfrac{1}{2}\beta\left(a + \dfrac{bm_0}{k}\right)\right]^2 - \dfrac{m_0^2}{k} - f$	$\left[\dfrac{1}{2} - \dfrac{1}{2}l_0 + \dfrac{1}{2}\beta\left(a + \dfrac{b^2 l_0\beta}{k}\right)\right]^2 - f$

3. 有网络外部性模型

考虑主播平台的网络外部性，即消费者效用受到观看直播的用户规模的影响。消费者购买一单位打赏产品获得的效用不仅与基本效用 $\theta - p + \beta(a + be)$ 有关，还与直播平台中打赏的总人数 Q 有关。根据 Katz（1985）等所定义的网络外部性的内涵，并参考郭强（2016）、王晓明（2013）等关于网络外部性的建模思路，本文给出考虑了网络外部性的消费者效用函数为 $u = \theta - p + \beta(a + be) + \alpha Q$，其中 $\alpha \in (0, 1)$ 为产品的网络外部性效用折扣，α 越大表明网络外部性为打赏产品效用带来的增量作用越明显。

3.1 效用函数与利润函数

根据消费者效用函数，令 $u = 0$ 可以求得观众打赏与不打赏的效用无差异点 $\theta^* = p - \beta(a + be) - \alpha Q$。那么，观众的打赏人数即打赏的市场需求表达式为

$$Q = 1 - \theta^* = \frac{1 - p + \beta(a + be)}{1 - \alpha}$$

当按照主播努力激励来计算主播薪酬时，主播的利润函数表达式为 $V = m - C = m_0 e +$

$f - \frac{1}{2}ke^2$，平台的利润函数表达式为 $W = pQ - m = pQ - m_0e - f$。

当按照打赏数量激励来计算主播薪酬时，主播的利润函数表达式为 $V = m - C = l_0Q + f - \frac{1}{2}ke^2$，平台的利润函数表达式为 $W = pQ - m = pQ - l_0Q - f = (p - l_0)Q - f$。

3.2 模型均衡及分析

根据逆向求解的思路，先求得主播的最优努力水平和利润函数，再将主播最优努力水平代入平台的利润函数，从而求得平台对打赏产品的最优定价、均衡需求和平台利润。根据两种激励方式将模型分解为 2 个子模型：按主播努力激励模型（Y1 模型）和按打赏数量激励模型（Y2 模型）。两个模型决策变量的均衡解、最优需求量、最优利润如表 2 所示。

表 2　　　　　　　　有网络外部性下决策变量均衡解、需求量与利润

	Y1	Y2
e^*	$\dfrac{m_0}{k}$	$\dfrac{l_0\beta b}{k(1 - \alpha)}$
p^*	$\dfrac{1}{2} + \dfrac{1}{2}\beta\left(a + \dfrac{bm_0}{k}\right)$	$\dfrac{1}{2} + \dfrac{1}{2}l_0 + \dfrac{1}{2}\beta\left(a + \dfrac{b^2l_0\beta}{k(1 - \alpha)}\right)$
Q^*	$\dfrac{1}{2(1 - \alpha)}\left[1 + \beta\left(a + \dfrac{bm_0}{k}\right)\right]$	$\dfrac{1}{2(1 - \alpha)}\left[1 - l_0 + \beta\left(a + \dfrac{b^2l_0\beta}{k(1 - \alpha)}\right)\right]$
V	$\dfrac{1}{2} \cdot \dfrac{m_0^2}{k} + f$	$\dfrac{1}{2(1 - \alpha)}l_0(a\beta - l_0 + 1) + f$
W	$\dfrac{1}{4} \cdot \dfrac{(a\beta k + b\beta m_0 + k)^2}{k^2(1 - \alpha)} - \dfrac{m_0^2}{k} - f$	$\dfrac{1}{4(1 - \alpha)}\left[1 - l_0 + \beta\left(a + \dfrac{b^2l_0\beta}{k(1 - \alpha)}\right)\right]^2 - f$

4. 网络外部性分析

本部分将对比有网络外部性模型和无网络外部性模型的均衡（如表 1、表 2 所示），其中：N1 为无网络外部性下按努力激励模型，N2 为无网络外部性下按数量激励模型，Y1 为有网络外部性下按努力激励模型，Y2 为有网络外部性下按数量激励模型，在此基础上讨论网络外部性系数 α 对主播和平台在两种激励方式下的行为表现和影响。

命题 1：与基本模型相比，有网络外部性时，按数量激励的主播最优努力程度、最优产品价格与主播收益均上升，而按努力激励的相关变量没有变化。

证明：（1）$e_{Y1}^* = e_{N1}^*$，$p_{Y1}^* = p_{N1}^*$，$V_{Y1} = V_{N1}$，证毕。

（2）分别计算有无网络外部性时，数量激励下的主播最优努力程度、最优产品价格

与主播收益的差值可得，

$$\Delta e = e_{Y2}^* - e_{N2}^* = \frac{\alpha}{1-\alpha} \cdot \frac{l_0 \beta b}{k} > 0, \quad 因为 \alpha \in (0, 1), \quad 所以 \frac{\alpha}{1-\alpha} > 0, \quad 所以 \Delta e > 0。$$

$$\Delta p = p_{Y2}^* - p_{N2}^* = \frac{\alpha}{1-\alpha} \cdot \frac{l_0 b^2 \beta^2}{2k} > 0, \quad 同上。$$

$$\Delta V = V_{Y2}^* - V_{N2}^* = \frac{\alpha}{1-\alpha} \cdot \frac{l_0 (a\beta - l_0 + 1)}{2}, \quad 因为 l_0 \in (0, 1), \quad 所以 a\beta - l_0 + 1 > 0,$$

所以 $\Delta V > 0$。

命题 1 表明，当按主播努力进行激励时，有网络外部性时的主播最优努力程度、最优产品价格与主播收益和无网络外部性时的主播最优努力程度、最优产品价格与主播收益均相同，这表明此时主播的努力和收益不受网络外部性影响。而按打赏数量激励下的主播最优努力程度、最优产品价格与主播收益均会上升，与网络外部性呈正相关。由于直播具有网络外部性，观众因群体数量增加而产生效用增量，直播对于观众的吸引力增加，主播会提高自身的努力水平来吸引更多观众，由于粉丝黏性增强，给主播打赏的数量也随之变大，主播从而获得更高的薪酬，此时平台可以选择提高价格来获取更多的利润，虽然价格提高，但消费者黏性大，依然有很多人愿意购买产品，故而平台利润也会增加。

命题 2：与基本模型相比，有网络外部性时，无论是按努力激励还是按数量激励，观众对打赏的市场需求即打赏数量均会上升。

证明：有网络外部性模型与基本模型的打赏需求最优解作差可得，

$$\Delta Q_1 = Q_{Y1}^* - Q_{N1}^* = \frac{\alpha}{1-\alpha} \cdot \frac{a\beta k + b\beta m_0 + k}{2k} > 0$$

$$\Delta Q_2 = Q_{Y2}^* - Q_{N2}^* = \frac{\alpha [(1-\alpha)(a\beta - l_0 + 1)k + b^2 l_0 \beta^2 (2-\alpha)]}{2k(1-\alpha)^2} > 0$$

命题 2 表明，存在网络外部性时，对主播打赏所获得的效用增加，市场总需求将因产品效用增加而增大。网络外部性提升了消费者效用，即使原本没有打赏意向的消费者，也会因为看到其他观众打赏而跟风，产生羊群行为，从而使打赏市场的总需求增大。

命题 3：与基本模型相比，有网络外部性时，无论是按努力激励还是按数量激励直播平台的收益都会上升。

证明：有网络外部性模型与基本模型的直播平台利润最优解作差可得，

$$\Delta W_1 = W_{Y1}^* - W_{N1}^* = \frac{\alpha}{1-\alpha} \cdot \frac{(a\beta k + b\beta m_0 + k)^2}{4k^2} > 0$$

$$\Delta W_2 = W_{Y2}^* - W_{N2}^* = \frac{\alpha [(1-\alpha)^2 (a\beta - l_0 + 1)^2 k^2 + 2b^2 l_0 \beta^2 (1-\alpha)(2-\alpha)(a\beta - l_0 + 1)k + b^4 l_0^2 \beta^4 (\alpha^2 - 3\alpha + 3)]}{4(1-\alpha)^3 k^2}$$

因为 $\alpha \in (0,1)$，所以 $1-\alpha > 0, 2-\alpha > 0, \alpha^2 - 3\alpha + 3 > 0$，所以 $\Delta W_2 > 0$。

命题 3 表明，网络外部性的存在同时增大了按数量激励下的需求与价格，导致直播平台利润必然增加。而当按努力激励时，网络外部性带来的打赏增量并不会给主播带来额外的收益，所以主播不会提高自身的努力程度；然而对平台来说，虽然没有提高产品定价，但打赏数量因为消费者的网络外部性而增加，在需求的单趋作用下，平台的利润也会增加。

网络外部性对两种激励方式下平台收益的影响程度不确定，用算例来讨论平台收益的变化趋势。假设 $a = b = \beta = 0.5$，$k = 1$，分别设 $m_0 = 0.2$、$l_0 = 0.9$、$m_0 = l_0 = 0.5$、$m_0 = 0.9$，$l_0 = 0.2$，平台收益 ΔW^{N2-N1} 变化趋势如图 2 所示。可以看出，当 α 与 m_0、l_0 处于约定条件内时，随着网络外部性 α 的增大，按数量激励下的平台收益有可能小于按努力激励的平台收益，也可能大于按努力激励的平台收益。当 $m_0 = 0.2$，$l_0 = 0.9$ 时，平台收益 ΔW^{N2-N1} 为负值且随着 α 增大越来越小，这说明随着 α 增大，两种激励方式下的平台收益差距拉大，且按努力激励下的收益要高于按数量激励，一方面，因为此时数量激励系数 l_0 较大，而努力激励系数 m_0 较小；另一方面，因为网络外部性增大时，观众观看直播时获得的效用增量增大，打赏产品对观众的吸引力增加，导致观众对打赏产品的需求量增大、打赏数量增加，若按数量激励，将付给主播更多的薪酬而损失平台收益，而且随着 α 增加会越发亏损，因此平台更愿意按努力激励给主播计算薪酬。

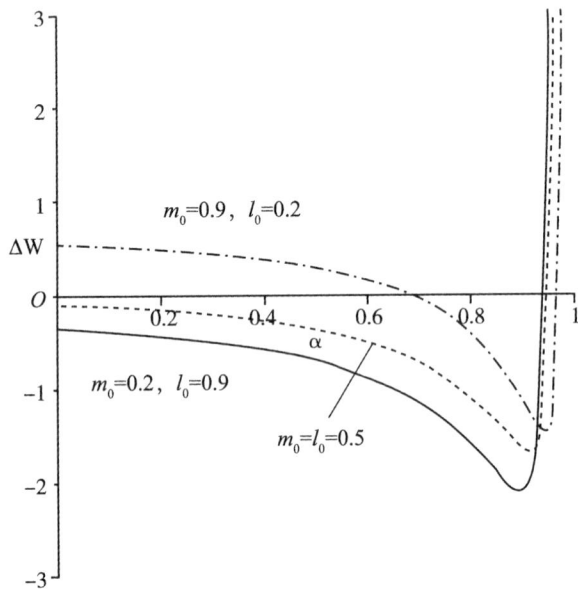

图 2　网络外部性对平台收益的影响

当 $m_0 = l_0 = 0.5$ 时，平台收益 ΔW^{N2-N1} 为负值且随着 α 增大越来越小，但是相较于 $m_0 = 0.2$，$l_0 = 0.9$ 的情况，两种激励方式的收益差距已经小了很多，而按努力激励下的平台收益依然高于按数量激励，因为 α 的增大会带动 Q 增大，平台按努力激励会支付给主播更多薪酬。

当 $m_0 = 0.9$，$l_0 = 0.2$ 时，当 α 较小时，平台收益 ΔW^{N2-N1} 为正值但随着 α 增大越来越小；当 α 较大时，平台收益 ΔW^{N2-N1} 为负值且随着 α 增大越来越小。这说明当 α 较小时，按数量激励下的收益要高于按努力激励，因为此时数量激励系数 l_0 较小，而努力激励系数

m_0 较大, 若按努力激励, 平台将付给主播更多的薪酬而损失自身收益, 但随着 α 增大, 二者收益差距越来越小, 因为 α 会带动 Q 增大, 按数量激励也将支付给主播更多薪酬。当 α 较大时, 按数量激励下的收益要低于按努力激励, 因为网络外部性带来的打赏数量增加已经超过了高努力激励系数带来的影响。

三种情况的共同点在于: 当 α 极大时, 按数量激励时的平台收益要远远高于按努力激励, 因为此时网络外部性带来的打赏产品的增量非常大, 平台会通过此获得高额收入, 以抵消支付给主播的薪酬。同时由图 2 可知, 第一, 当网络外部性系数较小, 即直播平台的用户规模对消费者效用影响不大时, 平台对主播采用按努力激励的方式, 会使自身获得更高的收益; 但若此时努力激励系数很大、数量激励系数很小时, 平台还是会采用按数量激励, 因为此时若按努力激励, 平台将付给主播更多的薪酬而损失自身收益。第二, 当直播平台的用户规模对消费者效用影响非常明显, 即已有的观众会因为其他观众加入直播间而获得更高的效用时, 直播平台对主播采用按数量激励的方式, 会使自身获得更高的收益。

5. 主播与平台收益分析

5.1 无网络外部性、不同激励方式下的主播与平台收益分析

命题 4: 不存在网络外部性时, 在两种激励方式下, 主播收益满足以下关系:

(1) 当 $0 < m_0 < \sqrt{kl_0(a\beta - l_0 + 1)}$ 时, $V_{N2} > V_{N1}$。

(2) 当 $\sqrt{kl_0(a\beta - l_0 + 1)} < m_0 < 1$ 时, $V_{N2} < V_{N1}$。

证明: 计算主播在基本模型下两种方式激励的收益差值可得,

$$\Delta V = V_{N2} - V_{N1} = -\frac{1}{2} \cdot \frac{m_0^2}{k} - f + \frac{1}{2}l_0(a\beta - l_0 + 1) + f, \ \ \text{令} \ \Delta V = 0, \ \text{求解不等式, 得以}$$

m_0 为自变量的二次函数顶点坐标为 $\left(0, \frac{1}{2}l_0(a\beta + 1 - l_0)\right)$, 因为 $l_0 \in (0, 1)$, 故 $a\beta + 1 - l_0 > 0$, 命题得证。

命题 4 说明, 在没有网络外部性的情况下, 当按主播努力激励的固定工资较高或激励系数较高时, 主播在按努力激励下的收益更高; 当固定工资和激励系数都较小时, 主播按努力激励的收益就低, 而按数量激励的收益高。

命题 5: 不存在网络外部性时, 在两种激励方式下, 平台收益满足以下关系:

(1) 令 $X = \sqrt{(a\beta k + b\beta m_0 + k)^2 - 4km_0^2}$, 当 $0 < l_0 < \dfrac{a\beta k + k - X}{k - b^2\beta^2}$ 时, $W_{N2} > W_{N1}$。

(2) 当 $\dfrac{a\beta k + k - X}{k - b^2\beta^2} < l_0 < 1$ 时, $W_{N2} < W_{N1}$。

(3) 因 $l_0 = \dfrac{a\beta k + k + X}{k - b^2\beta^2} > 1$, 故此解舍去。

证明: 计算平台在两种方式激励下的收益差值可得,

$$\Delta W = W_{N2} - W_{N1} = \left[\frac{1}{2} - \frac{1}{2}l_0 + \frac{1}{2}\beta\left(a + \frac{b^2 l_0 \beta}{k}\right)\right]^2 - f - \left[\frac{1}{2} + \frac{1}{2}\beta\left(a + \frac{bm_0}{k}\right)\right]^2 + \frac{m_0^2}{k} + f$$

f, 令 $\Delta W = 0$, 求解不等式, 命题得证。

命题 5 说明, 在没有网络外部性的情况下, 当按打赏数量激励的系数较小时, 平台按数量激励支付给主播的薪酬就较少, 因而平台自身的收益会更高; 但是, 当激励系数较大时, 平台按数量激励会支付给主播更高的薪酬, 从而减少自身收益, 这是平台不愿意看到的, 因此平台会选择按努力激励从而获得更高的收益。

在无网络外部性时, 主播和平台的收益受多个因素影响, 大小关系不确定, 因此在算例中进行分析。图 3 假设 $a = b = \beta = 0.2$, $k = 1$, $\alpha = 0$, 图 3 中的实线为主播选择按努力激励和按打赏数量激励两种工资结算方式时, 所得收益的无差异曲线, 曲线左侧按数量激励的工资水平更高, 曲线右侧按努力激励的工资水平更高。虚线为直播平台给主播按努力激励和按打赏数量激励计算工资时, 所得收益的无差异曲线, 曲线左侧按努力激励的收益更高, 曲线右侧按数量激励的收益更高。

因为当努力激励系数 m_0 变大时, 主播更愿意选择按努力激励来结算工资, 使其获得更高收益; 而此时平台要付给主播更多工资则必然减少其自身收益, 所以平台此时更愿意选择按数量激励给主播结算工资。

图 4 假设 $a = b = \beta = 0.9$, $k = 1$, $\alpha = 0$, 图 4 的曲线性质与图 3 相同, 区别在于: 此时主播的表现系数和观众对主播的偏好系数都比较高, 表示主播的黏性更大, 观众多为主播的粉丝, 给主播打赏的概率就会高很多, 所以此时主播选择按数量激励的工资结算方式会获得更高收益, 反映在图形上就是图 4 的实线比图 3 的要右移很多。同样地, 此时平台要付给主播更多工资则必然减少其自身收益, 因为平台此时更愿意选择按努力激励给主播结算工资, 反映在图形上就是图 4 的虚线比图 3 的要右移更多, 曲线右侧按数量激励的比例非常小。

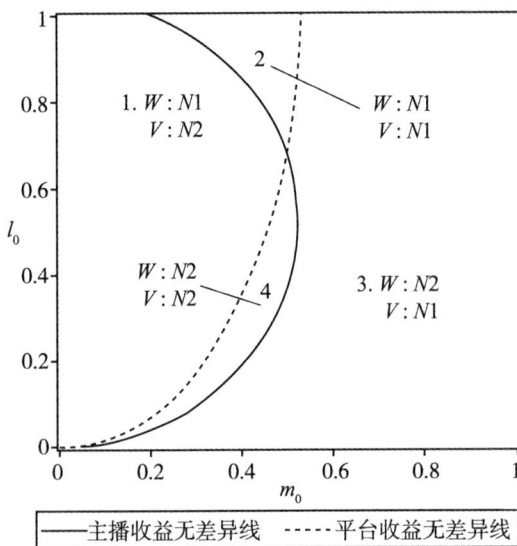

图 3 低水平下无网络外部性

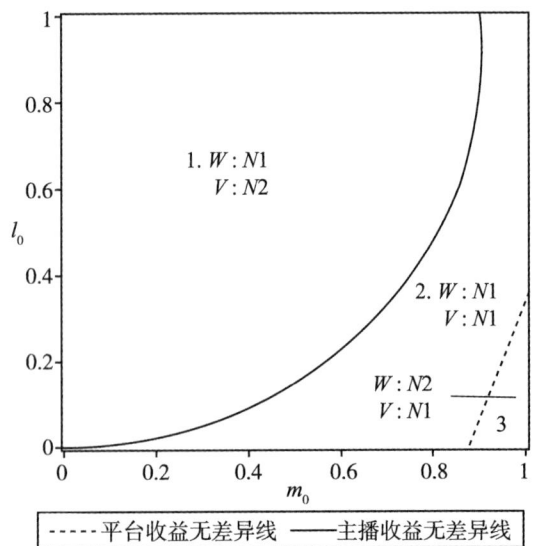

图 4 高水平下无网络外部性

以上数值分析说明，不存在网络外部性时，第一，在非决策性因素影响程度较低的情况下，当 m_0 越小、l_0 越大时，平台选择对主播按努力激励的可能性越高，而当 m_0 越大时，平台选择按数量激励的可能性越高；同时此时存在两个均衡为图 3 的 2 和 4 区域，主播和平台在同一种激励方式下的收益都高于另一种方式。第二，非决策性因素影响程度较高的情况下，图 4 中只存在一个均衡为 2 区域。

5.2 有网络外部性、不同激励方式下的主播与平台收益分析

命题 6：存在网络外部性时，在两种激励方式下，主播收益与 α 相关，并满足以下关系：

（1）当 $\alpha \leqslant 1 - \dfrac{kl_0(a\beta - l_0 + 1)}{m_0^2}$ 时，$V_{N2} \leqslant V_{N1}$。

（2）当 $\alpha > 1 - \dfrac{kl_0(a\beta - l_0 + 1)}{m_0^2}$ 时，$V_{N2} > V_{N1}$。

证明：计算主播在两种激励方式下的收益差值可得，

$$\Delta V = V_{Y2} - V_{Y1} = -\frac{1}{2} \cdot \frac{m_0^2}{k} - f + \frac{1}{2(1-\alpha)}l_0(a\beta - l_0 + 1) + f，令 \Delta V = 0，求解不等式，$$

命题得证。

命题 6 说明，存在网络外部性的情况下，主播的收益与网络外部性的大小有关。当网络外部性 α 较小时，按努力激励下的主播收益要高于按数量激励；当网络外部性 α 较大时，按数量激励下的主播收益要高于按努力激励。由于直播具有网络外部性，观众因群体数量增加而产生效用增量，直播对于观众的吸引力增加，主播会提高自身的努力水平，当网络外部性较小时，主播的努力水平较高，因此主播更愿意选择按努力激励来计算薪酬；而当网络外部性较大时，其带来的观众数量和打赏数量会急剧提高，此时采用按数量激励主播能获得更多收益。

命题 7：存在网络外部性时，在两种激励方式下，平台收益与 l_0 相关，并满足以下关系：

（1）令 $Y = \sqrt{(a\beta k + b\beta m_0 + k)^2 + 4km_0^2(\alpha - 1)}$，当 $0 < l_0 < \dfrac{(a\beta k + k - Y)(\alpha - 1)}{b^2\beta^2 + \alpha k - k}$ 时，$W_{N2} > W_{N1}$。

（2）当 $\dfrac{(a\beta k + k - Y)(\alpha - 1)}{b^2\beta^2 + \alpha k - k} < l_0 < 1$ 时，$W_{N2} < W_{N1}$。

（3）因 $l_0 = \dfrac{(a\beta k + k + Y)(\alpha - 1)}{b^2\beta^2 + \alpha k - k} > 1$，故此解舍去。

证明：计算平台在两种方式激励下的收益差值可得，

$$\Delta W = W_{N2} - W_{N1} = \frac{1}{4(1-\alpha)} \cdot \left(\frac{b^2\beta^2}{(1-\alpha)k} - 1\right)^2 l_0^2 + \frac{a\beta + 1}{2(1-\alpha)} \cdot \left(\frac{b^2\beta^2}{(1-\alpha)k} - 1\right)l_0 +$$

$$\frac{(a\beta + 1)^2}{4(1-\alpha)} - \frac{(a\beta k + b\beta m_0 + k)^2}{4k^2(1-\alpha)} + \frac{m_0^2}{k} 令 \Delta W = 0，求解不等式，命题得证。$$

命题 7 说明，在有网络外部性的情况下，当按打赏数量激励的系数较小时，平台按数量激励支付给主播的薪酬就较少，因而平台自身的收益会更高；但是，当激励系数较大时，平台按数量激励会支付给主播更高的薪酬，从而减少自身收益，这是平台不愿意看到的，因此平台会选择按努力激励从而获得更高的收益。

在有网络外部性时，主播和平台的收益受多个因素影响，大小关系也不确定，因此在算例中进行分析。图 5 假设 $a = b = \beta = 0.2$，$k = 1$，$\alpha = 0.2$，图 5 中的实线为主播选择按努力激励和按打赏数量激励两种工资结算方式时，所得收益的无差异曲线，曲线左侧按数量激励的工资水平更高，曲线右侧按努力激励的工资水平更高。虚线为直播平台给主播按努力激励和按打赏数量激励计算工资时，所得收益的无差异曲线，曲线左侧按努力激励的收益更高，曲线右侧按数量激励的收益更高。

因为当努力激励系数 m_0 变大时，主播更愿意选择按努力激励来结算工资，使其获得更高收益；而此时平台要付给主播更多工资则必然减少其自身收益，所以平台此时更愿意选择按数量激励给主播结算工资。图 5 与图 3 的区别在于：当产生网络外部性时，观看直播和打赏的人数会变多，因而在按数量激励的情况下主播工资会变高，所以图 5 的实线会右移。

图 6 假设 $a = b = \beta = 0.9$，$k = 1$，$\alpha = 0.9$，图 6 的实线性质与图 5 相同，区别在于：此时主播的表现系数和观众对主播的偏好系数都比较高，表示主播的黏性更大，观众多为主播的粉丝，给主播打赏的概率就会高很多；同时网络外部性系数也很大，则观看直播和打赏的人数会更多，所以此时主播选择按数量激励的工资结算方式会获得更高收益，反映在图形上就是图 6 的实线已经接近于 x 轴，曲线以上的部分都是按数量激励，曲线以下按努力激励的比例非常小。

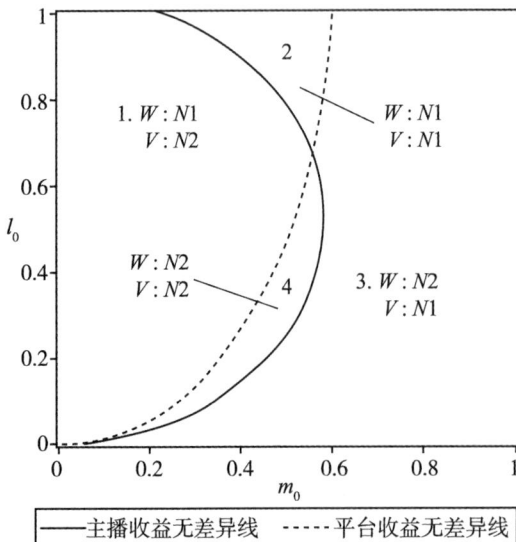

图 5　低水平下有网络外部性

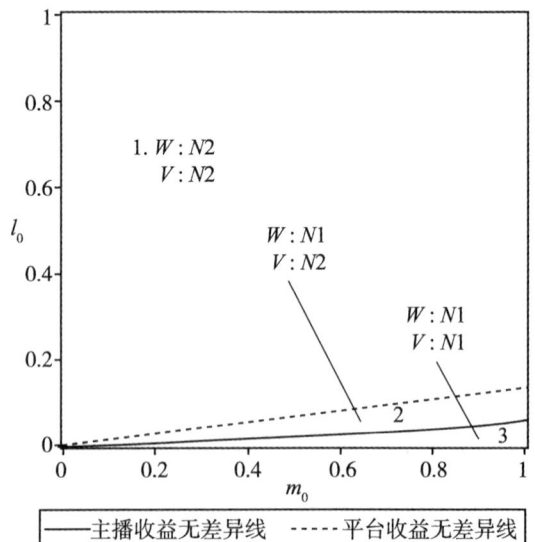

图 6　高水平下有网络外部性

182

图 6 与图 4 的区别在于：产生网络外部性时，图 6 虚线上方也为按数量激励，曲线下方为按努力激励，与图 4 结论相反，这是因为：存在网络外部性下，打赏人数急剧增加，平台收入为 $W = pQ - m$，虽然按数量激励付给主播的工资更高，但是打赏人数 Q 也迅速增加，所以平台收入依然会增加，所以平台此时选择按数量激励。

对于在非决策性因素影响程度较低的情况下，网络外部性对主播和平台收益的影响不大，正如图 5 与图 3 较为相似，都存在 2、4 两个均衡，即主播和平台在同一种激励方式下的收益都高于另一种方式。而在非决策性因素影响程度较高的情况下，网络外部性使得主播与平台的收益均衡由图 4 的 2 区域转变为图 6 中的 1、3 区域，原本主播和平台只有在按努力激励下才有均衡，加入网络外部性后，主播和平台在两种激励方式下都存在均衡。

6. 结论和进一步研究方向

本文将直播平台对主播的工资绩效分为按主播努力激励与按打赏数量激励，考虑网络外部性因素构建消费者效用函数，计算了主播的努力水平、打赏数量、平台定价以及平台和主播的利润，研究了网络外部性对平台与主播在两种激励方式下的行为决策问题。根据激励方式与网络外部性构建了 N1 模型、N2 模型、Y1 模型以及 Y2 模型，对比分析了不同条件下，网络外部性对主播努力水平、打赏数量、平台定价以及平台与主播的利润的影响。研究发现：（1）按主播努力激励下，网络外部性对主播努力程度、平台定价与主播收益无影响，但打赏数量与平台收入会增加。（2）按打赏数量激励下，网络外部性对主播努力程度、平台定价、打赏数量与主播和平台收入都呈正相关。（3）不存在网络外部性时，当努力激励系数或固定工资较高，主播在按努力激励下的努力水平和收益更高，同时主播努力工作会促进观众提高打赏数量。（4）不存在网络外部性时，按打赏数量激励的系数越小，平台按数量激励支付给主播的薪酬就较少，因而平台自身的收益会更高；反之，当激励系数较大时，平台按数量激励会支付给主播更高的薪酬，而减少自身收益，因此平台会选择按努力激励从而获得更高的收益。（5）存在网络外部性时，主播按数量激励下的收益随着网络外部性增大而增加。当网络外部性较小时，平台按努力激励的收益要大于按数量激励，一定条件下按数量激励的收益大于按努力激励；当网络外部性极大时，平台按数量激励的收益要远大于按努力激励。

本文可以从以下几个方面进行扩展：（1）考虑主播努力对打赏数量的直接影响；（2）考虑多种打赏产品采取不同的定价；（3）考虑对主播按粉丝量和影响力进行分类，对大小主播采用不同的激励系数；（4）考虑加入不同的激励模式，比如引入合作博弈收益共享的概念，平台将打赏收入与主播进行分成，刺激主播努力，实现双方共赢。

◎ 参考文献

［1］蔡磊. 网络直播的优势与制约因素——以网络直播体育赛事类节目为例 ［J］. 青年记

者，2014（8Z）.

［2］陈洁．网络直播平台：内容与资本的较量［J］.视听界，2016（3）.

［3］丁文佳．我国电子竞技直播平台的发展模式探析［D］.杭州：浙江传媒学院，2016.

［4］郭强，姚晓玲．考虑网络外部性的竞争性音乐产品定价策略研究［J］.软科学，
2016，30（6）.

［5］黄艺．泛娱乐化时代网络直播平台热潮下的冷思考［J］.新闻研究导刊，2016，7
（2）.

［6］金侠飞．我国网络直播平台可持续发展方式探究［J］.科技传播，2016（6）.

［7］李海，朱金强等．如何激励多样化的知识员工？——基于一个分类框架和差异激励
模型［J］.科学学与科学技术管理，2016，37（10）.

［8］梁阜，贾瑞乾，李鑫．薪酬体系设计的新理念——基于综合运用激励理论的视角
［J］.东岳论丛，2013，34（4）.

［9］孟凡生，王雪松，周亮亮．双重成本控制标准作用下的员工激励模型研究［J］.中国
管理科学，2014，22（7）.

［10］曲振涛，周正，周方召．网络外部性下的电子商务平台竞争与规制［J］.中国工业
经济，2010，（4）.

［11］孙武军，陆璐．交叉网络外部性与双边市场的倾斜式定价［J］.中国经济问题，
2013（6）.

［12］汤莉萍，殷俊．PSP 网站龙头 YouTube 的经营之秘［J］.广告大观（综合版），2007
（1S）.

［13］王晓明，李仕明，倪得兵．网络外部性下的电信业务服务质量和定价的博弈分析
［J］.系统工程理论与实践，2013，33（4）.

［14］佚名．深度揭秘网络主播如何包装盈利模式如何？［EB/OL］.（2016-05-17）［2017-
11-22］.http：//www.ebrun.com/20160517/176288.shtml.

［15］佚名．网络直播收益内幕真的能收入千万吗？揭秘网络主播三种盈利模式［EB/
OL］.（2017-03-21）　［2017-11-22］.http：//henan.china.com.cn/tech/2017/0321/
4424103_5.shtml.

［16］张旻．热闹的"网红"：网络直播平台发展中的问题及对策［J］.中国记者，2016
（5）.

［17］张晓娟，张盛浩．基于网络外部性的软件交易方式与兼容模式选择分析［J］.系统
工程理论与实践，2015，35（2）.

［18］中投顾问产业与政策研究中心．2016—2020 年中国网络直播行业深度调研及投资前
景预测报告［R］.深圳：中投顾问产业与政策研究中心，2016.

［19］Armstrong，M.Competition in two-sided markets［J］.*The Rand Journal of Economics*，
2006，37（3）.

[20] Bayer, R. C. , Chan, M. Network externalities, demand inertia and dynamic pricing in an experimental oligopoly market [J]. *Economic Record*, 2010, 83 (263).

[21] Chiang, W. Y. K. , Chhajed, D. , Hess, J. D. Direct Marketing, Indirect Profits: A Strategic Analysis of Dual-Channel Supply-Chain Design [J]. *Management Science*, 2003, 49 (1).

[22] Godes, D. , Ofek, E. , Sarvary, M. Content vs. advertising: The impact of competition on media firm strategy [J]. *Marketing Science*, 2009, 28 (1).

[23] Hajji, A. , Pellerin, R. , Leger, P. , M. , et al. Dynamic pricing models for ERP systems under network externality [J]. *International Journal of Production Economics*, 2012, 135 (2).

[24] Katz, M. L. , Shapiro, C. Network externalities, competition, and compatibility [J]. *The American Economic Review*, 1985, 75 (3).

[25] Kind, H. J. , Nilssen, T. , Sorgard, L. Business models for media firms: Does competition matter for how they raise revenue? [J]. *Marketing Science*, 2009, 28 (6).

[26] Mak, V. , Zwick, R. Investment decisions and coordination problems in a market with network externalities: An experimental study [J]. *Journal of Economic Behavior & Organization*, 2010, 76 (3).

[27] Molina, C. F. J. , Munuera, A. J. L. , Calantone, R. J. Product quality and new product performance: The role of network externalities and switching costs [J]. *Journal of Product Innovation Management*, 2011, 28 (6).

[28] Zhang, J. , Seidmann, A. Perpetual versus subscription licensing under quality uncertainty and network externality effects [J]. *Journal of Management Information Systems*, 2010, 27 (1).

Analysis on the Impact of the Network Externality on the Selection of Incentive Strategies for Webcast Platform

Li Jun[1]   Cheng Zhongyue[2]   Nie Jiajia[3]

(1, 2, 3   School of Economics and Management, Southwest Jiaotong University, Chengdu, 610031)

Abstract: Considering the network externalities and two types of the anchor wages (stimulated by the efforts and reward), a consumer utility function is constructed to study the behavior strategies in two kinds of incentive. The N1 model, the N2 model, the Y1 model and the Y2 model are constructed to discuss the influence of the network externality on the effort, reward, price and the profits of webcast platform and anchor, respectively. The study found that: according to the number of incentives, the network externalities are positively correlated with the efforts of the anchor, the product price, the number of reward and the income of the anchor and the platform. In accordance with the anchor efforts to encourage, the network externalities have no effect on the efforts of the anchor, the product price and the revenue of the anchor, but the amount of appreciation and the income of the platform will increase.

Key words: Network externality; Webcast; Behavior strategy; Effort factor

专业主编：许明辉

186

社会控制与供应链绩效间的相互作用关系
——基于信息共享能力和供应链柔性的双重中介效应分析

● 海　峰[1]　聂　蕾[2]

（1，2　武汉大学经济与管理学院　武汉　430072）

【摘　要】文章构建起了社会控制与供应链绩效之间的相互作用关系理论模型，进而对信息共享能力与供应链柔性（包括：产品开发柔性、生产柔性、物流柔性、供应链基础柔性和供应商柔性）在其中所起的双重中介效应进行剖析。以 380 份来自于供应链相关岗位的中高层管理人员及技术人员的问卷作为样本，利用结构方程模型对社会控制、信息共享能力、供应链柔性及供应链绩效之间的相关关系进行实证研究。研究结果表明：首先，社会控制对信息共享能力、信息共享能力对供应链柔性以及供应链柔性对供应链绩效均产生显著的正向作用关系；其次，信息共享能力对供应链绩效的正向作用关系并不显著；最后，社会控制虽然不会对供应链绩效产生直接的正向影响，但是其借助于信息共享能力和供应链柔性的双重中介效应而对供应链绩效产生间接影响。

【关键词】社会控制　信息共享　供应链柔性　供应链绩效

中图分类号：F274　　　　　文献标识码：A

1. 引言

随着商业环境中的不确定性日益增强，组织竞争的边界日益从单一企业扩大到整个供应链，竞争也日益从组织与组织之间的竞争向供应链与供应链之间的竞争拓展。库存状态、生产计划、需求预测等信息在供应链合作伙伴之间的共享有利于节点企业快速灵活地响应客户需求以及应对来自合作企业的不确定性，并做出快速准确的反应。供应链应对来自于环境中的不确定性的能力，即供应链柔性，成为供应链之间竞争的焦点。适当的供应链治理可以明显地提高供应链柔性及供应链整体的绩效，而供应链关系管理对该供应链绩效的推动程度极大取决于其所采用的治理机制（GM）。所谓治理机制，即组织为降低其业务关系中的不确定性、依赖性和机会主义行为而采取的一系列应对措施（李维安，李勇建和石丹，2016）。供应链治理有助于促进供应链合作伙伴之间的信息共享。大多数学

通讯作者：聂蕾，E-mail：nielei920908@163.com。

者认为，供应链上下游之间可通过信息共享来实现供应链的柔性化、减轻"长鞭效应"，并对供应链绩效产生正面影响。这种正面影响已在国外许多跨国公司得到了验证，如Wal-Mart、IBM等企业借助于供应链上实时的信息共享来增强其所处供应链的柔性化，并通过柔性化举措积极应对来自于市场的不确定性。沃尔玛和宝洁共同开发了与其信息系统互联的"优先连续补货"系统，通过该系统，沃尔玛与宝洁共享宝洁在沃尔玛零售网络中的销售信息，而宝洁则利用该信息为沃尔玛各分店提供"无订单补货"。这个系统不仅有助于宝洁及时掌握产品销售信息、预测产品需求和减少库存水平，也有助于沃尔玛降低库存水平，增强其所处供应链的柔性并提升该供应链整体的绩效。前人的大量研究已经表明，治理机制会对组织间关系和供应链的整体绩效产生影响（Zhang et al.，2012），这些研究涵盖了治理机制对供应链绩效的直接影响作用（Rhee，Kim and Lee，2012；Huang，Cheng and Tseng，2014），信息共享能力与供应链绩效之间的相互作用关系（Wu，Chuang and Hsu，2014；Costantinoet al.，2014；Huo，Zhao and Zhou，2014），供应链柔性与供应链绩效之间的相互作用关系（Jinet al.，2014；Liao，Hong and Rao，2010）等方面。不过，其研究样本大都来自发达国家的供应链企业，并且鲜有研究涉及信息共享能力、供应链柔性的双重调节作用。基于前人的研究，笔者以社会控制为切入点，来探讨该种治理机制类型与供应链绩效之间的相互作用关系，并且对信息共享能力和供应链柔性在其中所起着的双重调节作用进行深入剖析。

2. 概念界定

2.1 社会控制

差异化的目标、不明确的合同、机会主义行为、不同的运营惯例以及市场的不确定性被视为驱动冲突的内生因素，并引致出对供应链合作关系治理的需求。存在于供应链节点企业之间的机会主义行为和权利冲突将对供应链长期合作关系的维持起着严重的阻碍作用。为了减轻甚至消除这种阻碍作用，相关学者提出了两种基本的治理机制——"正式控制"和"社会控制"（Burkert，Ivens and Shan，2012）。"正式控制"指在书面合同中明确说明期望行为、过程和产出标准的规定、目标、规则和义务的治理形式（Zhang and Keh，2010），而"社会控制"则意味着商业组织使用共同的价值观、社会合作规范、信任、一致的目标和合作的氛围，鼓励协调合作伙伴利益的特定行为，限制机会主义行为（Li et al.，2010）。社会控制（也称关系控制）是以信任为基础的治理机制（Huang，Cheng and Tseng，2014）。与发达经济体相比，中国存在着基础设施不健全、缺乏有效的市场支持机构及法制不够完善等问题，因此，Ambler（1999）强调指出，正式的治理（例如合同）在中国无法发挥最大效用，非正式的社会控制有可能成为适用于中国企业的关键治理机制（Ambler，Styles and Wang，1999）。

2.2 信息共享能力

信息共享是指供应链节点企业实时共享信息，是对供应链运营规划和控制的及时、相关信息的捕获和传播。许多学者认为，信息共享是评价该供应链是否有效的重要特征之一，也是消除牛鞭效应的重要手段（Zhang and Chen, 2013）。信息共享允许供应链核心企业改进预测、同步生产和交付以及协调库存相关决策（Lee, Whang, 2000）。信息共享对供应链节点企业及供应链整体的效率、有效性和竞争优势都至关重要。信息共享能力包括两个方面：（1）核心企业处理存在于企业内部以及供应链节点企业所拥有的分销网络之间的无形信息的能力；（2）核心企业构建有形网络在企业内部各个领域以及在外部供应链成员之间进行沟通的能力。为了在当今的全球经济环境中生存下去，核心企业必须重新考虑供应链伙伴之间的合作方式，并提供分享最新信息的方法。效率低下且非用户友好的系统将对信息共享产生负面影响，而用户友好的信息系统有助于改善信息共享的水平（Yang and Maxwell, 2011）。但是，仅有软件和硬件支撑是远远不够的，供应链成员还应该有参与信息共享活动的意愿（Mourtzis, 2011）。如今企业不再是以个体为单位参与市场竞争，而是通过与其他合作伙伴联网参与市场竞争。随着信息技术（IT）的不断发展，信息共享能力的强弱对供应链绩效的影响越来越大。

2.3 供应链柔性

随着商业环境的动态性和不确定性日益加剧以及产品生命周期的缩短，面对变化快速反应的能力对核心企业及供应链整体来说显得愈加重要（Jin. et al., 2014）。供应链柔性使核心企业能够更快速地响应供需变化。此外，柔性化的供应链有利于核心企业通过缩短产品开发时间来更频繁地提供新产品，进而获取更大的竞争优势（Swafford, Ghosh and Murthy, 2006）。综上，笔者将供应链柔性划分为五个维度：产品开发柔性、生产柔性、物流柔性、供应链基础柔性和供应商柔性。其中产品开发和生产柔性代表了制造商管理新产品和生产流程的能力（Zhang, Vonderembse and Lim, 2003）；物流柔性反映了企业采购系统能够准确、快速和有效地适应各种收货和交货请求的能力（Prater, Biehl and Smith, 2001）；供应商柔性是供应商能够有效地调整其运营，以应对下游客户需求变化的能力（Pujawan, 2004）；供应基础柔性是企业能够在不必付出沉重代价（成本、时间和精力）的情况下改变买方-供应商关系的能力（Gosain, Malhotra and Sawy, 2004）。

2.4 供应链绩效

供应链整体的绩效与供应链节点企业的运作和价值创造有关。在定义供应链绩效维度时，Prajogo 和 Olhager（2012）与 Droge，Vickery 和 Jacobs（2012）侧重于交付和灵活性、客户服务、效率和服务表现（即交付和支持）等。Angerhofer 和 Angelides（2006）也认为可靠性、灵活性、质量和效率是衡量供应链绩效的关键指标。可靠性是指以承诺的价格在约定的交付日期完成产品交付的能力；灵活性是指对市场变化、新产品开发和客户需求做出反应的能力；质量决定了产品或服务能否满足客户需求；效率与改进流程有关，如降低库存水平、降低生产成本和增加生产量。结合相关学者的研究，本文主要从财务和非财务绩效两个角度出发，选取成本、交付时间、质量、服务水平等指标来对供应链绩效进行衡量。

3. 理论假设及模型建立

3.1 社会控制与信息共享能力

信息共享有时需要向可能会成为竞争对手的合作伙伴发布保密的财务、战略和其他运营信息，因此"有效的信息共享很大程度上取决于企业内部的信任，最终延伸到供应链伙伴之间的信任"（Bowersox，Closs and Stank，2000）。社会控制促进了合作伙伴之间的相互信任，使得供应链成员之间的互惠期望增加，促进了合作伙伴在合作过程中贡献有价值信息的意愿，而基于高度信任的合作关系更适合传递不容易编纂的隐性知识（Bai and Wei，2017）。信任降低了感知风险，并促进知识转移。正如 Weir 和 Hutchings（2005）的观点：在中国，知识是不平等分配的，人们只愿意将知识转移给信任的成员。夏火松等（2017）通过对 227 份跨国企业和承接海外外包的项目团队成员调查数据进行研究发现，信任对知识共享有效性有显著正向影响。而社会控制机制的灵活性使得供应链节点企业有可能建立起超出合同规范的信任关系、改善沟通、加强信息共享和共同应对环境不确定性（Paulraj，Lado and Chen，2008）。供应链伙伴间的信任程度越高，他们就越愿意分享信息，甚至越愿意改变其内部信息系统与再投资来改善信息共享系统障碍的问题（叶飞和徐学军，2009）。Wang 等（2014）利用来自 272 家中国制造商的数据，考察了信任对供应链信息共享的影响。结果表明，供应链伙伴之间的信任程度能够显著影响信息共享的程度和质量。综上，可以提出以下假设：

假设 1：社会控制对信息共享能力有显著的正向影响。

3.2 信息共享能力与供应链柔性

信息共享使信息可以上下链接，使企业能够与供应商及客户保持沟通。信息共享能力有助于创建一个基于信息的平台，从而提高企业内部、企业与其供应链节点企业之间等多个层次的灵活性。这种能力代表了供应链核心企业在企业内部以及在供应链节点企业之间共享连续信息流的程度，与包括产品开发柔性、生产柔性、物流柔性、供应商柔性和供应基础柔性的供应链柔性直接相关，而该柔性又与供应链绩效的提升密切相关（Gosling，Purvis and Naim，2010）。IT 网络的建立为供应链节点企业根据需求去评估、链接、交换和传播可用信息提供了一个共同的基础平台。IT 的广泛使用使得从采购到制造的生产信息、从生产到销售再到运输的物流信息以及来自企业决策层的从研究开发到制造销售的战略信息这三种类型的信息能够更加流畅地在供应链节点企业之间流动，信息共享能力使核心企业能够对变化的情况做出更加灵活的反应（Burkert，Ivens and Shan，2012）。此外，信息共享能力能够降低成本，缩短修复和重新设计业务流程所需的时间，从而核心企业将能够灵活地对供应链整体的运作进行调整，以应对客户需求的变化。Kochan 等（2018）通过研究发现，基于云计算的信息共享能力提高了医疗保健供应链的可见性。随着供应链可见性的增加，医院的响应能力也会提高，从而可以更好地适应患者需求和供应交付时间的波动。信息共享能力也会对供应商柔性产生影响，有关下游活动（如产品需求，生产流程和分销）信息的实时共享，可以大大弱化来自于上游供应商的不确定性（Fawcett et al.，2005）。信息共享能力还使核心企业能够更好地了解现有的供应商和潜在的合格供应商，这使得核心企业能够有效地开发新的买方-供应商关系或加强现有关系（更高级别的供应基础灵活性)[8]。由此，我们得出假设：

假设2：信息共享能力对供应链柔性有显著的正向影响。

3.3　供应链柔性与供应链绩效

供应链柔性已经成为在当今日益复杂的商业环境中保持竞争力的重要因素。全球复杂性日益增加，企业必须适应并有效应对迅速变化的终端客户需求。若要获得高水平的供应链绩效，就必须具备极强的供应链柔性，柔性已经成为整个供应链获得成功的重要条件。王大森和宋艳（2005）在研究敏捷供应链绩效时指出，供应链中较高的柔性化能够提高顾客满意度，进而保证供应链成员的利益，促进供应链整体的良性发展。产品生产、开发柔性包括供应链节点企业根据消费者需求设计新产品和修改现有产品的能力，以及改变产品生产计划和产量的能力等，这对于供应链绩效具有正向影响作用（张以彬和陈洁，2008）。而物流柔性可以保证节点企业在正确的时间将正确的产品送到正确的地点，从而保证了交付速度和交付可靠性，并提高顾客满意度。高度的供应链灵活性意味着供应链核心企业在其灵活的供应商和灵活的供应基础的帮助下，可以快速、经济、高效地引入不同的新产品、修改现有产品、调整产量和产品组合，并改变后勤系统（Burkert，Ivensand Shan，2012），从而帮助企业降低产品缺陷率，降低企业成本，使企业能够更快地满足顾客的个性化需求，并可以提高产品的交付速度和稳定性。通过以上分析可构筑以下假设：

假设3：供应链柔性对供应链绩效有显著的正向影响。

3.4　信息共享能力与供应链绩效

在当前信息共享的研究中，大多数学者认为信息共享可以减轻牛鞭效应，降低信息失真的风险，提高供应链整体的运营绩效（叶飞和徐学军，2009）。Dell和其供应商共享顾客订单信息并以电子商务为载体整合供应链流程，实现所谓的"以信息换库存"，从而使得其所处供应链的绩效得到显著的提高。周驷华和万国华（2017）对上海地区382家制造企业调查所得数据进行了实证研究，结果表明，信息整合对供应链成本绩效和供应链服务绩效均产生正面影响；叶飞和徐学军（2009）也验证了信息共享水平对运营绩效有着正向影响。但是也有一些学者得出了信息共享对运营绩效作用不显著的结论。基于以上分析，提出如下假设：

假设4a：信息共享能力对供应链绩效有显著的正向影响。

假设4b：信息共享能力以供应链柔性为中介对供应链绩效产生间接影响。

3.5　社会控制与供应链绩效

社会控制（也称关系治理）是以信任为基础的治理机制（Huang，Cheng and Tseng，2014），社会控制的假设基础是合作伙伴会采取有利于双方的行动，并不会片面追求自身利益而采取会导致负面结果的行动（Claro and Claro，2010）。供应链合作伙伴之间相互信任是社会控制机制的主要特征，有助于促进联合规划和共同解决问题，并有助于建立稳定坚固的合作关系。社会交换理论（SET）认为，如果供应链节点企业之间相互信任，社会控制会鼓励共同解决问题的理想行为和参与式决策。社会控制可以传达买方和供应商对彼此的期望，并制定社会规范和产生信任，从而降低机会主义行为发生的概率。借助于社会控制机制可进一步提高供应链整体的灵活性和效率，因为已有问题更有可能被公开识别、检查和解决。从交易成本理论的角度来看，社会控制以关系规范的形式建立了一套共同的价值观和非法律制裁形式，鼓励供应链节点企业对彼此之间的关系作出承诺，限制合作伙伴的机会主义行为（Das and Rahman，2010），从而提高绩效。因此，社会控制有可能降低交易成本，增强合作并提高绩效（Costantino et al.，2014）。Anin，Essuman 和 Sarpong（2016）通过实证研究证明，在运营效率和服务与市场表现方面，社会控制与供应链绩效正相关。结合上文分析，提出以下假设：

假设 5a： 社会控制对供应链绩效有显著的正向影响。

假设 5b： 社会控制通过信息共享能力和供应链柔性的双重中介效应而对供应链绩效产生间接影响。

综上，本文构建起如图 1 所示的概念模型。

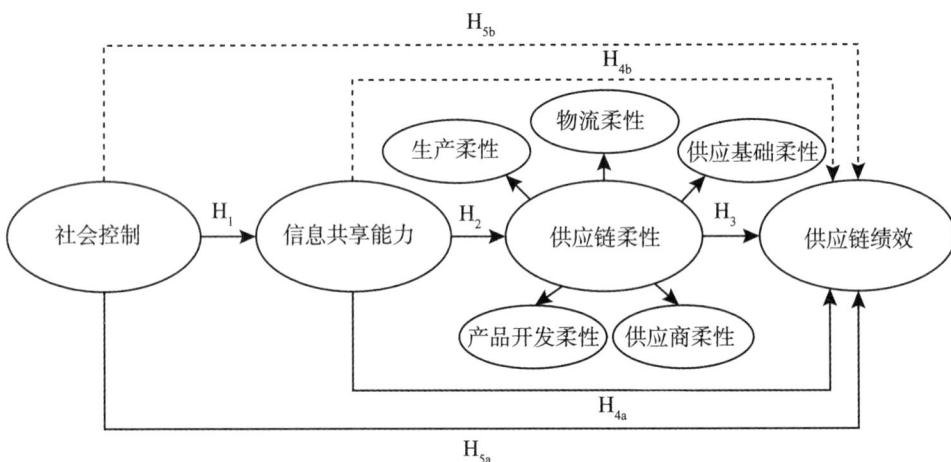

图 1　概念模型

4. 实证研究设计

4.1　样本选择

本研究主要选取那些从事供应链与物流管理相关岗位工作的管理人员和专业技术人员等作为调研对象，通过直接发放和邮件形式共发放 500 份问卷，共回收有效问卷 380 份，问卷有效回收率为 76%，调研历时 14 个月（从 2015 年 9 月到 2016 年 10 月）。为确保测量工具的效度与信度，本研究尽可能使用国内外现有文献已使用过的量表，再结合本研究的目的加以修正，所有变量均采用 Likert 7 级量表进行评价，1~7 代表被试者对于测量题项所描述内容的认可程度，1 为完全不同意，7 为完全同意。

4.2 样本信度和效度

收敛效度的验证。验证性因子分析（CFA）为 SEM 分析的一部分。遵照 Thomopson（2004）的研究思路，笔者首先对所有构面进行 CFA 分析，模型的所有构面为社会控制、信息共享能力、供应链柔性（包括产品开发柔性、生产柔性、物流柔性、供应基础柔性及供应商柔性）、供应链绩效，根据调整指标和因子负荷量对模型进行调整，删除不符合要求的题项，所得结果如表 1 所示，所有构面的因子负荷量均在 0.610 与 0.934 之间，并且都显著；其组成信度（CR）均在 0.836 与 0.918 之间，平均变异数萃取量（AVE）均在 0.544 与 0.741 之间，符合 Hair 等（1998）所提出的标准：（1）因子负荷量大于 0.5；（2）组成信度大于 0.6；（3）平均变异数萃取量大于 0.5；因此所有构面均具有可接受的信度和收敛效度。

区别效度的验证。区别效度分析是验证不同的构面在统计上是否显著相关。本文采用信赖区间法，建立构面之间的相关系数的信赖区间，如果信赖区间没有包含 1，则表示构面之间具有区别效度。在建立相关系数的信赖区间时，利用 bootstrap 的估计方式，在 95% 的置信水平下，如果信赖区间不包含 1，则拒绝虚无假设，称两构面间具有区别效度；反之，则无区别效度。Hancock 和 Nevitt（1999）建议在估计路径系数时，bootstrapping 至少要 250 次以上。本文用 AMOS 21.0 执行 bootstrapping 程序时设定样本量为 2000，置信水平 95%，估计标准化相关系数的信赖区间。AMOS21.0 bootstrap 提供了 Bias-corrected Percentile Method 和 Percentile Method 两种信赖区间的估计方式，这两种方法估计结果见表 1，所有的标准化相关系数信赖区间均未包含 1，表示所有构面之间具有区别效度。

表 1   区别效度信赖区间表

Parameter	Estimate	Percentile		Bias-corrected Percentile	
		Lower	Upper	Lower	Upper
供应链柔性<-->信息共享能力	0.648	0.530	0.750	0.530	0.749
供应链绩效<-->供应链柔性	0.728	0.631	0.809	0.609	0.800
社会控制<-->供应链柔性	0.685	0.569	0.773	0.569	0.773
供应链绩效<-->信息共享能力	0.555	0.437	0.657	0.438	0.659
社会控制<-->信息共享能力	0.614	0.459	0.737	0.459	0.739
供应链绩效<-->社会控制	0.545	0.424	0.660	0.418	0.656

4.3　模型整体适配度

运用 SEM 进行理论模型的验证时，良好的模型适配度是 SEM 分析的必要条件，适配度越好即代表模型矩阵与样本矩阵越接近。本研究适配度指标参考 Jackson，Gillaspy 和 Purcstephenson（2009）的意见，挑选了 X^2 与自由度的比值（CMIN/DF）、适配度指标（GFI）、调整后的适配度指标（AGFI）、渐增式适配指标（IFI）、比较适配度指标（CFI），平均近似误差均方根（RMSEA）。运用 AMOS 21.0 进行验证性拟合度检验的数据如下：CMIN/DF = 2.549<3，GFI = 0.838>0.8　AGFI = 0.812>0.8，IFI = 0.919>0.9，CFI = 0.919>0.9，RMSEA = 0.064<0.08。这些指标数值说明，模型与调研的实际数据相契合，模型的适配度良好。

5. 假设检验

笔者采用 AMOS21.0 对结构方程模型路径进行检验。从路径检验结果来看，假设 1、假设 2 和假设 3 成立，假设 4a 和假设 5b 不成立，如图 2 和表 2 所示。

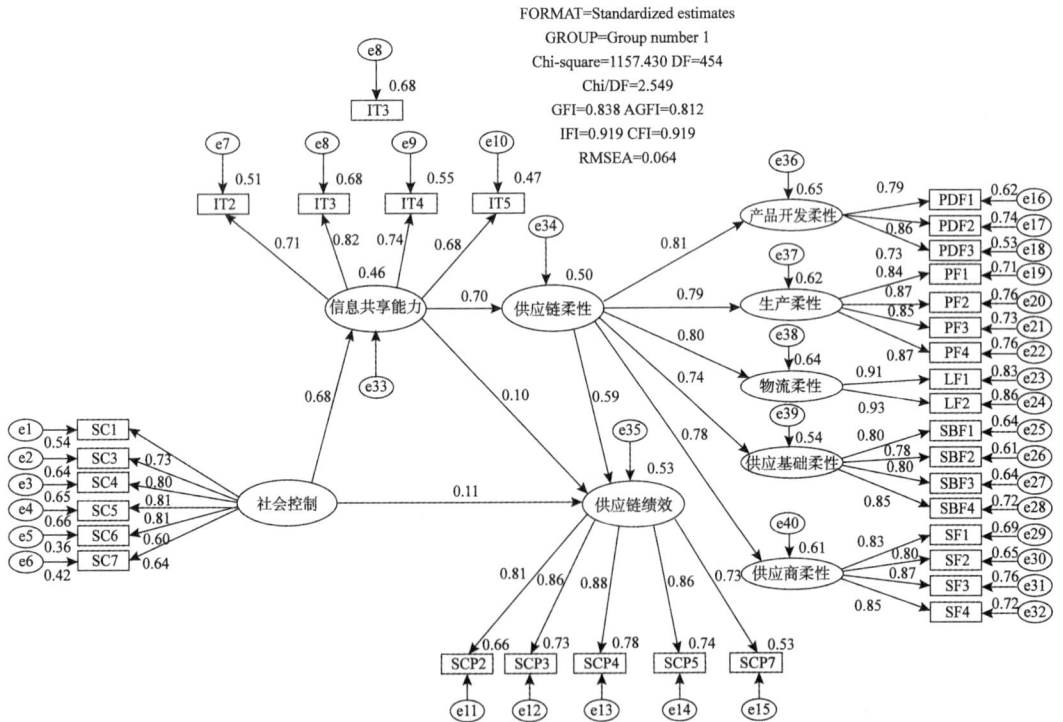

图 2　结构方程模型

表 2   **路径检验结果表**

路径解释	标准化路径系数	S. E.	t-value	P	对应假设	路径显著性
信息共享能力<---社会控制	0.677	0.076	10.062	***	假设 1	显著
供应链柔性<---信息共享能力	0.705	0.081	9.541	***	假设 2	显著
供应链绩效<---供应链柔性	0.593	0.086	7.253	***	假设 3	显著
供应链绩效<---社会控制	0.105	0.084	1.642	0.101	假设 4a	不显著
供应链绩效<---信息共享能力	0.102	0.103	1.143	0.253	假设 5a	不显著

根据验证的结果，笔者对模型进行修正，将不显著的路径删除，修正后的模型如图 3 所示。对修正后的模型进行路径检验，结果如表 3 所示。从图 3 可以看出，修正模型中各个变量间的关系形成一条前后相连的关系链，跨越中介变量的所有直接联系都不存在。

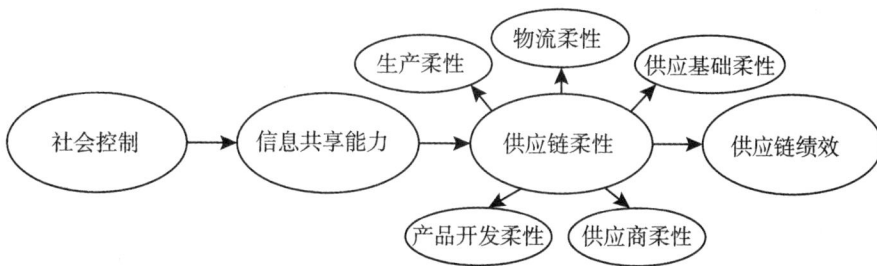

图 3　修正后的模型

表 3   **修正模型拟合情况**

路径解释	标准化路径系数	t-value	P
信息共享能力<---社会控制	0.774	10.160	***
供应链柔性<---信息共享能力	0.785	9.702	***
供应链绩效<---供应链柔性	0.795	10.840	***

绝对拟合度：X2/df=2.555 GFI=0.837 AGFI=0.812

IFI=0.918CFI=0.918 RMSEA=0.064

接下来，本文将对各个变量之间的直接效应、间接效应以及总效应进行检验，结果如表 4 所示。其中，表格中的数字分别代表直接效应（DE）、间接效应（IE）和总效应（TE，即直接效应与间接效应的总和）。从表 4 中数据可以发现，社会控制只与信息共享能力有直接效应，社会控制以信息共享能力和供应链柔性为中介对供应链绩效产生间接影响，故假设 5b 成立；信息共享以供应链柔性为中介对供应链绩效产生间接影响，故假设 4b 成立。

表 4　　　各研究变量间的直接效应（DE）、间接效应（IE）和总效应（TE）

外生变量	内 生 变 量		
	信息共享能力	供应链柔性	供应链绩效
社会控制	0.68（DE） 0（IE） 0.68（TE）	0（DE） 0.50（IE） 0.50（TE）	0（DE） 0.38（IE） 0.38（TE）
信息共享能力		0.72（DE） 0（IE） 0.72（TE）	0（DE） 0.53（IE） 0.53（TE）
供应链柔性			0.74（DE） 0（IE） 0.74（TE）

6. 研究讨论与结论

本文以 380 份来自于供应链相关岗位的中高层管理人员及技术人员的问卷作为样本，利用结构方程模型对社会控制、信息共享能力、供应链柔性及供应链绩效之间的关系进行实证研究，并得到以下研究结论：

第一，本文基于中国情境，对社会控制、信息共享能力、供应链柔性以及供应链绩效之间的相互作用关系进行实证研究，研究结果表明，社会控制促进了供应链合作伙伴之间的相互信任，使得供应链成员之间的互惠期望增加，促进了合作伙伴在合作过程中贡献有价值信息的意愿，进而促进了合作伙伴之间的信息共享程度，即社会控制对信息共享能力具有显著的正向影响；且及时、充分和有效的信息共享能够减少环境中的不确定性，使供应链节点企业能够对变化的情况做出更加灵活的反应，即信息共享能力对供应链柔性具有显著的正向影响；而具有柔性的供应链能够对顾客需求做出快速响应，从而提高顾客满意度，最终促使供应链绩效的提升。以上研究结论与基于西方发达经济体的已有研究所得结论相一致，从而使已有研究结论在我国具有更强的适用性。

第二，尽管叶飞和徐学军（2009）、周驷华和万国华（2017）通过实证研究已经得到信息共享对供应链绩效具有显著的正向影响，而 Rhee、Kim 和 Lee（2014），Huang、Cheng 和 Tseng（2016）的研究也已经证明社会控制对供应链绩效具有显著正向影响，但是以上研究只是对信息共享或社会控制对供应链绩效的直接作用关系进行研究，而并未深入研究信息共享或社会控制对供应链绩效产生正向影响的作用机理。区别于已有研究，本文以社会控制为切入点，且以信息共享能力和供应链柔性为中介，深入剖析该种治理机制类型对供应链绩效产生影响的作用机理，实证研究结果表明，信息共享能力以供应链柔性为中介对供应链绩效产生显著的间接作用，而社会控制通过信息共享能力和供应链柔性的双重中介作用对供应链绩效产生间接影响。这表明供应链伙伴之间的合作关系越密切，信息共享程度越高，而信息共享能够为供应链节点企业应对来自于外界环境的不确定性提供了更大的柔性，使其能够对顾客需求的变化做出快速反应，最终提升供应链整体绩效。该研究发现有力地弥补了已有研究关于社会控制与供应链绩效间关系是如何实现的有限认识，突出了信息共享能力和供应链柔性在社会控制与供应链绩效获取这个黑箱中的重要作用。

通过研究，本文得到如下实践启示：（1）企业应摒弃那种信息共享会降低企业控制力的狭隘思维模式，应明确投机性行为的危害性，摒弃机会主义与自利倾向。供应链核心企业在进行供应链治理时，社会控制机制是一种较为推崇的模式，即，加强供应链合作伙伴间信任关系的建设，提升供应链伙伴间信息共享的水平，促进合作伙伴间良好的交流与互动，不断降低其经营理念与信息化水平的差异，提高节点企业之间经营目标和战略的匹配度，有助于供应链整体竞争力和绩效的提高。例如，摩托罗拉公司利用其摩托罗拉大学为其供应商提供质量管理方面的培训，从而促进了成员之间的知识共享，并为供应链伙伴在很多方面形成统一的标准创造了条件。（2）信息共享能力和供应链柔性作为社会控制与供应链绩效提升之间的中介传导机制，意味着更高水平的信息共享和供应链柔性更有利于社会控制对供应链绩效的促进作用，因此，供应链核心企业应该进一步加强对信息化建设的各项投入，不仅要建立高效的企业内部信息系统，还应该在供应链成员之间建立整合、高效的信息系统，创造条件促进不同环节信息系统之间的有效整合；同时，核心企业还应该重视能够快速响应多变客户需求的柔性化供应链的建设，在构筑企业内部生产柔性的基础上，加强跨越企业边界的供应链整体的柔性化，高度柔性化的供应链能够更好地传递社会控制和信息共享对供应链提升的促进作用。例如，上文提到的沃尔玛和宝洁由于合作互信而建立起互联的信息系统，共享产品销售信息，从而增强了其所处供应链的柔性，并借助柔性化的供应链显著提升了该供应链整体的绩效。

不过，本研究仍存在如下不足：第一，在检验社会控制、信息共享能力、供应链柔性及供应链绩效之间的关系时，未考虑不同产业的影响，未来的研究可以进一步针对特定的产业展开研究；第二，在研究供应链绩效时，选择的都是定性指标，未考虑定量指标，未来的研究可以将定性指标和定量指标综合研究。

◎ 参考文献

[1] 李维安，李勇建，石丹．供应链治理理论研究：概念，内涵与规范性分析框架 [J]．南开管理评论，2016，19（1）．

[2] 王大森，宋艳．敏捷供应链绩效评价指标体系研究 [J]．科技与管理，2005，7（3）．

[3] 夏火松，李静雯，熊淦，等．基于 24 小时知识工厂的跨国公司知识共享影响因素研究 [J]．管理评论，2017，29（1）．

[4] 杨智，刘新燕．市场导向与企业绩效：一个基于中介效应的整合模型——以中东部五省市企业为实证样本 [J]．中国软科学，2006（11）．

[5] 叶飞，徐学军．供应链伙伴关系间信任与关系承诺对信息共享与运营绩效的影响

［J］．系统工程理论与实践，2009，29（8）．

［6］ 张以彬，陈洁．环境不确定性下柔性的战略前景综述［J］．计算机应用研究，2008，25（4）．

［7］ 周驰华，万国华．电子商务对制造企业供应链绩效的影响：基于信息整合视角的实证研究［J］．管理评论，2017，29（1）．

［8］ Ambler, T., Styles, C., Wang, X. The effect of channel relationships and Guanxi on The Performance of Inter-province Export Ventures in The People's Republic of China ［J］. *International Journal of Research in Marketing*，1999，16（1）．

［9］ Angerhofer, B. J., Angelides, M. C. A model and a performance measurement system for collaborative supply chains ［J］. *Decision Support Systems*，2006，42（1）．

［10］ Anin, E. K., Essuman, D., Sarpong, K. O. The influence of governance mechanism on supply chain performance in developing economies：Insights from Ghana ［J］. *International Journal of Business & Management*，2016，11（4）．

［11］ Bai O., Wei J. Governing knowledge mobility in service innovation network for innovation performance：The interplay of relational and contractual governance modes ［C］// Technology & Engineering Management Conference（TEMSCON），2017 IEEE. IEEE，2017.

［12］ Bowersox, D. J., Closs, D. J., Stank, T. P. Ten mega-trends that will revolutionize supply chain logistics ［J］. *Journal of Business Logistics*，2000，21（2）．

［13］ Burkert, M., Ivens, B. S., Shan, J. Governance mechanisms in domestic and international buyer-supplier relationship：An empirical study ［J］. *Industrial Marketing Management*. 2012，41（3）．

［14］ Claro, D. P., Claro, P. B. Collaborative buyer-supplier relationships and downstream information in marketing channels ［J］. *Industrial Marketing Management*，2010，39（2）．

［15］ Costantino, F., Gravio, G. D., Shaban, A, et al. The impact of information sharing and inventory control coordination on supply chain performances ［J］. *Computers & Industrial Engineering*，2014，76（C）．

［16］ Das, T. K., Rahman, N. Determinants of partner opportunism in strategic alliances：A conceptual framework ［J］. *Journal of Business & Psychology*，2010，25（1）．

［17］ Droge, C., Vickery, S. K., Jacobs, A. M. Does supply chain integration mediate the relationships between product/process strategy and service performance? An empirical study ［J］. *International Journal of Production Economics*，2012，137（2）．

［18］ Fawcett, S. E., Wallin, C., Allred, C, et al. Information technology as an enabler of supply chain collaboration：A dynamic-capabilities perspective ［J］. *Journal of Supply Chain Management*，2011，47（1）．

［19］ Gosain, S., Malhotra, A., El Sawy, O. A. Coordinating for flexibility in e-business supply chain [J]. *Journal of Management Information Systems*, 2004, 21 (3).

[20] Gosling, J., Purvis, L., Naim, M. M. Supply chain flexibility as a determinant of supplier selection [J]. *International Journal of Production Economics*, 2010, 128 (1).

[21] Hair, J. F., Anderson, R. E., Tatham, R. L, et al. *Multivariate Data Analysis*, 5th ed [M]. Upper Saddle River: Prentice Hall, 1998.

[22] Hancock, G. R., Nevitt, J. Bootstrapping and the identification of exogenous latent variables within structuralequation models [J]. *Structural Equation Modeling A Multidisciplinary Journal*, 1999, 6 (4).

[23] Huang, M. C., Cheng, H. L., Tseng, C. Y. Reexamining the direct and interactive effects of governance mechanisms upon buyer-supplier cooperative performance [J]. *Industrial Marketing Management*, 2014, 43 (4).

[24] Huo, B., Zhao, X., Zhou, H. The effects of competitive environment on supply chain information sharing and performance: An empirical study in China [J]. *Production & Operations Management*, 2014, 23 (4).

[25] Jackson, D. L., Gillaspy, J. A., Purcstephenson R. Reporting practices in confirmatory factor analysis: An overview and some recommendations [J]. *Psychological Methods*, 2009, 14 (1).

[26] Jin, Y., Vonderembse, M., Ragu-Nathan, et al. Exploring relationships among IT-enabled sharing capability, Supply chain flexibility, and competitive performance [J]. *International Journal of Production Economics*, 2014, 153 (7).

[27] Kochan C. G., Nowicki D. R., Sauser B, et al. Impact of cloud-based information sharing on hospital supply chain performance: A system dynamics framework [J]. *International Journal of Production Economics*, 2018, 195.

[28] Lee, H. L., Whang, S. Information Sharing in A Supply chain [J]. *International Journal of Manufacturing Technology and Management*, 2000, 1 (1).

[29] Li, Y., Xie, E., Teo, H. H, et al. Formal control and social control in domestic and international buyer-supplier relationships [J]. *Journal of Operations Management*, 2010, 28 (4).

[30] Liao Y, Hong P, Rao S S. Supply management, supply flexibility and performance outcomes: an empirical investigation of manufacturing firms [J]. *Journal of Supply Chain Management*, 2010, 46 (3).

[31] Mourtzis, D. Internet based collaboration in the manufacturing supply chain [J]. *Cirp Journal of Manufacturing Science & Technology*, 2011, 4 (3).

[32] Paulraj, A., Lado, A. A., Chen, I. J. Inter-organizational communication as a relational competency: Antecedents and performance outcomes in collaborative buyer-supplier relationships [J]. *Journal of Operations Management*, 2008, 26 (1).

[33] Prajogo, D., Olhager, J. Supply chain integration and performance: The effects of long-

term relationships, information technology and sharing, and logistics integration [J]. *International Journal of Production Economics*, 2012, 135 (1).

[34] Prater, E., Biehl, M., Smith, M. A. International supply chain agility: Tradeoffs between flexibility and uncertainty [J]. *International Journal of Operations & Production Management*, 2001, 21 (5/6).

[35] Pujawan, I. N. Assessing supply chain flexibility: A conceptual framework and case study [J]. *International Journal of Integrated Supply Management*, 2004, 1 (1).

[36] Rhee J H, Kim J W, Lee J H. Interaction effects of formal and social controls on business-to-business performance [J]. *Journal of Business Research*, 2014, 67 (10).

[37] Swafford, P. M., Ghosh, S., Murthy, N. N. The antecedents of supply chain agility of a firm: Scale development and model testing [J]. *Journal of Operations Management*, 2006, 24 (2).

[38] Thompson, B. *Exploratory and confirmatory factor analysis: Understanding concepts and applications* [M]. Washington, DC: American Psychological Association, 2004.

[39] Wang, Z., Ye, F., Tan, K. H. Effects of managerial ties and trust on supply chain information sharing and supplier opportunism [J]. *International Journal of Production Research*, 2014, 52 (23).

[40] Weir, D., Hutchings, K. Cultural embeddedness and contextual constraints: Knowledge sharing in Chinese and Arab cultures [J]. *Knowledge and Process Management*, 2005, 12 (2).

[41] Wu, I. L., Chuang, C. H., Hsu, C. H. Information sharing and collaborative behaviors in enabling supply chain performance: A social exchange perspective [J]. *International Journal of Production Economics*, 2014, 148 (1).

[42] Yang, T. M., Maxwell, T. A. Information-sharing in public organizations: A literature review of interpersonal, Intra-organizational and inter-organizational success factors [J]. *Government Information Quarterly*, 2011, 28 (2).

[43] Zhang, J., Keh, H. T. Inter-organizational exchanges in China: Organizational forms and governance mechanisms [J]. *Management and Organization Review*, 2010, 6 (1).

[44] Zhang, J., Chen, J. Coordination of information sharing in a supply chain [J]. *International Journal of Production Economics*, 2013, 143 (1).

[45] Zhang, Q., Vonderembse, M. A., Lim, J. S. Manufacturing flexibility: Defining and analyzing relationships among competence, Capability, and customer satisfaction [J]. *Journal of Operations Management*, 2003, 21 (2).

[46] Zhang, W., Fu, J., Li, H, et al. Coordination of supply chain with a revenue-sharing contract under demand disruptions when retailers compete [J]. *International Journal of Production Economics*, 2012, 138 (1).

The Interaction between Social Control and Supply Chain Performance: An Analysis of Dual Mediating Effects Based on Information Sharing Capability and Supply Chain Flexibility

Hai Feng[1]   Nie Lei[2]

(1, 2   Economics and Management School of Wuhan University, Wuhan, 430072)

Abstract: This paper constructs a theoretical model of interaction relationship between social control and supply chain performance, then explores the double mediating roles of information sharing ability and supply chain flexibility (including: product development flexibility, production flexibility, logistics flexibility, supply chain basic flexibility and supplier flexibility). Based on 380 questionnaires among senior management and technical staffthat employed inpositions related to the supply chain, this paper empirically studies the interaction relationship among social control, information sharing ability, supply chain flexibility and supply chain performance by structural equation model (SEM). The results show that social control, information sharing ability and supply chain flexibility have positive effect on information sharing ability, supply chain flexibility and supply chain performance respectively; Secondly, the positive effect of information sharing ability having on supply chain performance is not significant; Thirdly, although the social control does not have direct positive impact on supply chain performance, it will bring indirect influence to supply chain performance with the benefit of double mediating effect from information sharing ability and supply chain flexibility.

Key words: Social control; Information sharing; Supply chain flexibility; Supply chain performance

专业主编: 许明辉